MUSEUM DER BAYERISCHEN KÖNIGE
HOHENSCHWANGAU

KATALOG

IM AUFTRAG DES WITTELSBACHER AUSGLEICHSFONDS

HERAUSGEGEBEN VON

ELISABETH VON HAGENOW, LUITGARD LÖW, ANDREAS VON MAJEWSKI

HIRMER

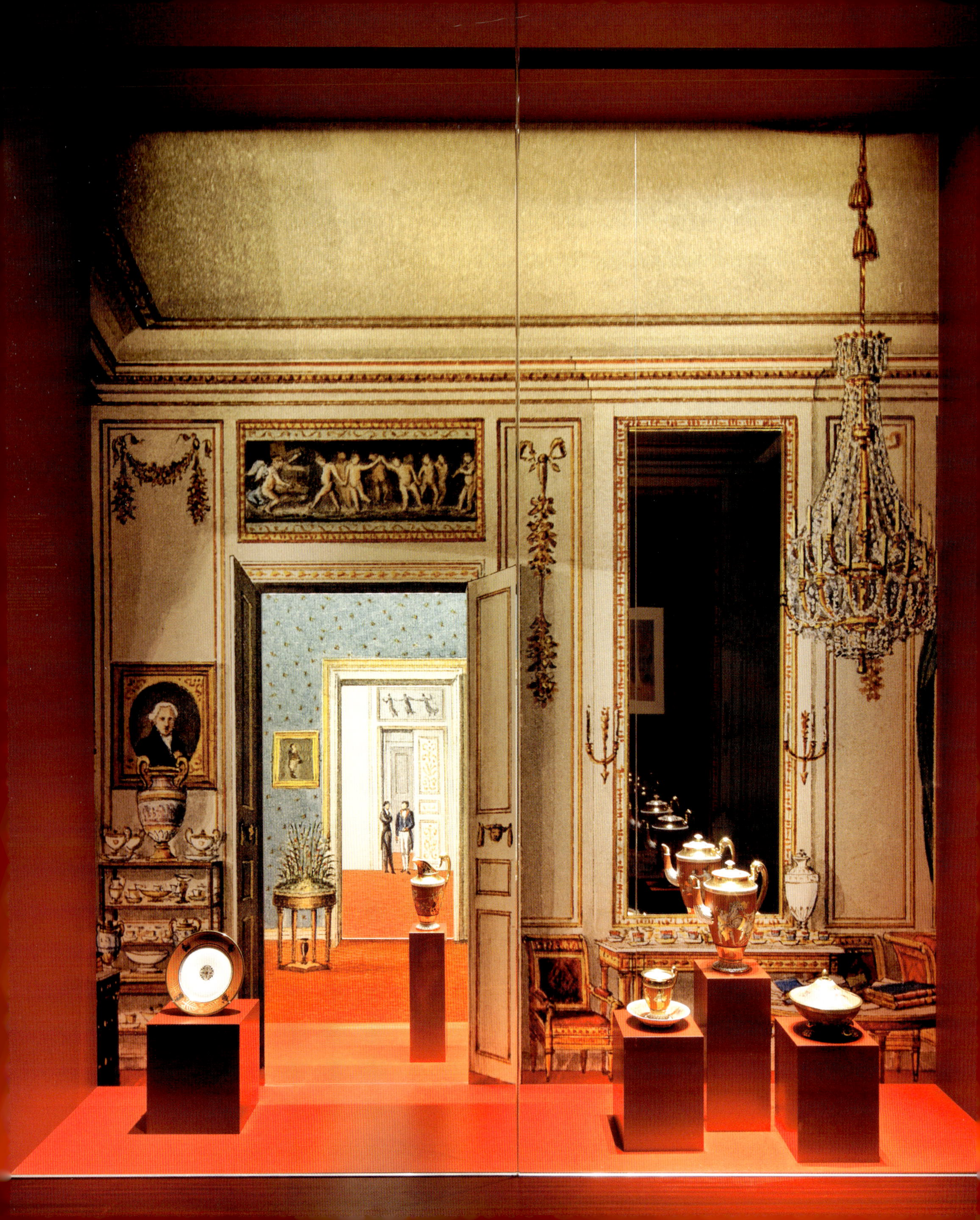

INHALT

ZUM GELEIT

Mit dem Museum der bayerischen Könige in Hohenschwangau ist 2011 ein zentraler und öffentlicher Ausstellungsort für die Geschichte meiner Familie entstanden, die Bayerns Geschicke von 1180 bis 1918 als Herzöge, Kurfürsten und Könige bestimmte.

In dem zu Füßen der Königsschlösser Neuschwanstein und Hohenschwangau gelegenen ehemaligen Hotel »Alpenrose« wurde eine ständige Ausstellung über das Haus Wittelsbach mit Originalexponaten vor allem aus den Beständen des Wittelsbacher Ausgleichsfonds eingerichtet.

Der inhaltliche Schwerpunkt des Museums liegt auf der Zeit des Königreichs Bayern von 1806 bis 1918. Besonders hervorgehoben werden die beiden Bauherren der Schlösser von Neuschwanstein und Hohenschwangau, König Ludwig II. und sein Vater König Maximilian II. Aber auch die Zeit von der Revolution mit dem Ende der Monarchie im Jahr 1918 bis heute wird gezeigt. So werden unter anderem die Erlebnisse meiner Familie im Nationalsozialismus thematisiert. Am Ende des Rundgangs erhält der Besucher Einblicke, wie meine Familie heute lebt und sich in unserer Gesellschaft engagiert.

Für das Museum und den nun vorliegenden Katalog der ausgestellten Kunstwerke, in dem vor allem die Originalexponate in der Dauerpräsentation in Wort und Bild beschrieben werden, möchte ich vielen Personen und Institutionen danken: Generaldirektor Peter Scherkamp und Inventarverwaltungsleiter Andreas von Majewski vom Wittelsbacher Ausgleichsfonds, dem Bauherrn und Träger des Museums, der Projektleiterin Dr. Elisabeth von Hagenow für den Um- und Ausbau der »Alpenrose« zum Museum mit Café-Restaurant, dem Museumskuratorium mit seinem Vorsitzenden Prof. Dr. Hermann Rumschöttel sowie für die museale Konzepterstellung dem Direktor des Hauses der Bayerischen Geschichte Dr. Richard Loibl und seinen Mitarbeiterinnen Dr. Margot Hamm und Dr. Caroline Sternberg. Mein Dank gilt ferner Staab Architekten für den inzwischen mehrfach preisgekrönten Museumsbau und die Ausstellungsarchitektur.

Ebenso möchte ich allen Leihgebern, den Herausgebern und Autoren dieses Katalogs und insbesondere allen anderen, nicht namentlich genannten Mitarbeitern danken.

Ich wünsche dem Museum und seiner Direktorin Dr. Luitgard Löw sowie dem Katalog ein breites Publikumsinteresse.

Schloss Nymphenburg, im Juni 2014

Herzog Franz v. Bayern

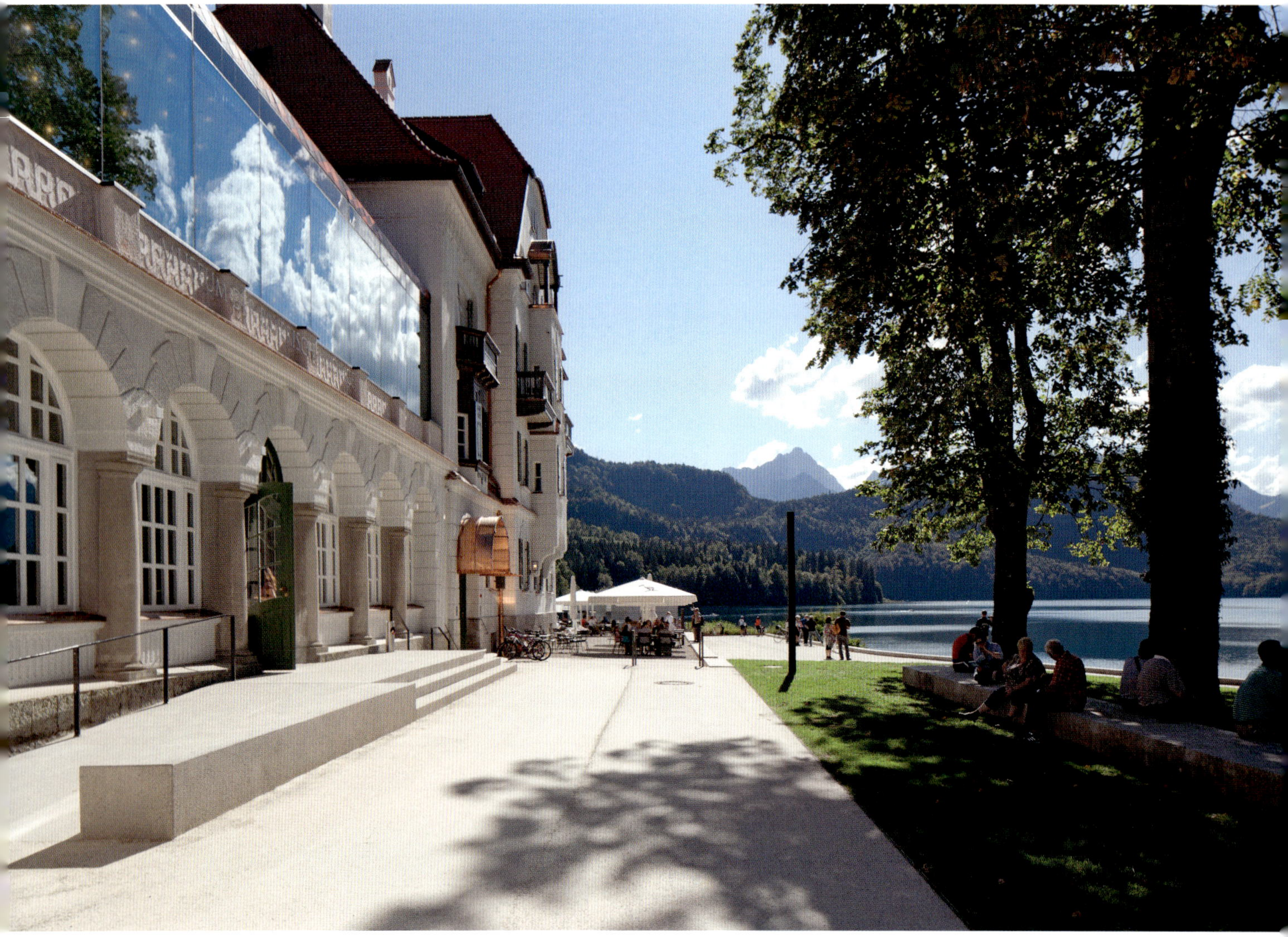

VORWORT

Luitgard Löw

Am 9. September 2011 wurde das Museum der bayerischen Könige im ehemaligen Grandhotel »Alpenrose« eröffnet. Die Ausstellung erzählt die Geschichte des Hauses Wittelsbach, einer der ältesten Dynastien Europas, von den Anfängen bis zur Gegenwart, ihr besonderes Augenmerk widmet sie den Bauherrn der beiden Schlösser Hohenschwangau und Neuschwanstein.

Der Aufstieg des Hauses begann mit dem Sturz von Herzog Heinrich dem Löwen im Jahr 1180 und der Ernennung des bayerischen Pfalzgrafen Otto VI. von Wittelsbach zu Otto I. Herzog von Bayern (1117–1183) durch Kaiser Friedrich Barbarossa. Im Lauf der Jahrhunderte waren sie Könige und Kaiser des Heiligen Römischen Reiches. Dank einer zielstrebigen Heiratspolitik herrschten sie als Könige von Schweden, Norwegen, Dänemark, Griechenland und Ungarn. Wittelsbacherinnen saßen auf den Thronen von Frankreich, Belgien, Spanien, Portugal, Österreich, Schweden, Böhmen, Ungarn, Neapel und Zypern. Als Kurfürst-Erzbischöfe und als Fürstbischöfe bekleideten sie im gesamten Reich hohe geistliche Ämter.

In Bayern regierten die Wittelsbacher bis zum Ende des Ersten Weltkriegs 1918. Nach 1933 geriet die hochgeachtete Familie des ehemaligen Königshauses, die sich den Nationalsozialisten verweigerte, unter die besondere Beobachtung der Gestapo und sah sich zur Flucht ins Ausland gezwungen. 1944 wurden die Flüchtlinge gefasst und als Sippenhäftlinge in verschiedenen Konzentrationslagern interniert.

Im Mittelpunkt der Ausstellung stehen die bayerischen Könige Maximilian II. und sein Sohn Ludwig II. Ihre Schlösser Hohenschwangau und Neuschwanstein befinden sich in Sichtweite des Museums, das sich mit seiner außergewöhnlichen Architektur in diese malerische Topographie einfügt. Museum und Café-Restaurant mit der Terrasse am Ufer des Alpsees geben den Blick frei auf jene Landschaft, die den jungen Kronprinzen Maximilian so bezauberte, dass er 1832 die baufällige Burg Hohenschwangau erwarb und eine Sommerresidenz ganz im Geiste der romantischen Mittelalterbegeisterung errichten ließ. Zwischen den großen Wandbildern mit den sagenhaften Rittern und Helden verbrachte König Ludwig II. einen großen Teil seiner Kindheit. Aus diesen Sagenstoffen baute er später mit Schloss Neuschwanstein seine eigene Gralsburg. Bis heute ziehen die beiden Königsschlösser mit ihrer wildromantischen Lage vor einer überwältigenden Bergkulisse zahllose Besucher aus aller Welt an.

Das Museum verknüpft die Schlösser und den Ort mit dem See; es bringt Landschaft, Geschichte und kulturelles Erbe in eine großartige Einheit und ergänzt mit seiner Ausstellung den Besuch der Königsschlösser.

EIN MUSEUM IM DORF DER KÖNIGSSCHLÖSSER

Elisabeth von Hagenow

Zu Füßen von Schloss Hohenschwangau, am Ufer des Alpsees und mit Blick auf Schloss Neuschwanstein logierten einst Gäste der königlichen Jagdgesellschaften. Das ehemalige Hotel Alpenrose wurde im September 2011 als Museum der bayerischen Könige mit Café-Restaurant wieder eröffnet.

Im 12. Jahrhundert legten die Ritter von Schwangau mit ihren Burgen den Grundstein für das heutige Hohenschwangau. 1535 verkauften die letzten männlichen Nachfahren ihre Herrschaft an den kaiserlichen Rat Hans II. Paumgartner, dessen Nachfahren die Reichsherrschaft Hohenschwangau 1567 an die bayerischen Herzöge veräußerten. Seitdem war Hohenschwangau Bestandteil des Herzogtums Bayern und zeitweise nachgeborenen Wittelsbacher Fürsten zur Nutzung überlassen.

Als der Kronprinz und spätere König Maximilian II. im April 1829 das sichtbar renovierungsbedürftige Schloss Hohenschwangau entdeckte, war er nicht nur begeistert von der im Sinne der Romantik idealtypischen Landschaft mit ihren Bergen, Wäldern und Seen, sondern auch von der Geschichte des Ortes. Er erwarb die baufällige Burg und ließ sie ab 1832 zur Sommerresidenz seiner Familie ausbauen. Mit der königlichen Hofhaltung am Ort entstanden die ersten Hotels; besonders anlässlich der königlichen Jagden bedurfte es weiterer Unterkünfte, um die vor allem adeligen Gäste mit ihrem Gefolge angemessen unterbringen zu können.

Mit der Öffnung von Schloss Neuschwanstein nach dem Tod König Ludwigs II. wuchs der Bedarf an repräsentativen Herbergen. 1889 wurde auf den Kellergewölben des alten »Gasthofs zur Alpenrose« ein erstes Hotelgebäude errichtet. Der 1904/05 mit einem prächtigen, mit Terrassen und Balkons versehene zweite Bau direkt am Ufer des Alpsees wurde 1910 durch einen Zwischenbau, damals Speisesaal und heute Museumsfoyer, mit dem ersten Haus verbunden. Nicht zuletzt aufgrund seiner herrlichen Lage entwickelte sich der »Gasthof zur Alpenrose«, der bereits 1780 als das »Neue Bräuhaus« urkundlich erwähnt wurde, zu einem der ersten Häuser am Ort.

Das 1894 vom bayerischen Königshaus erworbene Gebäude gehört seit 1924 zu den Liegenschaften des Wittelsbacher Ausgleichsfonds.

In enger Abstimmung mit dem Denkmalschutz wurde das Gebäude durch Staab Architekten, Berlin, zum Museum der bayerischen Könige mit Café-Restaurant ausgebaut. Sichtbares Kernstück des Umbaus ist die dreischiffige Aufstockung des Zwischenbereichs, die sich von den Bestandsgebäuden absetzt, sie gleichzeitig aber zu einer Einheit verbindet. Die filigran wirkende Stahlkonstruktion überwölbt den zentralen Ausstellungssaal und holt mittels des großen Panoramafensters die beeindruckende Landschaft als Exponat in die Ausstellung.

Zwei Galerien mit Seitenlicht gestatten den Blick auf beide Schlösser, ein großartiger Kunstlichtraum bildet Zentrum und Höhepunkt des Rundgangs. Besonderes Augenmerk wurde auf den Eindruck gelegt, den das Gebäude im Zusammenspiel mit der Landschaft und den Schlössern vermittelt: So ist der Aufbau – Tonnenschalen in Stahlkonstruktion – mit metallischen Schindeln gedeckt, die sich farblich auf die

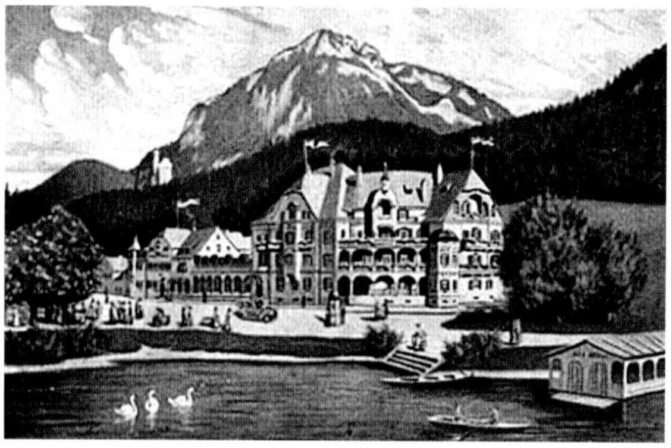

Abb. 1 »Kgl. Hofhotel und Pension ›Zur Alpenrose‹«, Postkarte um 1907

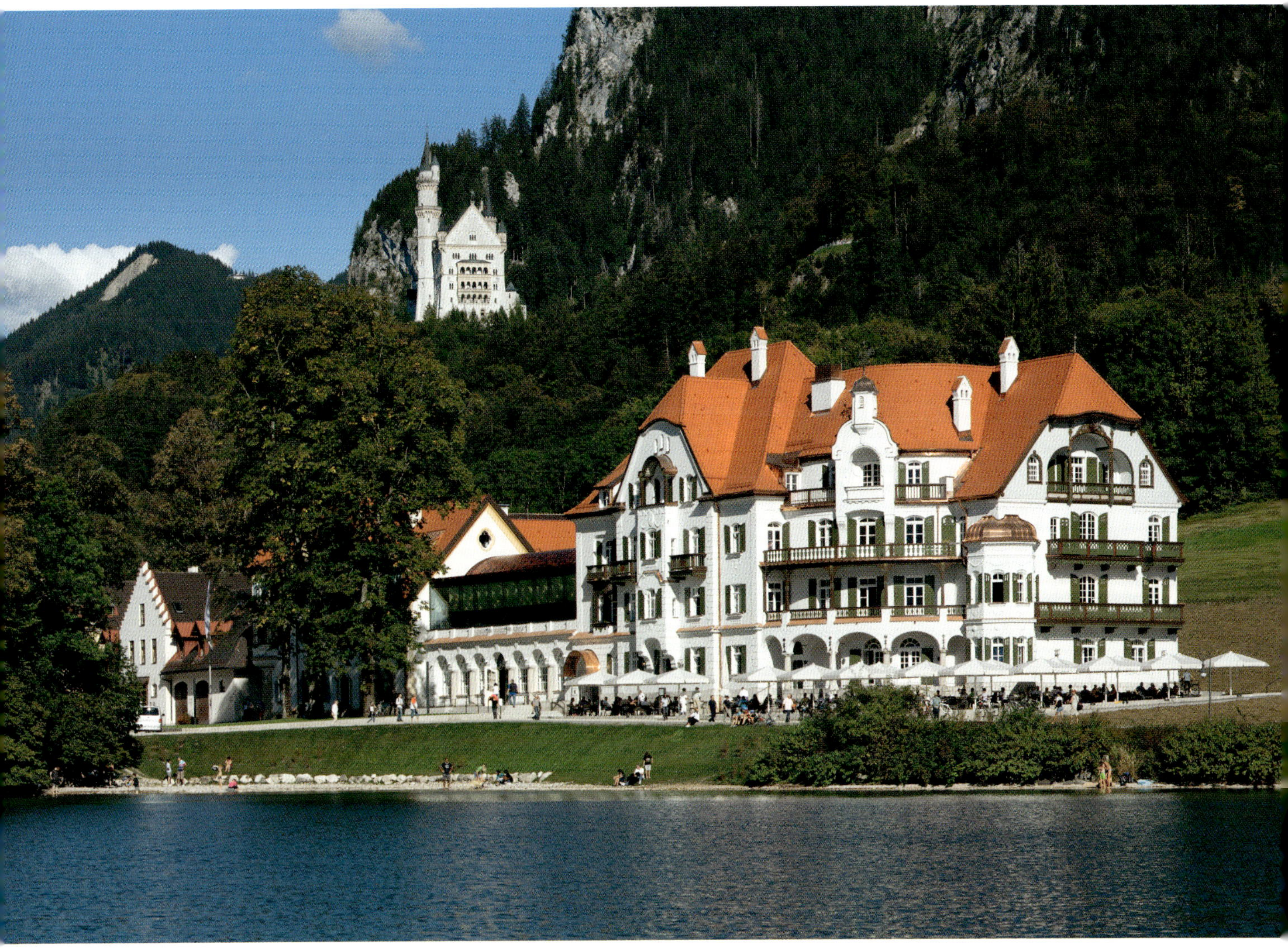

Abb. 2 Blick vom Alpsee auf das Museum der bayerischen Könige mit Café-Restaurant und auf Schloss Neuschwanstein

Dachlandschaft der Bestandsgebäude beziehen; er bildet quasi eine fünfte Fassade, die auch den Anforderungen des Denkmalschutzes entspricht.

Seit seiner Eröffnung wurde das Museum mit mehreren Architekturpreisen ausgezeichnet: Die Stahlkonstruktion des aufgestockten dreiteiligen Gewölbes erhielt 2012 den Stahlbaupreis und Anfang 2013 den Ingenieurpreis des deutschen Stahlbaus. Der BDA Bayern verlieh den Architekten den Preis in der Kategorie »Detailvollkommenheit« und die Bundesarchitektenkammer, Berlin, zeichnete den Bau im Rahmen des Deutschen Architekturpreises 2013 aus. Den Baupreis Allgäu erhielt das Museum Ende 2013.

GESCHICHTE DES HAUSES WITTELSBACH WITTELSBACHER HERRSCHER IN BAYERN UND EUROPA

Gerhard Immler

Als nach dem Sturz Heinrichs des Löwen, des mächtigen Herzogs von Sachsen und Bayern, Kaiser Friedrich Barbarossa am 16. September 1180 zu Altenburg in Thüringen den Grafen Otto von Wittelsbach mit dem Herzogtum Bayern belehnte, war dies, wie sich aus der Rückschau sagen lässt, einer der denkwürdigsten Tage der Geschichte Bayerns. Dieser Tag im Spätsommer des Jahres 1180 führte zu einer Verbindung von Land und Dynastie, die über 738 Jahre das Staatsrecht Bayerns bestimmte und auch nach der Revolution von 1918 im kulturellen Gedächtnis der Bayern wie im Selbstverständnis der Angehörigen des Hauses Wittelsbach präsent blieb wie nirgends sonst in Deutschland. Selbst ein Dokument des monarchischen Hausrechts, das Königliche Familienstatut von 1819, wurde bei der Gründung des Wittelsbacher Ausgleichsfonds im Jahre 1923, als Freistaat und ehemaliges Königshaus vermögensrechtliche Probleme einvernehmlich regelten, in das bayerische Landesrecht als Teil der öffentlich-rechtlichen Stiftungssatzung wieder aufgenommen.

Dass anstelle der 1180 im Machtkampf mit Kaiser Friedrich Barbarossa unterlegenen Welfen gerade die Wittelsbacher zu bayerischen Herzögen wurden, war keineswegs selbstverständlich. Betrachtet man die damaligen Machtverhältnisse in Bayern, so hätte es zumindest zwei Häuser gegeben, die ebenso gut Anspruch auf die Herzogswürde hätten erheben können: die Grafen von Ortenburg, die seit 1122 auch die Herzöge von Kärnten stellen, und vor allem die Grafen von Andechs. Diese waren nicht nur in ihrer Herkunftsregion im südwestlichen Oberbayern mächtig, sondern hatten auch reichen Besitz außerhalb der Grenzen des bayerischen Herzogtums. Graf Berthold III. von Andechs, der Zeitgenosse Ottos, hatte eindrucksvolle familiäre Beziehungen, er war mit der dänischen Prinzessin Luitgarde vermählt gewesen; Ottos Gattin Agnes stammte aus dem niederrheinischen Grafenhaus derer von Loon. In Bayern war Otto allerdings schon vor 1180 mächtig gewesen. Sein Besitz bildete einen breiten Streifen von München bis Regensburg, er übte das Amt des Pfalzgrafen in Bayern aus und nicht zuletzt stand er in der Gunst des Kaisers. Das hatte etwas zu tun mit der Italienpolitik des Staufers, denn es war Otto von Wittelsbach gewesen, der durch eine verwegene Heldentat Friedrich 1155 an der Veroneser Klause aus gefährlicher Lage gerettet hatte.

Für den Zusammenhalt des bayerischen Stammes war es wohl ein Glücksfall, dass die Welfen als Herzöge von den Wittelsbachern abgelöst wurden und nicht etwa von den Andechsern, deren Besitztümer eine Art dynastisches Konglomerat ohne Zentrum waren. Die Zeit der staufischen Kaiser Friedrich I. und Heinrich VI. war ja die eines bedeutenden Umbruchs in der deutschen Geschichte: Die alten Stammesherzogtümer, gemeinsam getragen von Herzogshaus und Adel, lösten sich auf in Territorialfürstentümer, deren Landesherren sich den Adel innerhalb der neuen, engeren Grenzen viel stärker unterordnen konnten, als dies die Stammesherzöge vermocht hatten. Wäre 1180 ein anderer der Großen des Landes Herzog geworden, hätte wohl auch Bayern sich in mehrere Fürstentümer aufgelöst. Die Wittelsbacher aber hatten ihre Machtbasis mitten in Bayern und konnten die Abspaltung peripherer Landesteile in Grenzen halten: So sonderten sich im Osten und Süden die Steiermark, Tirol und Salzburg nach 1180 endgültig ab, aber sonst gelang es Herzog Otto I., seinem Sohn Ludwig I. und seinem Enkel Otto II. das Herzogtum zusammenzuhalten und von einem lockeren Gebilde zu einem straff organisierten Staatswesen umzubauen. Die Identität des spätmittelalterlichen und frühneuzeitlichen Bayern mit dem früh- und hochmittelalterlichen Stammesherzogtum blieb im Kern gewahrt und noch das neue, größere Bayern, wie es aus den Umbrüchen der napoleonischen Zeit hervorging, gruppiert sich um diesen Kern mit seiner inzwischen fast 1500-jährigen Kontinuität.

Geradezu symptomatisch ist, dass auch die erste Heirat eines Wittelsbachers, die ein wenig international anmutet, in Wirklichkeit mit Fragen der innerbayerischen Politik zu tun hatte: 1204 vermählte sich Ludwig I., der zweite Wittelsbacher auf dem Herzogsstuhl, mit Prinzessin Ludmilla von Böhmen. Nicht nur, dass deren Heimat zum Reich gehörte und Bayern benachbart war, sondern vor allem die Tatsache, dass sie die Witwe des im nördlichen Niederbayern mächtigen Grafen Albert von Bogen war, zeigt, dass es dabei um bodenständige territorialpolitische Ziele ging. Tatsächlich wurden die Wittelsbacher schon in der nächsten Generation die Erben der Bogener, wodurch unter anderem deren Wappenbild, die weiß-blauen Rauten, an den Herzog fiel. So richtig über die Grenzen des Reiches hinaus griff bei der Partnerwahl aber erst die vierte Generation, als Herzog Heinrich XIII. die ungarische Prinzessin Elisabeth heimführte. Vorausgegangen war die erste der vielen Erbteilungen, die es im Hause Wittelsbach im Spätmittelalter gab. Heinrich XIII. herrschte seit 1255 über Niederbayern, während sein älterer Bruder Ludwig II. in Oberbayern und der 1214 durch Heirat den Wittelsbachern zugefallenen Pfalz regierte. Die Teilung führte zu unterschiedlichen Schwerpunktsetzungen: Während Ludwig als Inhaber der hochangesehenen Reichswürde eines Pfalzgrafen bei Rhein sich intensiv in der Reichspolitik engagierte, wandte Heinrich seinen Blick donauabwärts nach Südosten. Die Heirat sollte schon in der nächsten Generation ungeahnte Konsequenzen haben: 1301 war das ungarische Herrscherhaus der Arpaden im Mannesstamm erloschen. Im Zuge der sich daraus ergebenden Thronwirren beanspruchte auch Herzog Otto von Niederbayern die Krone des heiligen Stephan für sich. Er gelangte trotz des Widerstands der Habsburger zwar glücklich nach Ungarn und wurde 1305 in Stuhlweißenburg gekrönt, aber behaupten konnte er die Herrschaft nicht. Ein paar Jahre später musste er sich mit einer hohen Summe aus der Gefangenschaft eines Rivalen freikaufen.

Hatte dieser Ausflug der niederbayerischen Wittelsbacher in die große europäische Politik mit einem Misserfolg geendet, so begann nur wenige Jahre später eine Entwicklung, durch die das Haus Wittelsbach endgültig in den Kreis der führenden europäischen Dynastien gelangte. Nach dem Tod Kaiser Heinrichs VII. aus dem Hause Luxemburg kam es 1314 zu einer Doppelwahl. Da der erst 17-jährige Sohn des überraschend verstorbenen Kaisers für die zu erwartenden Kämpfe nicht geeignet schien, wählten die Anhänger des Hauses Luxemburg Herzog Ludwig IV. von Oberbayern. Durch seinen Sieg über die Habsburger bei Gammelsdorf 1313 hatte er sich empfohlen, denn der Gegenkandidat war Friedrich der Schöne von Österreich, der am selben Tag von den Habsburg-freundlichen Kurfürsten zum König ernannt wurde. Da der Besitz zweier Stimmen im Kurkolleg strittig und das Mehrheitsprinzip noch nicht allgemein anerkannt war, musste der Kampf entscheiden. Ludwig gewann ihn 1322 in der Schlacht von Mühldorf. Damit fand er zwar im Deutschen Reich allgemeine Anerkennung, verwickelte sich aber in einen erbitterten Streit mit dem in Avignon residierenden Papst. Das lag einerseits an dessen Anspruch, den Thronstreit zu entscheiden, andererseits daran, dass Ludwig, kaum hatte er sich in Deutschland durchgesetzt, die Italienpolitik der Staufer und Heinrichs VII. wieder aufgenommen und dabei auf die papstfeindlichen Visconti von Mailand gesetzt hatte. Der mit großer Erbitterung ausgetragene Kampf zwischen Ludwig dem Bayern und den Päpsten von Avignon ist das letzte Kapitel in dem damals schon 250 Jahre alten Konflikt zwischen Kaiser und Papst und gehört der Reichsgeschichte an. Vom Standpunkt der Dynastie ist anderes bedeutsam: Ludwig verstand es, durch die rechtlichen Möglichkeiten und das Prestige, die der Besitz der Königs- und Kaiserkrone ihm gaben, seine Hausmacht allenthalben zu mehren. Er erwarb für sich oder seine Söhne die Markgrafschaft Brandenburg im Nordosten, die Grafschaften Holland, Seeland und Hennegau im Nordwesten und die Gefürstete Grafschaft Tirol im Süden des Reiches. Freilich blieb keines dieser Territorien den Wittelsbachern länger als bis zur Enkelgeneration des Kaisers. Die Erbteilung unter seinen sechs Söhnen schwächte das Haus machtpolitisch, was dazu beitrug, Erbansprüche von Töchtern und deren Nachkommen aus anderen Häusern zu begünstigen. Nach knapp hundert Jahren blieben wiederum nur Bayern und die Pfalz übrig. Doch eines hatte Ludwig der Bayer bewirkt: Sein Haus galt von nun an als Anwärter auf die Kaiserkrone und war damit endgültig in die Reihe der großen europäischen Dynastien aufgestiegen. Ein eindeutiger Beleg dafür sind die Heiraten seiner Söhne und Töchter. Von den zehn Kindern, die das Erwachsenenalter erreichten, waren sechs mit Ehegatten außerhalb des deutschen Sprachraums verheiratet, aus Dänemark, Sizilien, Polen, Verona, aus dem englischen Hause Lancaster und aus Böhmen. In der Enkelgeneration kam es zu Eheverbindungen mit den Königshäusern von Schweden, Zypern und wiederum Böhmen und mit den Herzögen von Mailand und von Burgund, und das, obwohl in dieser Generation das Land Bayern weiter geteilt wurde, sodass es schließlich vier regierende Linien gab: München, Landshut, Straubing und Ingolstadt. Die letztere, so unbedeutend ihr in mehrere Landfetzen zerrissenes Gebiet auch war, spielte sogar besonders aktiv in der großen Politik mit. Die aus der Geschichte der heiligen Johanna von Orléans bekannte französische Königin Isabeau war eine Tochter Herzog Stephans III. von Bayern-Ingolstadt. Ihr Bruder Ludwig VII., in beiden Ehen mit Damen des französischen Hochadels verheiratet, mischte im dortigen Bürgerkrieg der Adelsparteien der Armagnacs und Bourguignons kräftig mit. Nebenbei brachte er kulturelle Anregungen der französischen Spätgotik mit nach Bayern.

Der Weg nach Italien war den Wittelsbachern zwar seit dem Verlust Tirols an die Habsburger im Jahre 1363 machtpolitisch verlegt und sollte es auf Dauer bleiben, aber auch hier sorgten dynastische Verbindungen für einen gewissen Ersatz. Dreimal kam es im 14. Jahrhundert zu Eheschließungen zwischen den Wittelsbachern und den Visconti von Mailand. Auffällig ist übrigens, mit welchen deutschen Herrscherhäusern es im 14. und 15. Jahrhundert nur selten oder gar nicht zu Heiraten kam, nämlich mit den Habsburgern als den unmittelbaren Rivalen im Südosten des Reiches und mit den kurfürstlichen Dynastien der Wettiner und Hohenzollern. Im Falle der Letzteren spielte wohl die Enttäuschung eine Rolle, durch die Goldene Bulle von 1356 um die Kur, das Recht zur Teilnahme an der Kaiserwahl, gebracht worden zu sein. Ein klein wenig hat man den Eindruck, dass mit diesen höchstrangigen ausländischen Verschwägerungen der verfassungsrechtliche Verweis der bayerischen Wittelsbacher in die zweite Reihe des Reichs kompensiert werden sollte.

Der Ausschluss von der Kaiserwahl hatte sich durch eine Zweiteilung im Hause Wittelsbach ergeben, die davon herrührt, dass Kaiser Ludwig der Bayer nur der Zweitgeborene Herzog Ludwigs II., genannt der Strenge, gewesen war. Sein älterer Bruder Rudolf war zwar früh verstorben, hatte aber Kinder hinterlassen, die als Erwachsene ihren Anteil am Erbe des Großvaters forderten. Um für seine Reichs- und Hausmachtpolitik den Rücken frei zu haben, hatte der Kaiser ihnen 1329 im Hausvertrag von Pavia die Pfalz am Rhein überlassen und dazu den Teil des Herzogtums Bayern nördlich von Regensburg, den ehemaligen Nordgau, der dann die neue Bezeichnung Oberpfalz bekommen sollte (Abb. 3). In Pavia war eine abwechselnde Führung der Kurstimme vereinbart worden, aber dank ihrer besseren Beziehungen zu Kaiser Karl IV. konnten sich die Pfälzer 1356 dieses Recht auf Dauer sichern. Hinsichtlich ihrer Eheverbindungen taten sich die Pfälzer mit den Habsburgern leichter, da die Reibungsflächen geringer waren. Bei Eheschließungen außerhalb des Reiches zeigt sich bei ihnen eine Tendenz zur Orientierung entlang der Schiene Rhone, Rhein, Themse. Immer wieder begegnen wir Ehepartnerinnen aus dem Hause Savoyen und

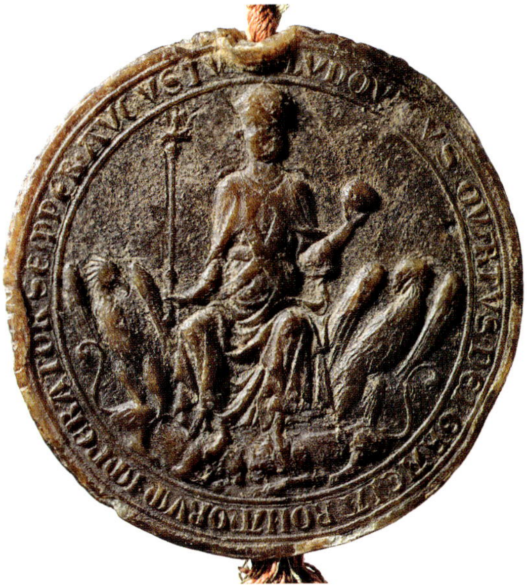

Abb. 3 Seit seiner Kaiserkrönung in Rom 1328 führte Ludwig der Bayer ein Siegel, das ihn auf einem von Adlerflügeln gebildeten Thron zeigt. Damit beglaubigte er auch den mit seinen Neffen geschlossenen Hausvertrag von Pavia. Siegelwachs, 1329

dem englischen Königshaus, aus Lothringen und den Herzogtümern im niederländisch-wallonischen Raum. Letztlich waren so beide Linien der Wittelsbacher offen auch für kulturelle Einflüsse aus Süd- und Westeuropa, wobei – von der Geographie her naheliegend – in Bayern vor allem Italien im Fokus stand, während die Pfalz ihr Augenmerk besonders auf Westeuropa richtete.

Es ist natürlich etwas gewagt, hier Zusammenhänge herzustellen, aber es war wohl nicht ganz zufällig, dass in der Zeit der Reformation beide Linien der Wittelsbacher Sonderwege gingen. Während die meisten deutschen Fürstenhäuser sich Luther anschlossen, blieb die bayerische Linie katholisch, die Pfälzer hingegen wandten sich dem aus Genf stammenden und dann vor allem in den Niederlanden und teilweise auf den britischen Inseln Fuß fassenden Calvinismus zu.

Eine Episode blieb die Begründung eines wittelsbachischen Königthrons in Nordeuropa: Ein Prinz aus einer pfälzischen Nebenlinie, Pfalzgraf Christoph von Neumarkt, war 1440 zum König von Dänemark, Schweden und Norwegen gekrönt worden. Natürlich hatte auch dies mit einer dynastischen Verwandtschaft zu tun: Die Mutter Christophs war eine dänische Prinzessin gewesen. Da Christoph keine Kinder hatte und jung starb, währte das Wittelsbacher Königtum in Kopenhagen aber nur acht Jahre lang.

Wir sind an der Schwelle zur Neuzeit angelangt. Bisher war viel die Rede von Heiraten und dynastischen Verwandtschaften in Europa, aber wenig von europäischer Politik. Mit dem 16. Jahrhundert sollte sich das ändern. Dies lag einerseits an einem innerbayerischen Faktor: Nach einem blutigen Bruderkrieg zwischen den in München und in der Pfalz regierenden Linien um das Erbe des söhnelosen Herzogs Georg des Reichen von Bayern-Landshut wurde 1505 das Herzogtum in der Hand Albrechts IV. von Bayern-München wiedervereinigt. Dadurch wurde Bayern zum stärksten Machtfaktor in Süddeutschland nach dem Haus Habsburg und sollte fortan aufgrund der 1506 erlassenen Primogeniturordnung nicht mehr geteilt werden. Andererseits wandelten sich die Bedingungen der auswärtigen Politik dieses Territorialstaats: Das vielgestaltige Heilige Römische Reich des Spätmittelalters mit seinen zahlreichen Abstufungen der Hinordnung zum Kaiser verwandelte sich in ein engeres Heiliges Römisches Reich Deutscher Nation, in dessen Verfassung monarchisch-zentralistische und föderalistisch-fürstenbündische Elemente lange im Wettstreit lagen, bis im Westfälischen Frieden von 1648 im Wesentlichen die Letzteren obsiegten. Gleichzeitig wurde die Anbindung nicht-deutscher Reichsteile wie der Niederlande, Lothringens, Böhmens und vor allem Reichsitaliens, das heißt weiter Teile Ober- und Mittelitaliens, immer lockerer, teilweise bis zum völligen Ausscheiden aus dem Reichsverband. Dadurch verlor der universale Anspruch von Kaisertum und Reich schließlich jede Glaubwürdigkeit – ein europäisches Staatensystem entstand. Während jedoch in den sich herausbildenden nationalen Monarchien Englands, Frankreichs, Spaniens und Skandinaviens dem Hochadel jede Möglichkeit genommen wurde, unabhängig von der Zentralgewalt europäische Politik zu machen, wuchsen die großen Fürsten des Reiches aus den spätmittelalterlichen Familienbeziehungen gerade in dieses internationale Staatensystem hinein. Zusätzlich gefördert wurde dies durch die konfessionelle Spaltung Europas und vor allem Deutschlands im Gefolge der Reformation. Für über ein Jahrhundert lautete nun die Maxime der bayerischen Politik: Aus katholischer Solidarität mit Habsburg, aber unter dem Vorbehalt, dass dies nicht zu einem kaiserlichen Absolutismus im Reich führen dürfe. Die Mittel dazu waren bewusst gepflegte, enge Beziehungen zur päpstlichen Kurie und Bündnisse mit anderen katholischen Fürsten. Außer den Herzögen von Lothringen kamen dafür freilich nur die geistlichen Reichsfürsten in Frage, und so unternahm man immer wieder Versuche, die Freundschaft mit Frankreich zu pflegen. Dies hatte einen doppelten Sinn: Einerseits sollte diese Verbindung einen Rückhalt geben gegen Versuche der Wiener Politik, Bayern über die konfessionspolitische Solidarität hinaus für habsburgisch-dynastische Ziele einzuspannen, andererseits wollte die bayerische Frankreichpolitik in Paris den Eindruck vermitteln, Bayern stehe nicht bedingungslos im Lager Habsburgs, um so die französischen Staatsmänner davon abzuhalten, mit protestantischen Mächten zu paktieren. So recht hat das freilich nicht funktioniert, aber eines wurde damit doch erreicht: Bayern durfte damit rechnen, dass Frankreich an seiner Erhaltung und Stärkung interessiert war.

Einen großen Schritt in die internationale Politik taten die bayerischen Wittelsbacher mit dem Kölnischen Krieg von 1583. Es ging dabei um das Erzstift Köln, eines der drei geistlichen Kurfürstentümer. Aus rein privaten Gründen – er hatte Probleme mit dem Zölibat – war der dortige Erzbischof zum Protestantismus übergetreten. Folge war natürlich, dass der Papst ihn absetzte. Das Kölner Domkapitel wählte Ernst von Bayern, einen jüngeren Bruder des regierenden Herzogs Wilhelm V., zum Nachfolger. Persönlich war Ernst für dieses hohe geistliche Amt ebenfalls wenig geeignet, aber es war klar, dass man Truppen brauchen würde, um den abtrünnigen Vorgänger zu vertreiben. Weil von Kaiser Rudolf II., einem einsiedlerischen Sonderling, nichts zu erwarten war, setzte die Kurie auf Bayern als aktives Element im deutschen Katholizismus. Dasselbe tat König Philipp II. in Madrid, der damals mächtigste Monarch Europas, denn der Besitz Kölns und des Rheins als Nachschublinie war von eminenter Bedeutung im Kampf Spaniens gegen die aufständischen Niederländer. Der Sieg in diesem Krieg sicherte dem Hause Bayern für fast zwei Jahrhunderte den Kölner Erzbischofsstuhl als bequeme und politisch lukrative Möglichkeit zur Versorgung nachgeborener Prinzen und entschied darüber, dass das Niederrheingebiet und Westfalen überwiegend katholisch blieben.

Einen Blick müssen wir auch auf die Pfälzer Wittelsbacher werfen. Bei ihnen gab es neben dem Kurhaus eine ganze Reihe von Nebenlinien. Bis zur Mitte des 16. Jahrhunderts entschieden sie sich alle für die Reformation, aber die Kurlinie wandte sich alsbald vom Luthertum ab und dem Calvinismus zu. Für diesen galt der Augsburger Religionsfriede von 1555 nicht, der nur den Anhängern der Confessio Augustana Duldung garantiert hatte. Das machte die wegen ihrer exponierten strategischen Lage am Schnittpunkt spanischer und französischer Interessen ohnehin bedrohte Pfalz zusätzlich verwundbar und gab der pfälzischen Politik einen Zug ins Risikoreiche, ja Abenteuerliche. Verschiedentlich griffen Pfälzer Wittelsbacher auf der Seite der Hugenotten in innere Konflikte Frankreichs ein, was letztlich weder den Pfälzern noch den Hugenotten etwas nützte, aber in Paris dafür sorgte, dass man die Kurpfalz trotz des gemeinsamen Gegensatzes zu Habsburg mit Misstrauen betrachtete.

Eine Zusammenarbeit der beiden Linien des Hauses Wittelsbach, wie der Hausvertrag von Pavia sie eigentlich vorgesehen hatte, war unter den Bedingungen der konfessionellen Frontstellung unmöglich. Ebenso klar war, dass seit der Mitte des 16. Jahrhunderts die Ehepartnerinnen nur noch aus dem eigenen religiösen Lager stammten. Unter den Kurfürstinnen von der Pfalz waren dabei auch eine Oranierin und eine englische Prinzessin, unter den Frauen der bayerischen Herrscher neben mehreren Habsburgerinnen auch zwei Lothringerinnen, eine Savoyerin und eine Prinzessin von Polen.

Zu Beginn des 17. Jahrhunderts steigerten sich die konfessionellen Spannungen. Auch Streitpunkte wie die Frage der Erbfolge in den Herzogtümern Jülich, Kleve und Berg, die ursprünglich mit der Religion nichts zu tun hatten, gerieten in den Sog des katholisch-protestantischen Antagonismus. Die beiden Haupt-Erbanwärter auf dieses konfessionell ge-

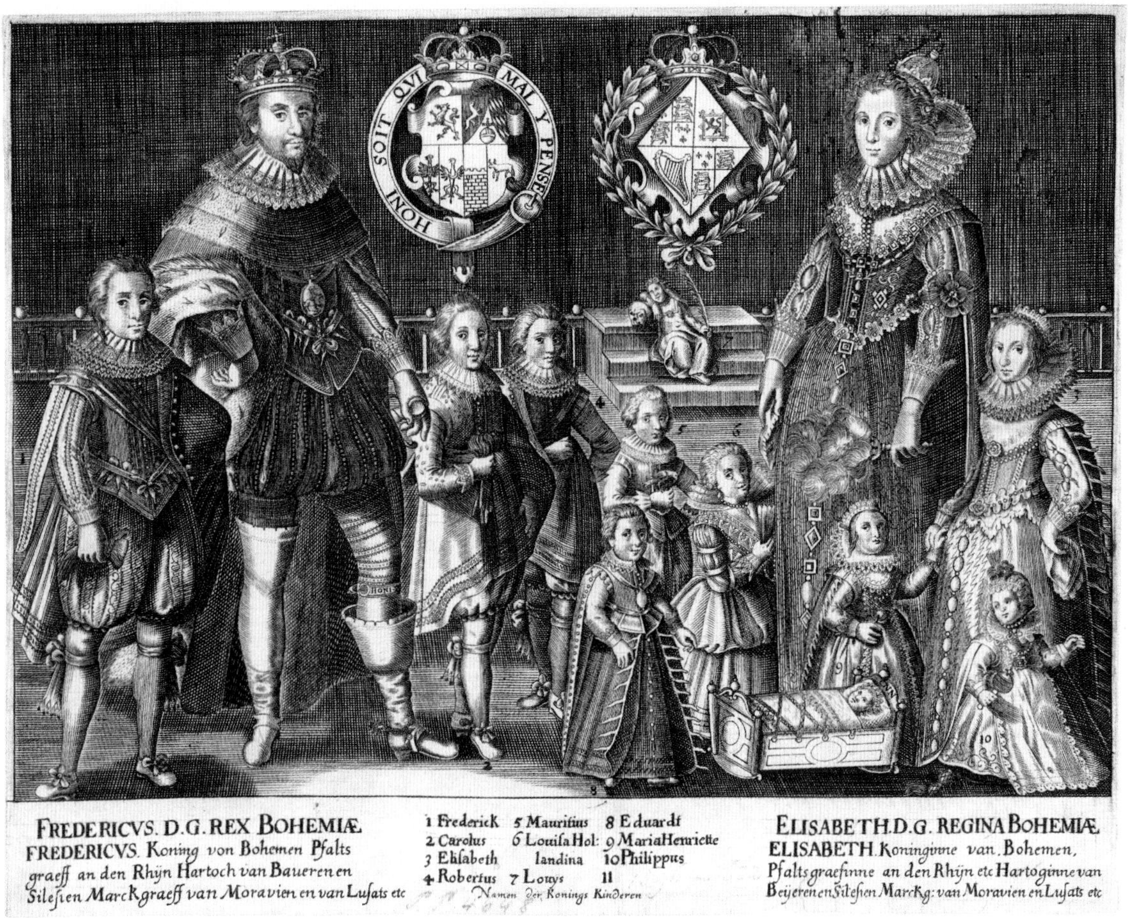

Abb. 4 Kurfürst Friedrich V. von der Pfalz als König von Böhmen mit seiner Ehefrau Prinzessin Elisabeth von England und Schottland und ihren zehn Kindern im niederländischen Exil nach seiner Niederlage in der Schlacht am Weißen Berg 1620 und seiner Ächtung. Kupferstich, 1628

mischte und damit politisch sozusagen neutrale Gebiet waren Lutheraner: Der Kurfürst von Brandenburg und ein Wittelsbacher aus einer pfälzischen Nebenlinie in Neuburg an der Donau, einem kleinen Fürstentum, das 1505 zur Entschädigung der Pfälzer Linie für die Aberkennung von Erbansprüchen auf das Herzogtum Bayern-Landshut gegründet worden war. Im Zuge der Auseinandersetzungen wechselten beide Protagonisten die Konfession: Der Brandenburger wurde Calvinist und versicherte sich so der Unterstützung der benachbarten Niederländer, der Pfalzgraf von Neuburg konvertierte zur katholischen Kirche und heiratete die Schwester Herzog Maximilians von Bayern. Der Konflikt blieb lokal begrenzt und endete mit einer Teilung des Erbes.

Wenige Jahre später aber kam es zur Eskalation, und wieder waren zwei Wittelsbacher unter den Protagonisten: Die Kurpfalz war 1608 an die Spitze der Union, eines Bündnisses protestantischer Reichsstände, getreten. Wie zu erwarten erfolgte 1609 die katholische Gegengründung, die Liga. Ihre Führung übernahm wegen des gerade seinen Höhepunkt erreichenden »Bruderzwists im Hause Habsburg« Maximilian von Bayern. Als 1618 der protestantische böhmische Adel sich gegen die Habsburger erhob, konnte der pfälzische Kurfürst Friedrich V. der Versuchung nicht widerstehen, sich von den Aufständischen zum König von Böhmen wählen zu lassen (Abb. 4). Calvinistischer Glaubenseifer mischte sich mit Ehrgeiz, der sich vom Glanz einer Königskrone blenden ließ.

Der Herzog von Bayern war nicht weniger glaubenseifrig, aber im Gegensatz zum Pfälzer auch ein nüchtern kalkulierender Politiker. Die Königswahl Friedrichs V. eröffnete die Aussicht auf eine protestantische Mehrheit im Kurkolleg und damit unabsehbare Gefahren für die katholische Kirche und die ihr anhängenden Fürsten im Reich. So sagte Maximilian dem Kaiser seine Hilfe zu, der in seiner Bedrängnis dem bayerischen Herzog zudem im Falle des Sieges ebenfalls eine Rangerhöhung versprach, nämlich die Übertragung der pfälzischen Kurwürde. Die Schlacht am Weißen Berg vor Prag 1620 brachte diesen Sieg und entschied über den Vorrang im Hause Wittelsbach: Friedrich V. wurde in die Reichsacht erklärt und verbrachte den Rest seines Lebens im niederländischen Exil, Maximilian erhielt die Kurwürde und die Oberpfalz – Errungenschaften, die er von nun an über alle Wechselfälle des Dreißigjährigen Kriegs hinweg zäh verteidigte,

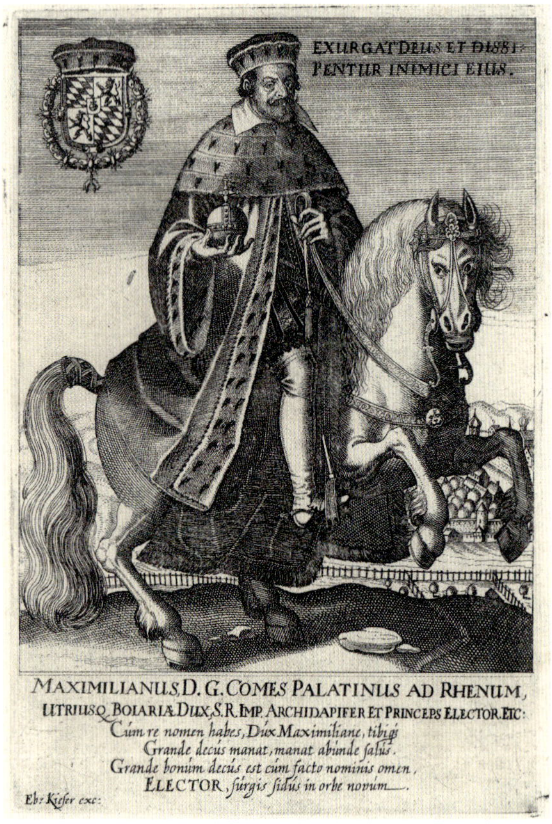

Abb. 5 Im kurfürstlichen Ornat präsentiert sich Maximilian I. von Bayern als siegreicher Feldherr und Träger seiner 1623 neu errungenen Würde. Eberhard Kieser, Kupferstich, nach 1623

bis er 1648 im Westfälischen Frieden ihre internationale völkerrechtliche Anerkennung erhielt (Abb. 5).

Bei den vorangehenden jahrelangen Friedensverhandlungen hatte Bayern eine wichtige Rolle gespielt, insbesondere beim Zustandekommen des kaiserlich-französischen Friedens, wo Maximilian, obwohl an der Seite des Kaisers gegen Frankreich Krieg führend, diplomatisch eine Vermittlerrolle übernommen hatte – ganz in der vorher beschriebenen Tradition bayerischer Frankreichpolitik. Die Pfalzgrafen dagegen konnten in Westfalen nur als machtlose Bittsteller auftreten; allein schwedische Unterstützung sicherte ihnen am Ende die Rückgabe der Rheinpfalz und die Zuerkennung einer neuen achten Kurwürde. Da der Westfälische Friede die Reichsstände für bündnisfähig mit ausländischen Staaten erklärte, war im Ergebnis Bayern jetzt eine europäische Mittelmacht. Die Kurpfalz dagegen hatte ausgespielt, da auch die Führungsrolle unter den Calvinisten im Reich an Brandenburg übergegangen war. Das Aussterben der pfälzischen Kurlinie im Jahre 1685 und der Erbanfall an die katholischen Neuburger setzten dann den endgültigen Schlusspunkt unter eine von Selbstüberschätzung geprägte Politik.

Einer ganz kleinen pfälzischen Nebenlinie aber gelang durch eine Verkettung von Zufällen, was der Kurlinie versagt geblieben war: Der Aufstieg in die erste Reihe der europäischen Mächte. Als Königin Christine von Schweden 1654 zum Katholizismus konvertierte und abdankte, wählte der schwedische Reichstag den Pfalzgrafen Karl Gustav von Kleeburg zum Nachfolger. Abgesehen von dem Umstand, dass er Nachkomme einer schwedischen Prinzessin war, hatte dies vor allem damit zu tun, dass er im Dreißigjährigen Krieg schwedischer General gewesen war. Als König Karl X. führte er Schweden auf den Höhepunkt seiner Macht, die es allerdings unter seinem Enkel Karl XII. wieder verlieren sollte. Ohne Kinder zu hinterlassen, fiel dieser 1718 im Zweiten Nordischen Krieg und damit war das schwedische Königtum der Wittelsbacher beendet.

Sein Ruf als herausragender Feldherr und der Kampf um eine Königskrone bestimmten auch das Schicksal Max Emanuels, des dritten Kurfürsten von Bayern. Nachdem er sich als kaiserlicher Oberkommandierender im Türkenkrieg aus-

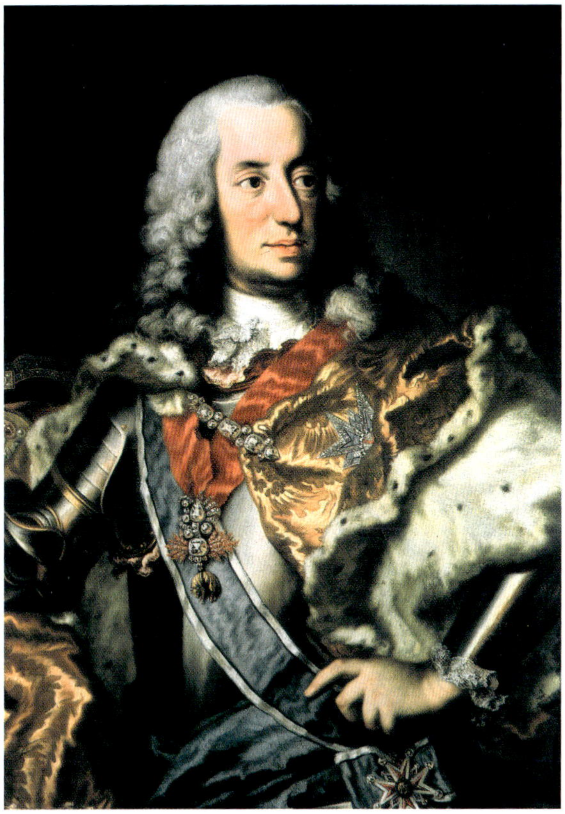

Abb. 6 Kurfürst Karl Albrecht von Bayern konnte 1742 als Kaiser Karl VII. erstmals seit 1438 das Haus Habsburg vom Kaiserthron verdrängen, doch währte seine Regierung nur drei Jahre. Werkstatt Georg Desmarées, Öl auf Leinwand, um 1742

gezeichnet hatte, eröffnete ihm seine Heirat mit Maria Antonia, einer Tochter Kaiser Leopolds I. und Nichte König Karls II. von Spanien, glänzende Aussichten. Aufgrund der Kinderlosigkeit des spanischen Königs war Max Emanuels Sohn Joseph Ferdinand von Mutterseite her der legitime Erbe des spanischen Weltreichs. Zwar gab es die deutsche Linie der Habsburger und die französische Königsdynastie der Bourbonen als weitere Anwärter, aber gerade der Umstand, dass Joseph Ferdinand von Bayern zwischen diesen sozusagen den neutralen Ausweg darstellte, machte diese Lösung attraktiv. Ein Wittelsbacher auf dem Thron in Madrid hätte das europäische Gleichgewicht gewahrt und damit Spanien und Europa einen Krieg erspart. Der frühe Tod des Prinzen 1699 machte jedoch alle Hoffnungen zunichte und den Krieg unvermeidlich, als auch Karl II. ein Jahr später starb. Max Emanuel wollte aus dem nun entbrennenden Spanischen Erbfolgekrieg, in dem er schwerlich beiseite stehen konnte, wenigstens noch eine Krone für sich gewinnen und entschied sich für die Seite, die diese versprach: für Frankreich. Welches Risiko er damit eingegangen war, zeigte sich 1704: In der Schlacht von Höchstädt gegen Prinz Eugen von Savoyen und den Herzog von Marlborough verlor er sein Land. Dass er dieses am Ende des Krieges 1714 doch noch zurückbekam, hatte er nur Frankreich zu verdanken, das auf das bayerische Gegengewicht gegen das Haus Habsburg nicht verzichten wollte.

Ein noch höheres Ziel setzte sich Max Emanuels Sohn Karl Albrecht, als 1740 auch die Wiener Linie der Habsburger im Mannesstamm erlosch. Aufgrund der zahlreichen wittelsbachisch-habsburgischen Heiraten beanspruchte er gegen die habsburgische Erbtochter Maria Theresia die deutschen Erblande und hoffte auf die Kaiserkrone (Abb. 6). Ein erneutes Bündnis mit Frankreich brachte ihm beides. Der Preis dafür war ein erneuter Krieg gegen eine habsburgisch-britische Allianz. Zeitweise war Karl VII. ein Kaiser ohne Land und als er 1745 starb, nutzte sein junger Nachfolger Max III. Joseph eine Erholungspause, in der die Österreicher Bayern wieder hatten räumen müssen, zum Friedensschluss. Darin verzichtete er auf alle Ansprüche an das Haus Habsburg und eine eigene Bewerbung um die Kaiserkrone.

DIE BAYERISCHEN KÖNIGE VON MAX I. JOSEPH BIS ZU LUDWIG III.

MAX I. JOSEPH (1806–1825)

Alle Versuche der Wittelsbacher, ihren Rang im Europa des Ancien Regime zu erhöhen, waren mit dem Scheitern Karls VII. endgültig fehlgeschlagen. Was blieb, war die Konsolidierung der eigenen Position in Deutschland. Diese gelang, vorbereitet durch mehrere bayerisch-pfälzische Hausunionen seit 1724, umso besser, als 1777 die bayerische Linie und 1799 die zunächst das Erbe antretende pfälzische Linie Neuburg ausstarben. Der glückliche Erbe war Herzog Max Joseph von Pfalz-Zweibrücken-Birkenfeld, dessen Vater noch ein unbedeutender General in kaiserlichen Diensten gewesen und erst anlässlich seiner Heirat katholisch geworden war. Am 21. Februar 1799 zog der von den französischen Revolutionstruppen aus seinem Stammland vertriebene Prinz als neuer Kurfürst Max IV. Joseph, von der Bevölkerung jubelnd begrüßt, in München ein. Auf die Kurpfalz und die Herzogtümer Pfalz-Zweibrücken und Jülich musste er im Frieden von Lunéville von 1801 und im Reichsdeputationshauptschluss von 1803 zugunsten Frankreichs und Badens zwar verzichten, doch die Entschädigung für diese Verluste war größer als die verlorenen Territorien. Bayern konnte sich dadurch nach Nordwesten bis zur Iller und zum Spessart ausdehnen, auch wenn das Gebiet noch von zahlreichen mittleren und kleinen Fürstentümern und Grafschaften durchlöchert war. Das 1805 geschlossene Bündnis mit dem napoleonischen Frankreich schuf hier Abhilfe und brachte außerdem den Gewinn Tirols und Vorarlbergs ein. Die Gebietszuwächse und die faktische Beendigung der Oberhoheit des in seinen letzten Zügen liegenden Heiligen Römischen Reichs Deutscher Nation rechtfertigten auch einen Schritt, der seit den Tagen Max Emanuels von den Wittelsbachern immer wieder ersehnt worden war: den Aufstieg zu königlichem Rang.

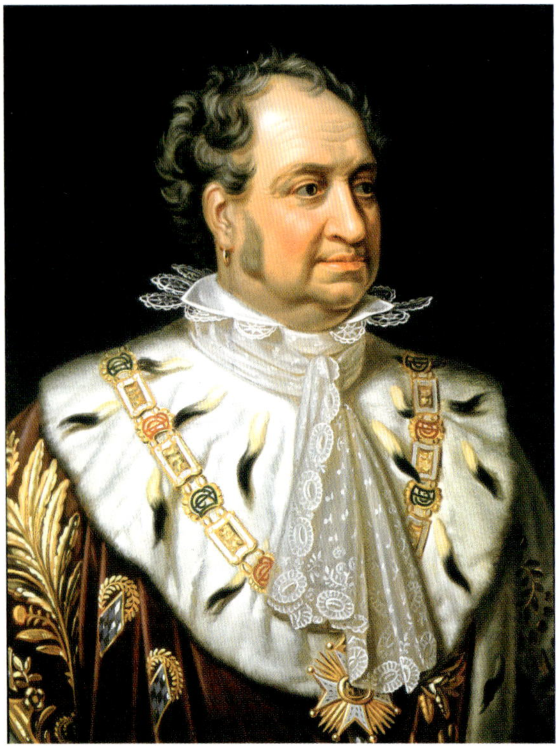

Abb. 7 König Max I. Joseph im Thronornat, der nach französischen Vorbildern in Paris gefertigt wurde. Georg Dury (nach Joseph Stieler), Öl auf Leinwand, 1846

Am 1. Januar 1806 wurde aus dem Kurfürsten König Max I. Joseph (Abb. 7). Nach einigen Jahren zeigten sich aber auch die Schattenseiten der Bindung an Napoleon. Dessen Forderung nach bayerischen Soldaten für seine Kriege trug 1809 nicht unwesentlich bei zum Aufstand der Tiroler gegen die bayerische Herrschaft und verwickelte das Land in die Katastrophe des Russlandfeldzugs von 1812. Danach trennte sich Max I. Joseph im Vertrag von Ried – noch rechtzeitig vor der Völkerschlacht bei Leipzig – vom bisherigen Bündnispartner. Aufgrund des Vertrags und der anschließend auf dem Wiener Kongress getroffenen Regelungen gab Bayern die seit 1806 angegliederten österreichischen Gebiete zurück und erhielt dafür wieder das vorübergehend verlorene Würzburg sowie Aschaffenburg und eine neu zugeschnittene, jetzt gänzlich links des Rheins liegende Pfalz. Dieser Gebietsumfang sollte seitdem – abgesehen vom Verlust der Pfalz nach dem Zweiten Weltkrieg – im Wesentlichen unverändert bleiben. 1818 gab Max I. Joseph seinem Land eine moderne Verfassung mit Grundrechtsgarantien und einem Parlament mit zwei Kammern, ohne deren Bewilligung keine Steuern und Abgaben erhoben, keine Gelder ausgegeben und keine Gesetze erlassen werden konnten. Sie war der Abschluss eines umfassenden inneren Reformwerks, das der Erste Minister Maximilian Graf von Montgelas seit 1799 durchgeführt hatte. Die Verfassungsgebung aber war nicht dessen Werk, sondern vor allem das des Kronprinzen Ludwig, einem Kritiker des vom Minister nach französischem Vorbild betriebenen radikalen Zentralismus und aufgeklärten Absolutismus. Max I. Joseph erfüllte den Wunsch seines energischeren Sohnes, so wie er bisher den Vorschlägen seines Ersten Ministers gefolgt war. In der Außenpolitik hat sich sein Zaudern mehr als einmal als nützlich erwiesen; er hat immer den richtigen Moment abgewartet, das Bündnis zu wechseln. So war der erste Bayernkönig zwar kein bedeutender Herrscher, wohl aber ein glücklicher, dem es gelang, in politisch schwieriger Zeit Chancen zu nutzen. Im Gegensatz zu manch anderen Satellitenstaaten Napoleons, die wieder in sich zusammenfielen, nachdem ihr Herr und Meister den Bogen überspannt hatte, war der bayerische Staat im Kern stabil und die Legitimität seines Herrschers im Kreise der europäischen Dynastien etabliert genug, um dem neuen, größeren Bayern Dauer zu verleihen. Der Deutsche Bund beschränkte zwar auch nach 1815 den internationalen Handlungsspielraum Bayerns, sicherte aber, solange nicht Österreich und Preußen aneinandergerieten, den Frieden. Von dieser Basis aus ließ sich durchaus noch europäische Politik betreiben. Schon bei den Eheschließungen der Kinder Max I. Josephs griffen die Wittelsbacher der Linie Zweibrücken-Birkenfeld ganz selbstverständlich über den gewohnten Rahmen südwestdeutscher Kleinfürsten hinaus. Ihre Ehepartner waren unter anderem Habsburger, Wettiner und Bourbonen. Bei all dem bewahrte Bayerns erster König sich die Beliebtheit, die ihm zu Beginn seiner Regierung entgegengebracht worden war. Ihr bis heute bleibendes Symbol ist das Oktoberfest, das Max I. Joseph 1810 anlässlich der Hochzeit seines Sohnes als »Nationalfest der Bayern« begründete.

LUDWIG I. (1825–1848)

Als Max I. Joseph 1825 starb, war sein ältester Sohn Ludwig bereits 39 Jahre alt und auf seine Aufgabe umfassend vorbereitet. Nach einer Kindheit, die geprägt war durch die Flucht vor den ihm seitdem verhassten Franzosen, war das entscheidende Erlebnis des Heranwachsenden 1804/05 die mehrmonatige Reise nach Italien. Der Prinz wurde dabei zum großen Verehrer der Kunst der klassischen Antike und zu einem unermüdlichen Kunstsammler. Die deutschen Künstler in Rom, mit denen er freundschaftlich verkehrte, prägten ihn aber auch im Sinne der Romantik.

Nachdem nicht zuletzt die Wünsche des Kronprinzen 1817 zum Sturz Montgelas' und im Jahr darauf zur Inkraftsetzung einer Verfassung beigetragen hatten, übernahm Ludwig I. die Königswürde mit einem festen Programm. Der erste und wichtigste Punkt war die Sanierung der Finanzen durch strenge Sparsamkeit. Dennoch wurden kulturpolitische Akzente gesetzt. Die seit 1800 in Landshut angesiedelte altbayerische Universität wurde 1826 nach München verlegt und durch die Berufung renommierter Gelehrter vor allem in den geisteswissenschaftlichen Fächern gestärkt. Den durch die Aufhebung der Klöster im Jahr 1803 bewirkten Traditionsbruch suchte Ludwig I. durch Wiedererrichtung und Neugründung von Ordensniederlassungen zu heilen. Mit der Übertragung von Selbstverwaltungsrechten an die 1837 nach den historischen Grenzen neu eingeteilten Regierungsbezirke erkannte er die eigene Identität der Franken, Schwaben und Pfälzer an und förderte damit deren Sich-Einleben in den bayerischen Staat. Einsparungen vor allem beim Militär setzten Mittel frei, die Ludwig I. großzügig aus seinen eigenen finanziellen Ressourcen ergänzte, um München mit dem Bau zahlreicher Museen, kultureller Institutionen und Denkmäler zu einem ins ganze Land ausstrahlenden Zentrum der Kunst von europäischem Rang zu machen (Abb. 8).

Innenpolitisch steuerte Ludwig I. zunächst einen Kurs liberaler Reformen. Das erwartete Wohlwollen der Liberalen blieb aber weitgehend aus, da vielen von ihnen die kirchenfreundliche Kulturpolitik missfiel. Unter dem Eindruck der französischen Julirevolution von 1830 schlug der König dann eine liberal-konservative Richtung ein, die in Fragen der Wirtschaftsförderung fortschrittliche Elemente beibehielt. Nachdem 1837 trotz einer konservativen Mehrheit im Landtag ein Grundsatzstreit ausbrach über die Verwendung von Geldern, die dank der königlichen Zurückhaltung eingespart worden waren, steuerte Ludwig I. von da ab mithilfe des neuen Innenministers Abel einen strikt konservativen Kurs. Die Opposition der zeitweise durch die Entwicklung einer katholisch-konservativen Partei zurückgedrängten Liberalen schwoll wieder an.

Außenpolitische Initiativen entfaltete Ludwig I. vor allem auf dem Gebiet der Herstellung der wirtschaftlichen Einheit Deutschlands, die 1834 in die Gründung des Deutschen Zollvereins mündeten. Seine Antikenbegeisterung machte den König zum Philhellenen, der den 1821 ausgebrochenen Befreiungskampf der Griechen gegen die türkische Fremdherrschaft ideell und materiell unterstützte. Dies trug dazu bei, dass 1832 sein zweiter Sohn Otto zum ersten König des unabhängig gewordenen Griechenland gewählt wurde. Zu verdanken hatte er dies neben dem idealistischen Engagement seines Vaters auch den Gleichgewichtsüberlegungen der

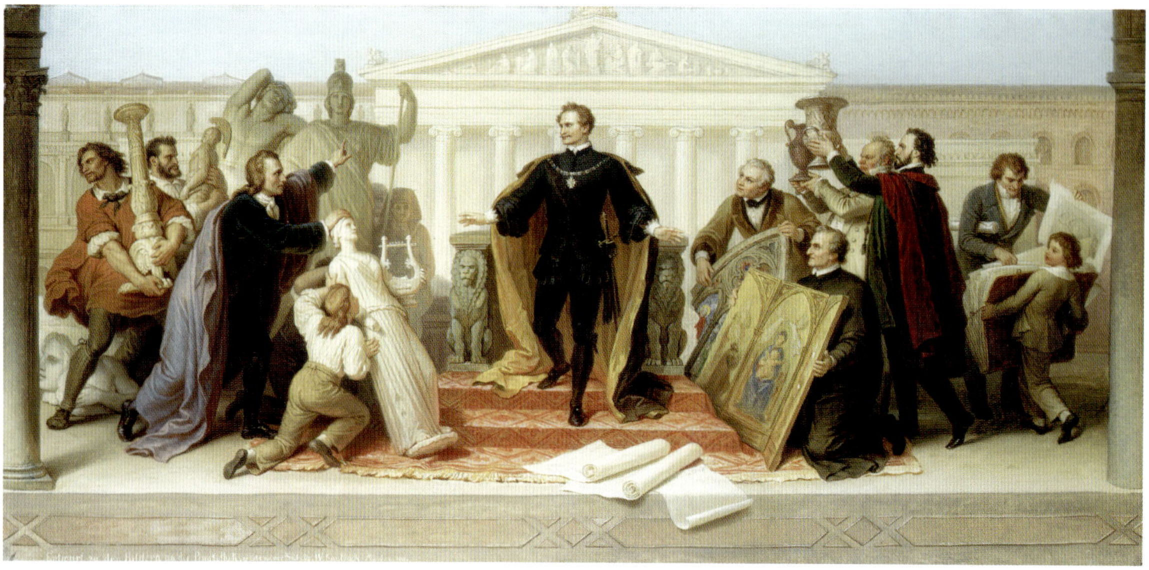

Abb. 8 König Ludwig I. als Mäzen, umgeben von den bedeutendsten zeitgenössischen Künstlern und Gelehrten.
Aus dem Freskenzyklus für die Neue Pinakothek, Wilhelm von Kaulbach, Öl auf Leinwand, 1848

Großmächte England, Frankreich und Russland, die sich in der Folgezeit in Konkurrenz zueinander als eine Art »Vormünder« Griechenlands aufführten und bei dessen zahlreichen innenpolitischen Intrigen stets auch ihre Hand im Spiel hatten. Otto konnte sich immerhin dreißig Jahre lang inmitten dieses Minenfelds halten, ehe ein Militärputsch ihn zur Rückkehr nach Bayern zwang. Eine Dynastie hätte er ohnehin nicht zu begründen vermocht, denn dazu fehlte ihm die Grundvoraussetzung, ein Sohn.

Dem mittlerweile 60-jährigen Ludwig wurde schließlich seine Empfänglichkeit für weibliche Reize zum Verhängnis, als 1846 die skandalumwitterte Tänzerin Lola Montez nach München kam. Die moralische Empörung über die freche Hochstaplerin, die sich als spanische Adelige ausgab und von ihrem königlichen Freund zur Gräfin erheben ließ, veranlasste zunächst das konservative Ministerium unter Abel, ein halbes Jahr später auch das in einem jähen Kurswechsel berufene Kabinett um den liberalen Politiker Maurer zum Rücktritt. Nur mit Mühe gelang es dem König im Dezember 1847, neue Minister zu finden. An der Universität kam es zu Studentenunruhen. Schließlich zwang eine Protestdemonstration am 11. Februar 1848 Ludwig I., die Ausweisung der Tänzerin zu verfügen. Die Lage schien sich zu normalisieren. Doch alsbald trafen Nachrichten von der Februarrevolution in Paris auf die noch aufgewühlte politische Stimmung und es wurden freiheitliche Verfassungsreformen gefordert. Der König bewilligte diese in seiner »Märzproklamation« vom 6. dieses Monats. Die Tatsache, dass ihm die Zugeständnisse abgepresst worden waren, traf das Selbstverständnis des Königs zutiefst. Am 20. März 1848 dankte er ab. Ludwig I. lebte noch zwanzig Jahre lang als Privatmann und vollendete mithilfe der jährlichen Rente von 500 000 Gulden, die er sich von seinem Sohn ausbedungen hatte, seine Bauten, die München erst zu dem gemacht haben, was es heute ist.

MAXIMILIAN II. (1848–1864)

Nachfolger Ludwigs I. wurde sein erstgeborener Sohn Maximilian. Verheiratet war er mit Prinzessin Marie von Preußen, was die einzige Eheverbindung zwischen dem bayerischen und dem preußischen Königshaus bleiben sollte. Der Missmut König Ludwigs II. über den Aufstieg der von ihm als Emporkömmlinge empfundenen Hohenzollern zum deutschen Kaisertum verhinderte weitere Heiraten zwischen beiden Dynastien ebenso wie die erneute Abgrenzung der Konfessionen im Zuge des Kulturkampfs. Die ersten Ehejahre verbrachte das Kronprinzenpaar zu einem erheblichen Teil in

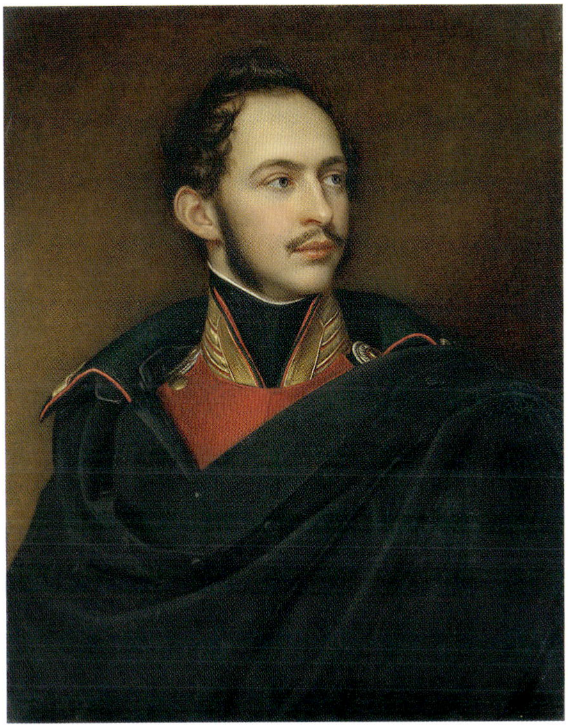

Abb. 9 Der spätere König Maximilian II. als Kronprinz in der Uniform seines 4. Chevauxlegers-Regiments mit Reitermantel. Joseph Stieler, Öl auf Leinwand, 1837

Hohenschwangau, wo Maximilian sich in romantischer Neugotik das »Alte Schloss« erbaut hatte und zusammen mit seiner jungen Frau das Leben in der Berglandschaft genoss (Abb. 9). Im März 1848 musste er unter den ungünstigen Umständen eines von einer Revolution aufgewühlten Landes den Thron besteigen, bewies aber im Laufe seiner Regierung, dass die Befürchtung des Vaters, nach der Bewilligung der Märzforderungen nur noch ein »Unterschreiber« sein zu können, übertrieben gewesen war. Tatsächlich war der Hauptverlierer der Revolution von 1848 in Bayern der Adel, dessen noch verbliebene Privilegien bis auf kleine Reste abgeschafft wurden. Zwar wurde das Landtagswahlrecht demokratisiert und der Raum parlamentarischer Mitwirkung erweitert, aber die Exekutive blieb die Domäne des Königs und der ausschließlich von ihm ernannten Minister. Die Paulskirchenverfassung von 1849 mit ihrer Entscheidung für ein Deutschland ohne Österreich unter einem preußischen Erbkaiser akzeptierte Maximilian II. nicht und konnte sich dabei des Beifalls der altbayerischen Landesteile sicher sein. Ein Aufstand in der Pfalz für die Verfassung wurde militärisch niedergeworfen. In den folgenden zehn Jahren regierte der König gemäßigt konservativ, dann schwenkte er auf einen gemäßigt liberalen Kurs um. Eine wichtige Errungenschaft der letzten Phase war die Verwaltungsreform von 1862, durch die endlich auch auf der untersten Behördenebene Rechtsprechung und innere Verwaltung getrennt wurden. In der Deutschen Frage setzte Maximilian II. auf die Triasidee, das heißt auf eine enge Kooperation mit den deutschen Mittel- und Kleinstaaten, um zwischen Österreich und Preußen eine dritte Kraft zu bilden. Insbesondere wegen des Misstrauens Württembergs und Badens gegen eine bayerische Dominanz innerhalb eines solchen Verbunds blieb der Erfolg weitgehend aus. Ein Hauptanliegen Maximilians II., der selbst einmal sagte, wäre er nicht Kronprinz, wäre er am liebsten Professor geworden, war die Förderung der Wissenschaften, wobei er den Schwerpunkt auf die Naturwissenschaften und die Geschichte legte. Auch technische Innovationen und der Eisenbahnbau lagen ihm am Herzen. Bei seinem frühen Tod mit nur 53 Jahren im Jahr 1864 war die bayerische Monarchie im Innern stabilisiert, die außenpolitischen Fragen aber waren ungelöst.

LUDWIG II. (1864–1886)

Dies belastete die Regierung seines damals erst 18-jährigen Sohnes Ludwig von Anfang an. Dessen Begeisterung galt der Kunst und der Musik, hier vor allem dem Werk Richard Wagners, den er aus höchster Not rettete und ihm durch sein großzügiges Mäzenatentum ein von materiellen Sorgen freies Leben ermöglichte. Seine politischen Aufgaben nahm Ludwig II. anfangs durchaus ernst, doch ließ er sich bald entmutigen: Einerseits durch die Minister, die den jungen König seine Unerfahrenheit spüren ließen, andererseits durch die widrigen Umstände. Nachdem Bismarck den österreichisch-preußischen Gegensatz bewusst bis zum Krieg eskaliert hatte, schloss der allem Militärischen abgeneigte Ludwig II. sich zögernd Österreich an. Die schon seit seinem Großvater vernachlässigte bayerische Armee erlitt mehrere Niederlagen, was Ludwig II. tief deprimierte: An die Stelle des lockeren

Deutschen Bundes trat ein preußisch beherrschtes Norddeutschland und drei formal souveräne süddeutsche Staaten (Bayern, Württemberg und Baden), denen aber militärische Schutz- und Trutzbündnisse mit Preußen aufgenötigt worden waren. Diese verwickelten Bayern 1870 in den nächsten bewaffneten Konflikt; die Tatsache, dass Frankreich es war, das den Gegensatz zu Preußen durch die Kriegserklärung auf die Spitze trieb, ließ keinen Raum für ein neutrales Beiseitestehen. Die gemeinsam mit Preußen errungenen Siege über die seit 1812 auch in Bayern wenig beliebten Franzosen stärkten in der Pfalz, Franken und Schwaben den Wunsch nach einer Einigung Deutschlands und ließen selbst manchen Altbayern

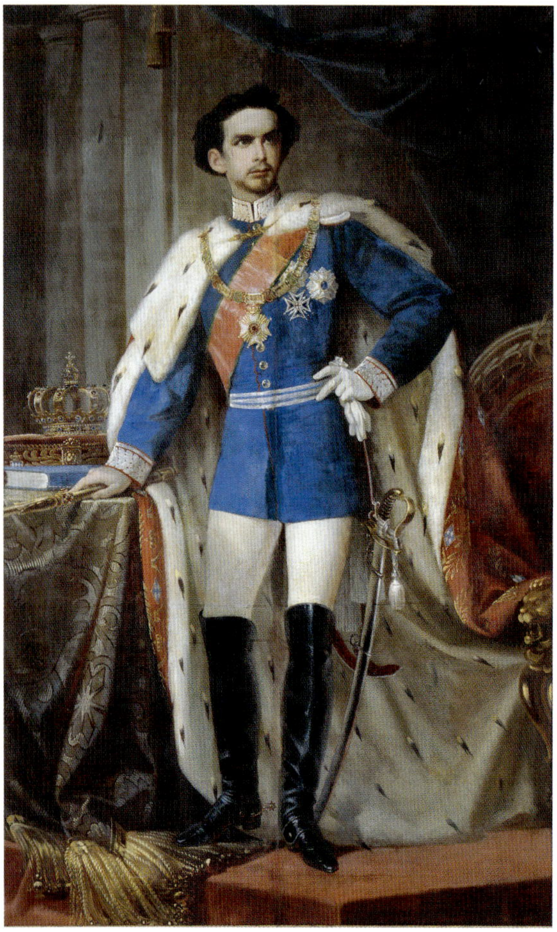

Abb. 10 König Ludwig II. in Generalsuniform mit Hermelinmantel. Das Staatsporträt zeigt ihn als souveränen Monarchen vor dem Thron mit Zepter, Krone und Verfassung. Künstler unbekannt, Öl auf Leinwand, nach 1864

seine Abneigung gegen Preußen vorübergehend vergessen. Die Minister rieten dem König, auf diesen Wunsch einzugehen, zumal Bismarck günstige Bedingungen bot: Er war bereit, Bayern einige »Separatrechte« auf den Gebieten von Post und Eisenbahn, bei der Bier- und Branntweinsteuer und bei der Heeresorganisation in Friedenszeiten einzuräumen. Widerwillig unterschrieb Ludwig II. den Anschlussvertrag und den »Kaiserbrief«, in dem er Wilhelm I. von Preußen namens der deutschen Fürsten die Kaiserkrone anbot. Innerlich empfand der König dies alles als demütigende Niederlage; das neue Deutsche Reich verbitterte ihm das Leben. Tatsächlich nahm die Reichsgründung von 1870/71 Bayern weitgehend die Möglichkeit einer eigenen Außenpolitik, obwohl die Bismarcksche Reichsverfassung den deutschen Einzelstaaten das Gesandtschaftsrecht beließ und insbesondere Bayern davon auch Gebrauch machte. Wichtiger wäre freilich gewesen, auf die Außenpolitik des Reiches ein wachsames Auge zu haben, aber der der wirklichen Politik immer mehr entrückte Ludwig II. und seine Bismarck-getreuen Minister zeigten dafür wenig Interesse. Unter dem Reichsgründer, der eine vernünftige Außenpolitik betrieb und den bundesstaatlichen Charakter des Reiches achtete, schadete das freilich zunächst vor allem dem Wohlbefinden des Königs, der größten Wert auf den formalen Rang eines unabhängigen Souveräns legte (Abb. 10). War vor 1871 schon eine Abneigung, sich vor großen Menschenmassen zu zeigen, an ihm beobachtet worden, so steigerte sich dieser Charakterzug seitdem zu einer immer schärfere Formen annehmenden Menschenscheu. Der König pflegte keinen Kontakt mehr zu seinen Ministern, sondern ließ sich über alles, was er gemäß der Verfassung zu genehmigen hatte, schriftlich berichten, wobei zunächst die Kabinettssekretäre, zuletzt nur noch Lakaien diese Korrespondenz vermittelten. Wirklich auf die politischen Entscheidungen eingewirkt hat er dabei zunehmend weniger, in der Regel unterschrieb er einfach, was die Minister ihm vorlegen ließen. Sein eigentliches Interesse galt nur noch dem Theater und seinen Schlossbauten, deren künstlerische Gestaltung seine ureigenste geistige Leistung war; die Architekten waren nur dazu da, die königlichen Ideen technisch umzusetzen. Die Schlösser Linderhof, Neuschwanstein und Herrenchiemsee, die Ludwig II. privat und nicht etwa aus der Staatskasse finanzierte, waren schließlich auch der entscheidende Grund für seine Entmündigung. Im Winter 1885/86 war nicht länger zu verheimlichen, dass die königliche Kabinettskasse völlig überschuldet war und vor der Zahlungsunfähigkeit stand. Die allein vom Vertrauen des Königs getragenen Minister fürchteten, dass der aus einem Konkurs erwachsende Skandal das System der konstitutionellen Monarchie erschüttern würde. Mittels ungeeigneter Mittelsmänner unternommene Sondierungen des Königs, durch die Ernennung anderer Minister die Landtagsmehrheit für zusätzliche Geldbewilligungen zu gewinnen, brachten das Fass zum Überlaufen. Unter Berufung auf ein irrenärztliches Gutachten wurde Ludwig II. für regierungsunfähig erklärt, sein Onkel Prinz Luitpold zum Regenten ausgerufen und der König zwangsweise unter der Aufsicht des Psychiaters Dr. von Gudden von Neuschwanstein nach Schloss Berg am Starnberger See gebracht. Dort ist Ludwig II. drei Tage später im See ertrunken. Völlig aufklären lassen wird sich das Rätsel um seinen Tod wohl nie. Die offizielle Darstellung stellte das Geschehen als Selbstmord eines Wahnsinnigen dar. Vieles spricht noch heute für die Suizid-Theorie. Auch Tod durch Herzschlag bei einem Fluchtversuch ist nicht ganz auszuschließen. Die psychischen Auffälligkeiten des Königs werden heute anders beurteilt, überwiegend als Persönlichkeitsstörung, möglicherweise in Verbindung mit frühen Symptomen einer hirnorganisch verursachten Demenz.

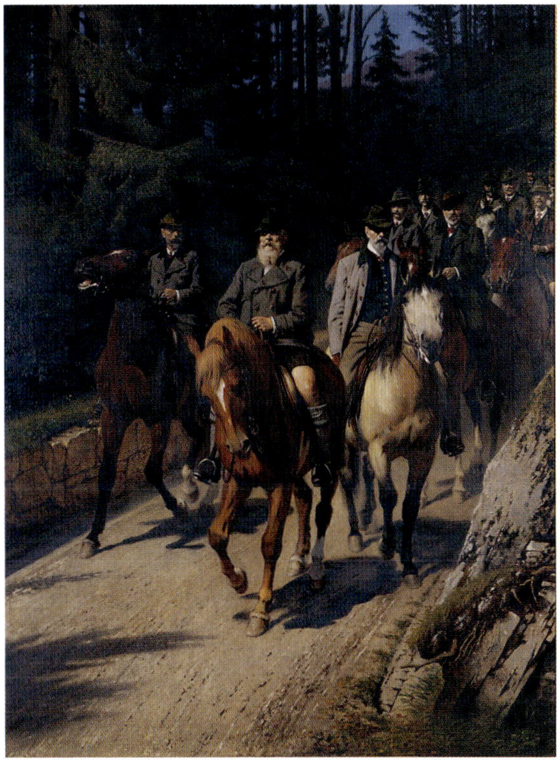

Abb. 11 Prinzregent Luitpold mit seiner Jagdgesellschaft auf der Fürstenstraße in Hohenschwangau. Alexander von Wagner, Öl auf Leinwand, um 1905

Prinzregent Luitpold (1886–1912)

Da der jüngere Bruder Ludwigs II., Prinz Otto, schon seit vielen Jahren zweifellos schwer geisteskrank war, übernahm Prinz Luitpold die Regentschaft, während Otto formell König wurde. Zunächst durch die Ereignisse von 1886 in seinem Ansehen in der Öffentlichkeit schwer belastet, gelangte der im Umgang leutselige, bei festlichen Anlässen würdig repräsentierende Prinzregent im Lauf der Jahre zu großer Beliebtheit. Sein persönliches Interesse galt der Jagd (Abb. 11) und der bildenden Kunst. Für deren Förderung stand ihm aufgrund der Verfassung zwar nur ein Bruchteil der Mittel eines Königs zur Verfügung, aber seine vornehme Toleranz gegenüber den verschiedenen zeitgenössischen Kunstströmungen gab allen eine Heimstatt in München. Die Politik überließ er wie schon Ludwig II. weitestgehend den Ministern; die wurden wie bisher meist aus den Kreisen der hohen Beamtenschaft ernannt, waren gemäßigt liberal-konservativ und reichsfreundlich. Dabei wäre unter dem auftrumpfenden und zentralisierenden Regiment Kaiser Wilhelms II. mehr Wachsamkeit gegenüber gefährlichen Tendenzen der Berliner Politik durchaus am Platze gewesen, aber man beschränkte sich auf eine grummelnde Unzufriedenheit über die preußische Arroganz. Dass Luitpold 1912 kurz vor seinem Tod mit 91 Jahren endlich ein an den Mehrheitsverhältnissen im Landtag ausgerichtetes, das heißt der Zentrumspartei nahestehendes Kabinett ernannte, war innerhalb des politischen Systems des Wilhelminismus immerhin bemerkenswert und hätte wegweisend sein können für eine Verfassungsreform hin zu einer modernen parlamentarischen Monarchie.

LUDWIG III. (1912/13–1918)

Luitpolds Sohn Prinz Ludwig trat 1912 zunächst die Nachfolge als Regent an, proklamierte sich aber 1913 nach einer Verfassungsänderung als Ludwig III. zum König. Ein Jahr später brach der Erste Weltkrieg aus (Abb. 12). Ludwig III. war seit einer Verwundung im Krieg von 1866 militäruntauglich und hatte daher nie eine Generalstabsausbildung absolviert. Daher vertraute er ohne eigene fundierte Urteilsfähigkeit in strategischen Fragen den allzu optimistischen Lageeinschätzungen der Obersten Heeresleitung – trotz der Warnungen seines Sohnes Rupprecht, der als hoher Befehlshaber an der Westfront die Verhältnisse aus nächster Anschauung kannte. Andererseits exponierte er sich durch Reden, in denen er eine Ausdehnung Bayerns, etwa durch Angliederung des Elsass, verlangte. Dies war nicht das Resultat eines grundsätzlichen Expansionismus, sondern der Sorge, gegenüber ausufernden preußischen Annexionsplänen zu kurz zu kommen, wirkte aber doch als eine Art wittelsbachische Variante der Siegfriedensagitation. Das rächte sich, als im Herbst 1918 die bevorstehende Niederlage offenkundig wurde. Zu lange zögerte Ludwig III., sich von dem völlig diskreditierten Kaiser Wilhelm II. zu distanzieren und ihm, wie viele dies vom zweitmächtigsten Bundesfürsten erwarteten, die Abdankung nahezulegen. Dass dann in München in der Nacht vom 7. auf den 8. November, einen Tag früher als in Berlin, die Revolution ausbrach, war allerdings reiner Zufall. Die eigentlichen Akteure waren eine kleine Minderheit. Die Mehrheit der Bayern ließ die Revolution geschehen, weil die Motivation fehlte, die traditionsreiche Verbindung von Staat und Dynastie zu verteidigen, nachdem deren erster Repräsentant zu wenig getan hatte, um Bayern vor den Folgen einer zuletzt als katastrophal empfundenen preußischen Kriegspolitik zu schützen. Eine Abdankung vermied Ludwig III., doch deutete die revolutionäre Regierung seine im österreichischen Exil abgegebene »Anifer Erklärung« vom 13. November 1918, mit der er Soldaten und Beamte ihres Treueids entband, in eine solche um. Noch am selben Tag kehrte er nach Bayern zurück und nahm zunächst in St. Bartholomä am Königsee und dann auf Schloss Wildenwart im Chiemgau Wohnung, das der wenige Wochen später dort verstorbenen Königin gehörte. Kurz darauf musste Ludwig III. wegen weiterer revolutionärer Unruhen erneut fliehen und verbrachte eineinhalb Jahre im Exil in Österreich, Liechtenstein und der Schweiz. Dann ließ er sich wieder in Wildenwart nieder, starb aber schon 1921 bei einem Besuch auf seinem ungarischen Gut Sárvár. Die große Anteilnahme der Bevölkerung an der Beisetzung des Königspaares in München demonstrierte die Stärke der monarchistischen Bewegung in Bayern.

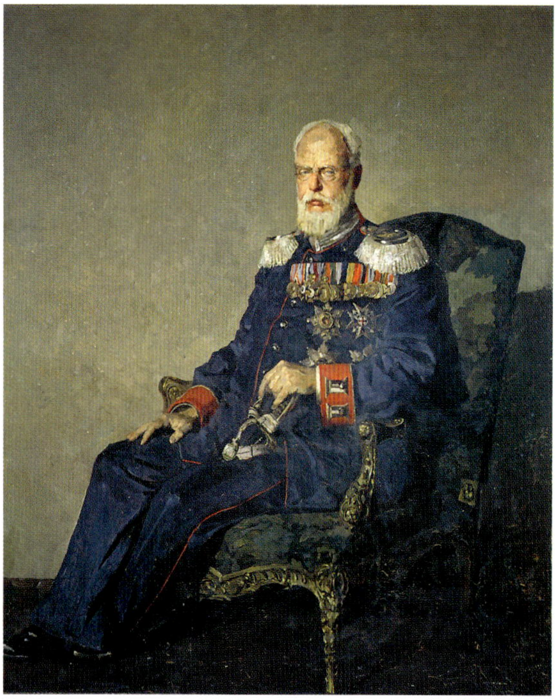

Abb. 12 König Ludwig III. in der Uniform des Königlich Bayerischen Infanterie-Leib-Regiments. Thomas Baumgartner, Öl auf Leinwand, 1914

DIE WITTELSBACHER VON 1918 BIS HEUTE

Die nach bayerischer Auffassung viel zu zentralistische Weimarer Reichsverfassung führte viele Bayern, die die Revolution zunächst passiv-resigniert hingenommen hatten, wieder zu einem Bekenntnis zur Monarchie als Staatsform. Deren Verfechter setzten ihre Hoffnungen auf Kronprinz Rupprecht, der schon im Sommer 1919 nach Bayern zurückgekehrt war (Abb. 13). Die Restauration durch einen Handstreich lehnte der Kronprinz allerdings ab, zumal er der Meinung war, dass diese nur mit einer gleichzeitigen Ablösung der Weimarer

Verfassung durch ein deutlich föderalistischer gestaltetes System sinnvoll sei. Angesichts der Wahlerfolge der Nationalsozialisten erklärte er sich im Sommer 1932 schließlich bereit, diesen durch eine monarchische Restauration, eventuell auf dem verfassungsmäßigen Umweg seiner Proklamation zum Generalstaatskommissar mit Notstandsvollmachten, zuvorzukommen. Aber dieser Plan fand nicht die Zustimmung des Reichspräsidenten von Hindenburg, die wegen der Haltung der Reichswehr nötig war. Nachdem die NSDAP im März 1933 auch in Bayern die Macht ergriffen hatte, hielten sich die Wittelsbacher von allen NS-Veranstaltungen und -Organisationen demonstrativ fern. Zwar blieb der Gestapo verborgen, dass der Kronprinz heimlich Kontakt zu Widerstandsgruppen hatte, doch wurde auch so die Situation zunehmend gefährlicher und Rupprecht entschied Anfang 1940, mit seiner Familie nach Italien auszureisen. Sein ältester Sohn Albrecht ging nach Ungarn, wo Rupprechts Bruder Franz schon seit 1933 auf Gut Sárvár lebte. Die Besetzung Italiens und Ungarns durch die Wehrmacht 1943 bzw. 1944 gab der Gestapo auch dort freie Hand. Frau und Töchter des Kronprinzen sowie die ganze Familie Albrechts wurden in Konzentrationslager verschleppt; nur Rupprecht selbst und seinem zweiten Sohn Heinrich gelang es, in Florenz unterzutauchen. Die Gesundheit der Kronprinzessin, einer gebürtigen Prinzessin von Luxemburg, wurde durch die Lagerhaft dauerhaft schwer geschädigt. Viele Bayern meinten angesichts der totalen Katastrophe von 1945, dass deren Wurzeln nicht erst im Jahr 1933, sondern schon 1918/19 oder gar 1871 zu suchen seien. Mit den Entwicklungen, Hoffnungen und Erwartungen während der Weimarer Republik und des Dritten Reiches hat es zu tun, dass das Haus Wittelsbach bis heute in der bayerischen Öffentlichkeit eine ganz andere Rolle spielt als etwa die Hohenzollern in Berlin oder Brandenburg, wobei für einige Jahre nach 1945 auch der Gedanke an eine Wiederherstellung des bayerischen Königtums, eventuell unter völliger Trennung von Deutschland, nochmals populär wurde. Aber die amerikanische Besatzungsmacht hatte andere Pläne und Kronprinz Rupprecht widmete resigniert die letzten Lebensjahre bis zu seinem Tod 1955 seiner Kunstsammlung und der Förderung des Wiederaufbaus von Kulturdenkmälern.

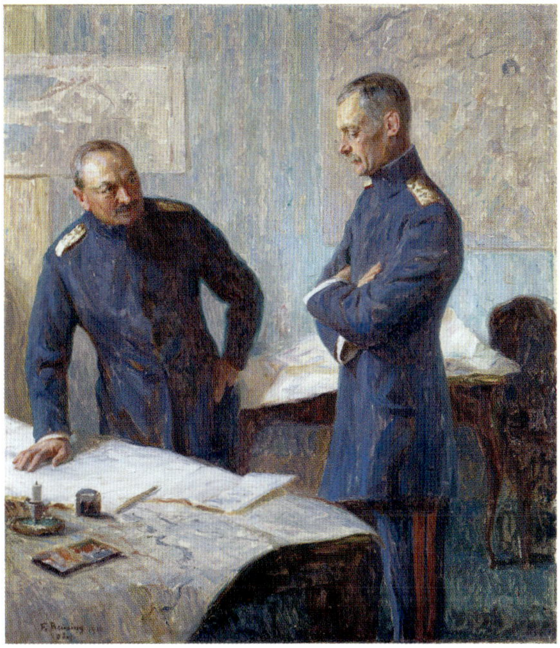

Abb. 13 Kronprinz Rupprecht, Oberbefehlshaber der 6. Armee, mit seinem Generalstabschef General Konrad Krafft von Dellmensingen am Kartentisch 1914. Fritz Reusing, Öl auf Leinwand, 1916

Nicht erloschen sind nach 1918 die europäischen Verbindungen des Hauses Wittelsbach und punktuell blieben sie sogar von politischer Relevanz. Dass nur drei Jahre nach dem Ende des Ersten Weltkriegs Prinz Konrad von Bayern mit einer Prinzessin aus dem italienischen Königshaus und somit quer über die einstigen Fronten hinweg die Ehe schließen konnte, hatte Symbolwert und kontrastierte auffällig mit dem Verhalten der Politiker der Weimarer wie der französischen Republik, die noch mindestens bis 1924 Politik als Fortsetzung des Kriegs mit anderen Mitteln begriffen. Nach dem Zweiten Weltkrieg ernannte Konrad Adenauer Prinz Adalbert von Bayern, Sohn und Enkel einer spanischen Infantin, zum ersten Botschafter der Bundesrepublik Deutschland in Madrid. Aus Gründen, die mit dem damaligen politischen System des Gastlandes, der Diktatur des Generals Franco, und der besonderen historischen Situation der jungen Bundesrepublik zusammenhingen, war die Besetzung dieses Postens schwierig gewesen. Nur eine unzweifelhaft konservative Persönlichkeit, die eine blütenreine Weste ohne braune Flecken haben musste, kam dafür in Frage. München verdankt dieser unge-

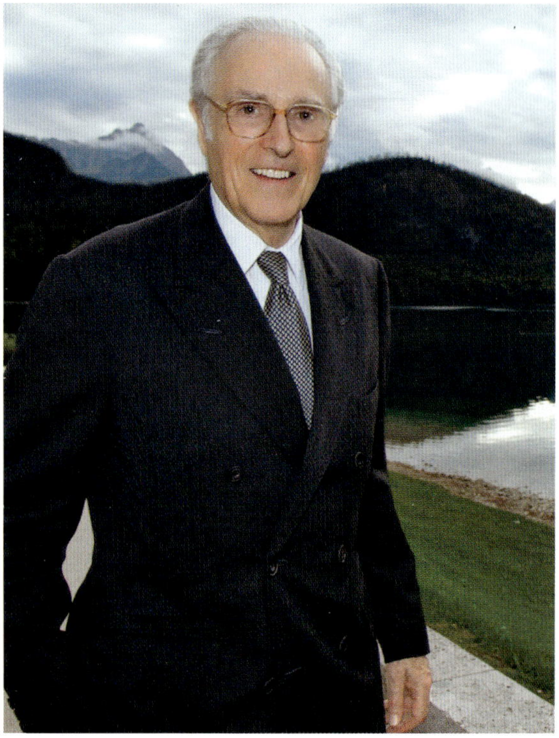

Abb. 14 Herzog Franz von Bayern am Alpsee in Hohenschwangau anlässlich der Eröffnung des Museums der bayerischen Könige am 9. September 2011

wöhnlichen Lösung ein spanisches Kulturinstitut, das seinen Sitz gleich neben der ehemaligen königlichen Residenz hat.

Rupprechts Sohn Herzog Albrecht hielt sich von der Politik fern, auch wenn er gern gesehener Ehrengast bei Veranstaltungen zu Themen der bayerischen Geschichte war. Seine Leidenschaft galt der Jagd und der Wildbiologie, zu der er mehrere Bücher veröffentlichte. Stärker im Licht der Öffentlichkeit stehen Prinz Luitpold, der Sohn eines Vetters, als Veranstalter der Kaltenberger Ritterspiele, und ein Vetter dritten Grades, der Rennfahrer Prinz Leopold (»Poldi«) von Bayern. Seit 1996 ist Albrechts älterer Sohn Herzog Franz von Bayern der amtierende Chef des Hauses Wittelsbach (Abb. 14). Er ist nicht nur Schirmherr und Förderer vieler kultureller Initiativen in Bayern, sondern auch ein ebenso kenntnisreicher wie passionierter Sammler zeitgenössischer Kunst und auf diesem Gebiet ein international anerkannter Experte. Der Großteil seiner Kunstsammlung befindet sich heute als Stiftung Prinz Franz von Bayern dauerhaft in den Beständen der Pinakothek der Moderne und der Graphischen Sammlung in München.

KATALOG DER AUSGESTELLTEN WERKE

EIN RUNDGANG DURCH DAS MUSEUM

DYNASTIE DER WITTELSBACHER – DER STAMMBAUM

Ahnengalerien waren seit jeher ein wichtiges Mittel der dynastischen Repräsentation. Die möglichst umfassende Darstellung einer weit zurückreichenden Familiengeschichte sollte Besuchern anderer Höfe einen Eindruck von der Dignität und dem Ansehen des Hauses geben. Dabei wurden die Ahnengalerien immer wieder entsprechend dem Zeitgeschmack geändert und den jeweiligen Ansprüchen und Vorstellungen des regierenden Fürsten angepasst. Um auch im europäischen Vergleich die besondere Bedeutung des eigenen Hauses gegenüber anderen Fürstengeschlechtern zu dokumentieren, wurden in einer Ahnengalerie auch monarchische Herrscher aus der Antike oder aus dem frühen Mittelalter wie Augustus oder Karl der Große als mythisch fiktive Ahnen mitgeführt, mit deren Bedeutung und Macht man sich gleichsetzen wollte.

Auch die Wittelsbacher beriefen sich auf die Abstammung von Karl dem Großen (747/8–814). Dieser Mythos geht auf die Scheyerner Chronik aus der ersten Hälfte des 13. Jahrhunderts zurück. Noch im 18. Jahrhundert leiteten die Wittelsbacher daraus ihre Vorrangstellung innerhalb der regierenden Häuser Europas, besonders gegenüber den Habsburgern, ab. Kurfürst Max Emanuel (1662–1726)

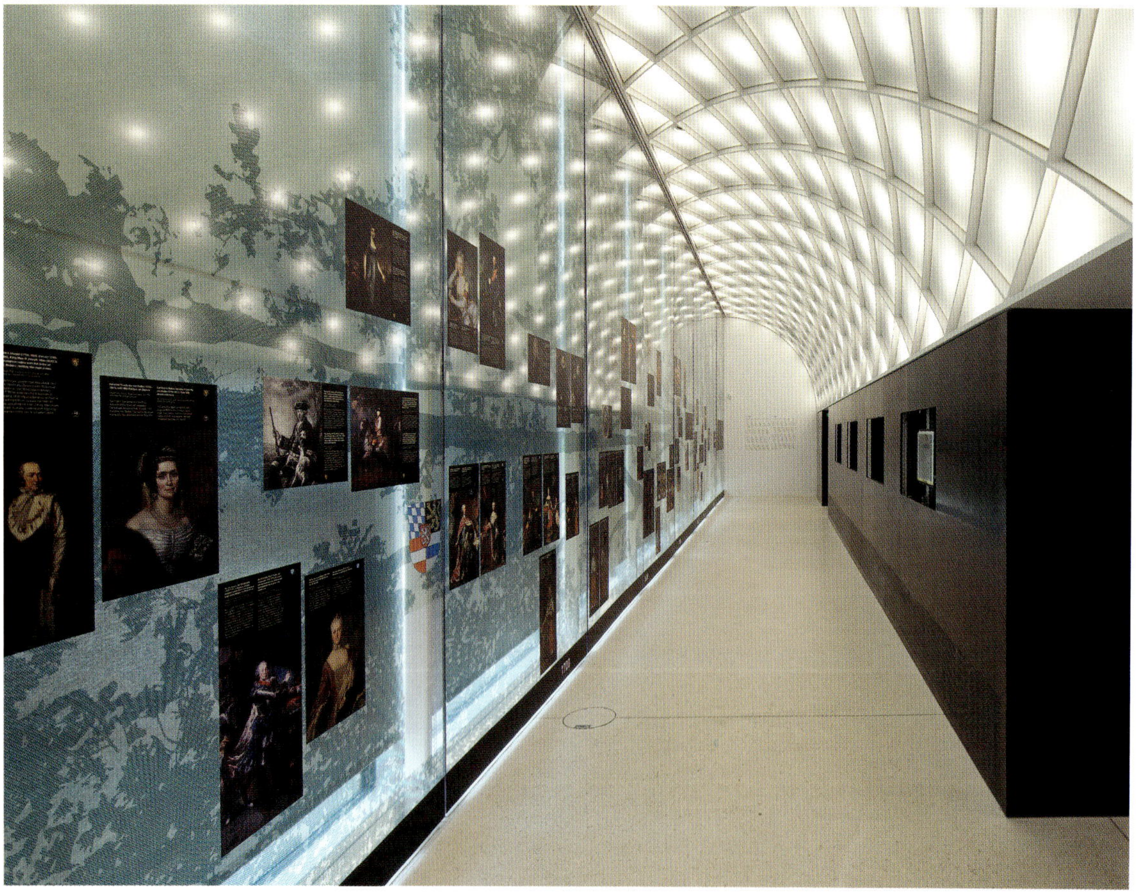

nannte seinen Sohn Karl Albrecht (1697–1745) nach dem mythischen Vorfahren. Karl Albrecht wiederum, für kurze Zeit als Karl VII. Kaiser des Heiligen Römischen Reiches, ließ in der Münchner Residenz eine Ahnengalerie gestalten, in deren Zentrum Karl der Große steht. Im 19. Jahrhundert stellten sich König Ludwig I. und König Maximilian II. ebenfalls in diese Tradition.

Ähnlich einer Ahnengalerie stellt der begehbare Stammbaum des Museums die wichtigsten Vertreter der zwei Hauptlinien des Hauses vor, die bayerischen und die pfälzischen Wittelsbacher. Beginnend im 11. Jahrhundert zeigt er die Entwicklung und den Aufstieg des Hauses von den Anfängen bis zum Ende der Monarchie im November 1918.

EvH, LL

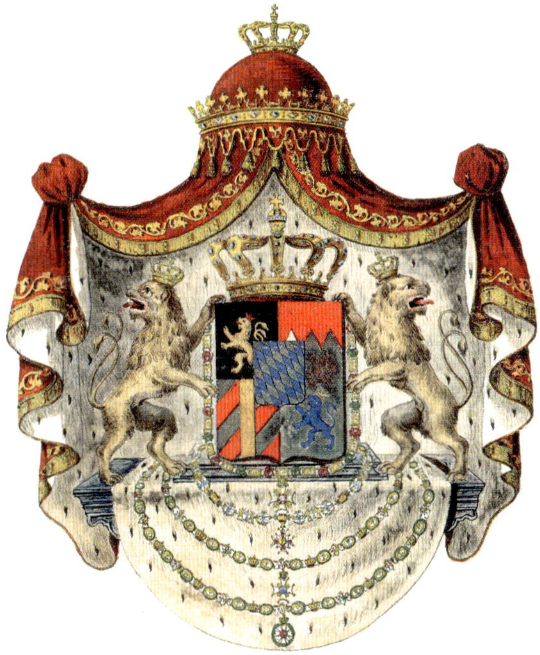

Abb. 15 Das große Königlich Bayerische Staatswappen von 1835

Die Stammeltern aller Wittelsbacher waren Graf Otto II. von Scheyern († 1078) und seine Frau Haziga († 1104). Ihr Urenkel, Graf Otto VII. von Scheyern, verlegte 1124, drei Jahre nach seiner Ernennung zum Pfalzgrafen in Bayern, den Sitz der Familie von der Burg Scheyern auf eine Burg bei Aichach – Burg Witilinesbac –, der das Geschlecht seinen Namen verdankt.

Mit der Ernennung Ottos I. von Wittelsbach durch Kaiser Friedrich Barbarossa zum Herzog von Bayern im Jahr 1180 bis zum Ende des Ersten Weltkrieges 1918 bestimmten die Wittelsbacher die Geschicke Bayerns – als Herzöge, Kurfürsten und Könige.

1214 wurde Herzog Ludwig I. (der Kelheimer) von Kaiser Friedrich II. mit der Pfalzgrafschaft bei Rhein belehnt. Der Pfalzgraf bei Rhein amtierte als Stellvertreter des deutschen Königs im Hofgericht und – gegebenenfalls – als Richter über ihn. Dieser enorme Machtzuwachs sicherte den Platz des Hauses innerhalb des europäischen Hochadels. Künftig titulierten die Wittelsbacher als Herzöge von Bayern und Pfalzgrafen bei Rhein. 700 Jahre blieb die Pfalz im Besitz der Familie.

Die Wittelsbacher waren Könige und Kaiser des Heiligen Römischen Reiches; dank einer zielstrebigen Heiratspolitik herrschten sie als Könige von Schweden, Norwegen, Dänemark, Griechenland und Ungarn. Wittelsbacherinnen saßen auf den Thronen von Belgien, Frankreich, Spanien, Portugal, Österreich, Schweden, Böhmen, Ungarn, Neapel und Zypern. Als Kurfürst-Erzbischöfe und Fürstbischöfe bekleideten sie seit dem 15. Jahrhundert hohe geistliche Ämter und festigten damit zusätzlich ihre Position im gesamten Reich.

Ansehen und Stellung der Wittelsbacher im Heiligen Römischen Reich und in Europa zeigten sich auch im Ausbau der Münchner Residenz und in den umfangreichen Kunstsammlungen, die sich seit dem 16. Jahrhundert mit der Repräsentation großer europäischer Höfe messen konnten.

EvH

1 Zwei Silberteller mit später hinzugefügtem kurbayerischen Wappen und Monogramm »MHIB« für Maximilian Herzog in Bayern

Hans II. Priester, Augsburg, 1615/1623

Silber, getrieben, graviert, D 30,3 cm

Wittelsbacher Ausgleichsfonds München, S I 14 / 1-2

Ein Silberteller mit später hinzugefügtem kurbayerischen Wappen und Monogramm »MHIB« für Maximilian Herzog in Bayern

Hans II. Priester, Augsburg, nach 1615/1623

Silber, getrieben, graviert (Spiegel / Boden modern ergänzt), D 31,8 cm

Wittelsbacher Ausgleichsfonds München, S I 81

Die drei Teller gehören zum Tafelsilber der kurfürstlichen Silberkammer Maximilians I. Die beiden mit glattem Rand sind durch die Meistermarke als Werke des Augsburger Goldschmieds Hans II. Priester ausgewiesen. Auf dem Tellerrand ist das Wittelsbacher Wappen eingraviert, darunter die Kollane des Ordens vom Goldenen Vlies und darüber der Herzogshut. Nachdem Maximilian 1623 von Kaiser Ferdinand II. die Kurwürde verliehen worden war, wurde nachträglich in der Mitte des Wappens der Reichsapfel eingraviert. Um das Wappen herum sind die Initialen MHIB zu sehen: Maximilian Herzog in Bayern, das heißt er hatte die Teller noch vor 1623 in Auftrag gegeben.

Die Bestände der Silberkammer waren einem ständigen Wandel unterworfen, da sie zwar vorrangig der höfischen Repräsentation dienten, aber bei Bedarf auch eingeschmolzen und vermünzt werden konnten. So gibt es aus der Zeit vor dem 17. Jahrhundert nur sehr wenig Tafelsilber. Der Erhalt dieser Teller ist einem Schiffsunglück zu verdanken. Als 1648 ein erneuter Schwedeneinfall in München drohte, floh der kur-

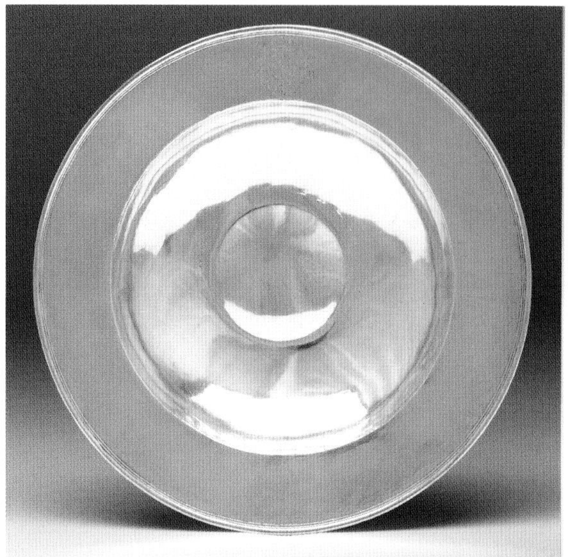

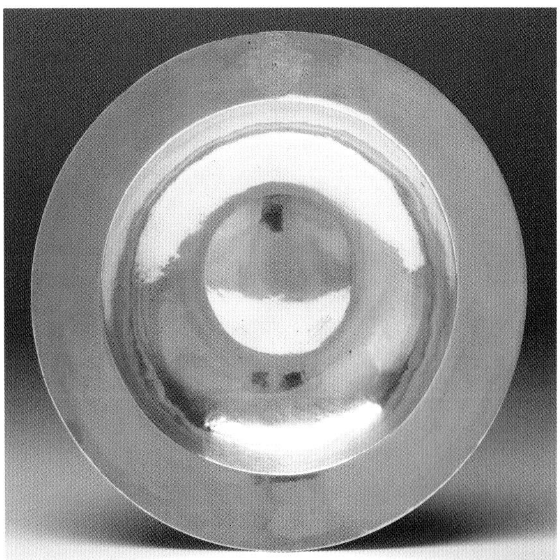

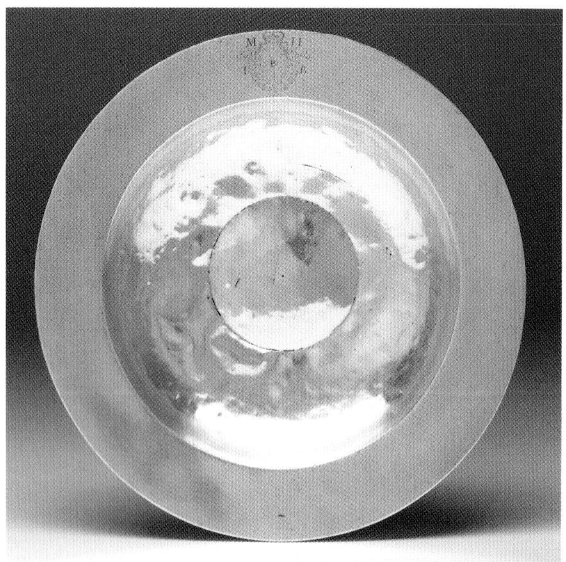

fürstliche Hof aus der Residenz nach Wasserburg. Dort wurde das verbliebene Hab und Gut auf Schiffe mit dem Ziel Braunau verladen. Das »Küchen-Schiff« mit einem Großteil des Tafelsilbers versank an der Innbrücke bei Mühldorf; angeblich war die Besatzung nicht mehr ganz nüchtern und fuhr das Schiff gegen einen Brückenpfosten. Bei verschiedenen Bergungsversuchen seit dem 17. Jahrhundert wurden einzelne Teile seiner Fracht gehoben, unter anderem auch diese Silberteller. SuSa

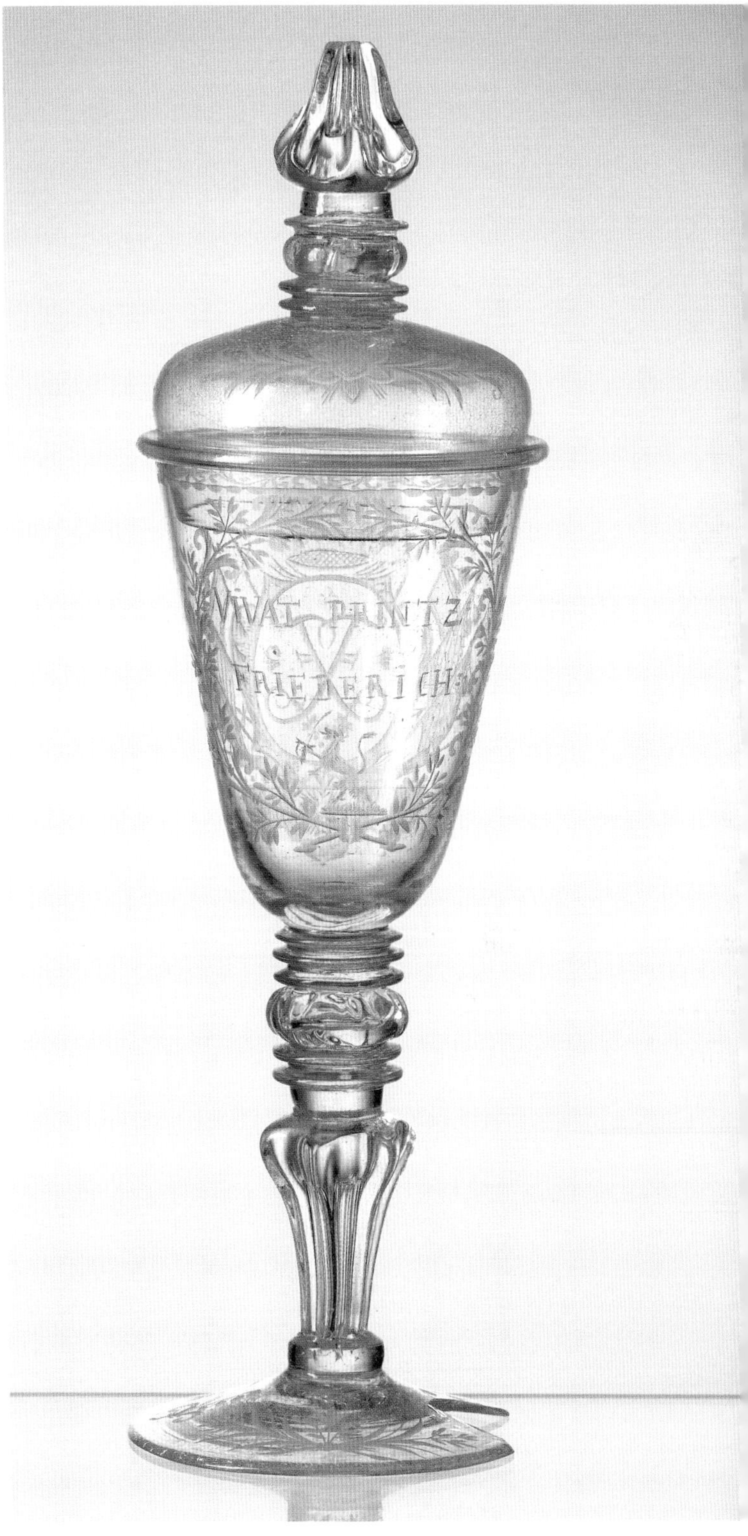

2 Deckelpokal mit bayerischem Wappen und Kurfürstenhut

Thüringen, um 1730

Glas, geschnitten und geschliffen,

H 33,5 D 10,5 cm (Fuß)

Wittelsbacher Ausgleichsfonds München, G I 18

Bis auf Fehlstellen in der Fußplatte und am Deckelknauf ist der Glaspokal gut erhalten. Fuß und Deckel sind mit Blätter- und Blütenornamenten geschmückt. Auf der Vorderseite ist eine Kartusche mit zwei sich kreuzenden Initialen »F« in die Kuppa geschnitten; darüber sind der Kurfürstenhut und zu beiden Seiten je eine Lanze, drei Fahnen und eine Kanone dargestellt. Unter der Kartusche ist der Hausorden vom Hl. Hubertus zu sehen. Auf der Rückseite steht in einem Blattgewinde »Vivat Printz – Friedrich«, darunter ist der Pfälzer Löwe mit erhobenem Schwert eingeschnitten. Den Lippenrand ziert ein umlaufendes Rankenornament.

Bei diesem Pokal könnte es sich um ein Geschenk für Prinz Friedrich Michael zur Erstkommunion oder einem ähnlichen Anlass handeln. Der spätere Pfalzgraf Friedrich Michael (1724–1767) aus der Pfälzer Linie Birkenfeld war der Vater von Max Joseph, auf den das Kurfürstentum Pfalz-Bayern überging, nachdem Kurfürst Karl Theodor 1799 ohne männlichen Nachfolger verstorben war. 1806 machte ihn Napoleon zum ersten bayerischen König: Max I. Joseph. SuSa

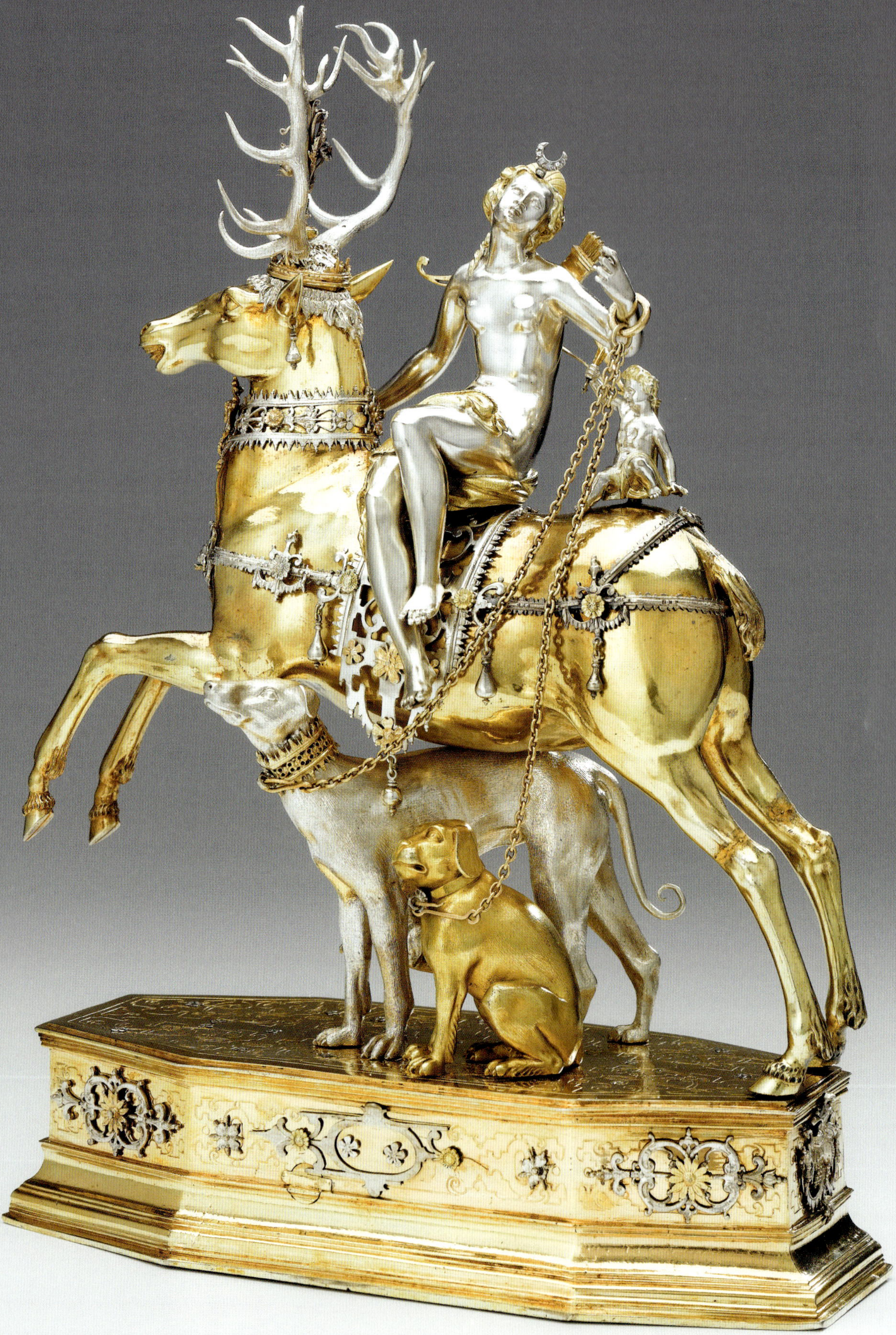

3 Trinkspiel Diana auf dem Hirsch

Matthias Walbaum (Matthäus Wallbaum), Augsburg, 1609/1613

Silber, getrieben, gegossen, geschnitten, graviert, ziseliert, teilweise vergoldet, Diamanten, H 32 B 25 T 10,5 cm

Wittelsbacher Ausgleichsfonds München, S I 39

Das Trinkspiel der Diana auf dem Hirsch ist ein Werk des Goldschmieds Matthias Walbaum, der in Augsburg seit etwa 1579 nachweisbar ist, ab 1590 als Goldschmiedemeister. Er war unter anderem für den bayerischen Hof tätig.

Eine Spezialität der Augsburger Goldschmiede um 1600 sind Trinkspiele in Form der römischen Jagdgöttin Diana, die auf einem Hirsch reitet. Matthias Walbaum hat wahrscheinlich das erste Trinkspiel dieser Art geschaffen, von denen insgesamt noch etwa dreißig erhalten sind. Das Thema der Jagdgöttin Diana verweist auf die höfische Sphäre, in der diese Trinkspiele Verwendung fanden. Sie dienten sowohl als raffinierter Tafelaufsatz als auch zur Unterhaltung der Tafelgäste.

Auf einem langgezogenen achteckigen Sockel setzt ein Hirsch zum Sprung an. Er ist geschmückt mit einem filigranen Geschirr aus Schweifwerkornamenten und einem Maskaron auf der Brust; auf seinem Rücken sitzen Diana und ein kleiner Putto. Diana mit der diamantbesetzten Mondsichel auf der Stirn trägt Köcher und Bogen auf dem Rücken und führt zwei Hunde an einer Kette, einen stehenden Jagdhund und eine sitzende Bulldogge. Dahinter springt ein kleinerer Jagdhund. In ihrer linken Hand hielt Diana ursprünglich einen Pfeil. Der Hirsch trägt eine Krone und einen Blumenstrauß auf dem Kopf, von dem Teile abgebrochen sind. An den Ohren des Hirsches sowie an seinem Geschirr hängen Silbertropfen. Der Sockel ist mit Schweifwerk verziert und hat auf der Vorderseite, unten links neben dem zentralen ovalen Ornament ein kreisrundes Loch, das mit einer Scheibe zugelötet worden ist. Dies war wohl für den Schlüssel zum Aufziehen eines Automatenwerks im Sockel gedacht, von dem bei unserem Exemplar keine Spuren mehr vorhanden sind. Der Sockel ist auf der Oberfläche mit eingraviertem Schweifwerk und kleinen silbernen Blüten verziert. Zwischen den Vorderpfoten der Bulldogge sind die Beschaumarke und die Meistermarke Walbaums angebracht. Hirsch, Sockel, Bulldogge und kleinere Details sind vergoldet und stehen so in lebendigem Wechsel zu den silbernen Teilen.

Manche der Trinkspiele konnten mit einem Automatenwerk im Sockel, das über Federn kleine Räder in Bewegung setzte, über den Tisch fahren. Der Gast, vor dem das Trinkspiel zum Stehen kam, musste daraus trinken, der Herr aus dem Hirsch, die Dame aus dem Hund. Man kann den Kopf des Hirsches und den des silbernen Hundes abnehmen. Die beiden Figuren sind mit Silberstiften in den Sockel gesteckt und können so relativ leicht abgenommen und zum Aus- und Einschenken erhoben werden.

Das Exponat ist ein typisches Objekt aus fürstlichen Kunstkammern, wo solche Automaten gesammelt und bei höfischen Tafeln zum Einsatz gebracht wurden. Dieses Stück stammt aus dem Nachlass von Prinzessin Therese von Liechtenstein, die 1882 Prinz Arnulf von Bayern geheiratet hatte.
SuSa

HOCHZEITSPOLITIK

Es sind zwei bedeutende Hochzeiten der Wittelsbacher, an die bis heute durch Feste erinnert wird: Die Landshuter Hochzeit von Herzog Georg dem Reichen mit der polnischen Königstochter Hedwig 1475. Diese Hochzeit erregte großes Aufsehen, waren zu den tagelangen Feierlichkeiten doch Mitglieder des europäischen Hochadels geladen; selbst der Kaiser nahm an dieser Hochzeit im bayerischen Herzogtum teil. Bis heute wird dieses Ereignis alle vier Jahre in der Stadt in aufwändigen historischen Kostümen gefeiert. Das Münchner Oktoberfest erinnert jährlich an die Vermählung des bayerischen Kronprinzen und späteren Königs Ludwig I. mit Therese von Sachsen-Hildburghausen im Jahre 1810.

Fürstliche Hochzeiten wurden in allen Jahrhunderten großartig gefeiert. Gemälde oder Büsten belegen bis heute den Stellenwert der Ehen für die Dynastie. Die Zeitgenossen wurden mit Porträts der Brautleute auf Münzen, Medaillen und Druckgrafiken auf das Ereignis hingewiesen. Darüber hinaus wurden sogenannte Festberichte publiziert, die die Feierlichkeiten ausführlich schilderten.

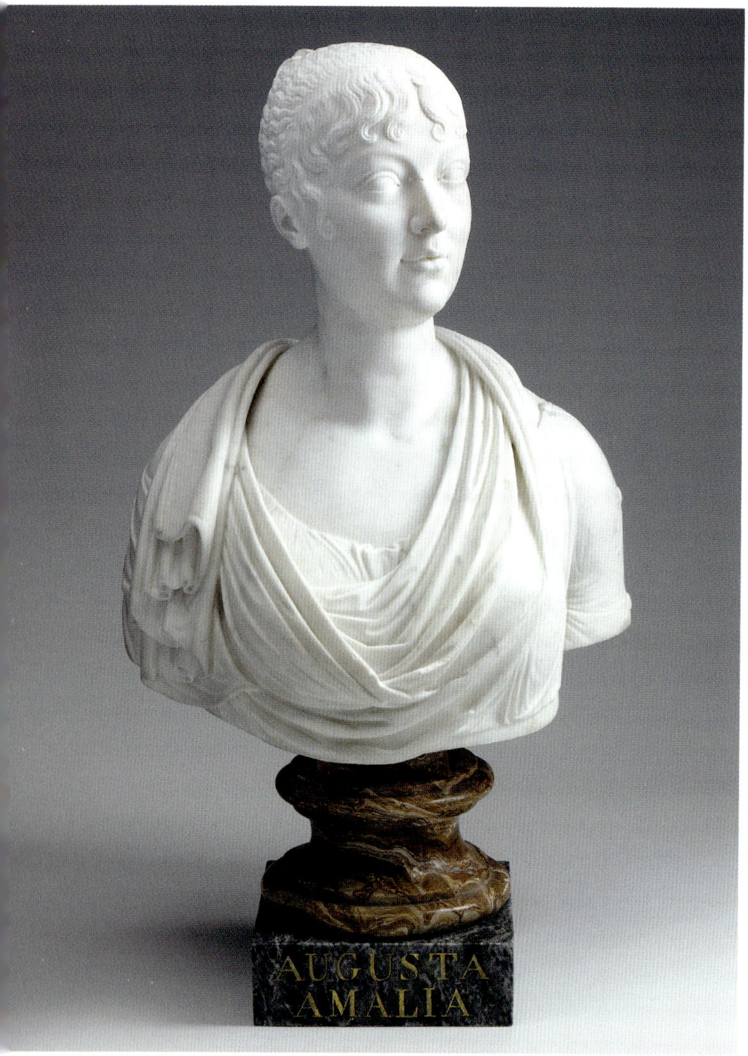

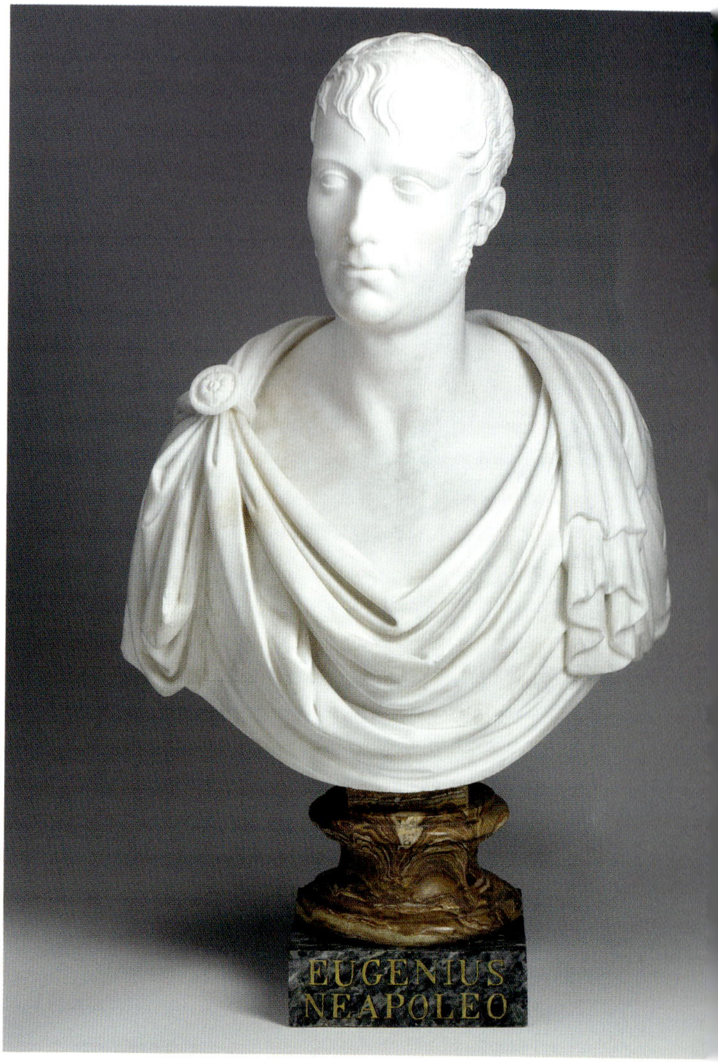

4 Büste der Prinzessin Auguste Amalie von Bayern, die spätere Herzogin von Leuchtenberg (1788–1851)
Giacomo Spalla, Turin, 1808
Weißer Carrara-Marmor, runder Fuß aus rötlichem Marmor (Onyx) auf Plinthe von grünlichem Marmor (Verde Alpi), H 73 cm
Wittelsbacher Ausgleichsfonds München, P I 3

5 Büste des Eugène Napoleon de Beauharnais, der spätere Herzog von Leuchtenberg (1781–1824)
Giacomo Spalla, Turin, 1808
Weißer Carrara-Marmor, runder Fuß aus rötlichem Marmor (Onyx) auf Plinthe von grünlichem Marmor (Verde Alpi), H 83 cm
Wittelsbacher Ausgleichsfonds München, P I 2

Der Turiner Bildhauer Giacomo Spalla (1776–1834) schuf die beiden Porträtbüsten aus weißem Marmor in der typischen Kühle klassizistischer Skulpturen. Prinzessin Auguste Amalie trägt zurückgekämmtes Haar, das am Hinterkopf zu einem griechischen Knoten mit herabhängenden Stopsellocken zusammengefasst ist. Die Stirnlocken sind ins Gesicht gekämmt. Auguste Amalie ist in ein antikisierendes Gewand gehüllt, das am Oberarm geschlitzt und mit Knöpfen zusammengehalten ist. Ihr Kopf ist leicht nach links gedreht und blickt zuversichtlich nach vorn.

Ihr Gemahl Eugène de Beauharnais ist ebenfalls in einen antik anmutenden Umhang gekleidet, der auf seiner rechten Schulter von einer blütenverzierten runden Spange gehalten wird. Eugène trägt Koteletten und sein Haar nach vorn gekämmt, wie es der zeitgenössischen Mode entsprach. Er dreht seinen Kopf leicht nach rechts. Man darf annehmen, dass die Büsten als Paar aufgestellt waren und sich die beiden einander zuwandten.

Die Büsten aus weißem Carrara-Marmor ruhen auf einer quadratischen Platte aus rötlichem Onyx, die wiederum auf einem runden Sockel aus demselben Material aufliegt. Der runde Sockel steht auf einem Quader aus grünem Serpentinit, der vorne mit den römischen Lettern AUGUSTA / AMALIA und EUGENIUS / NEAPOLEO in Goldfarbe beschriftet ist.

Auguste Amalie trägt auf der Rückseite die Signatur: SPALLA / NEAPOLEONI I / SCULTOR / SCULPSIT / TAURINI 1808, Eugène: SPALLA / FECIT / TAUR.

Giacomo Spalla erhielt seine künstlerische Ausbildung im klassizistischen Ambiente Canovas und an der Accademia di San Luca in Rom. Nach seiner Rückkehr nach Turin wurde er zum Konservator der Bildhauerschule ernannt, ab 1807 zum Konservator des Palazzo Imperiale, des neu gegründeten Museums für Skulptur, sowie zum Hofbildhauer Napoleons für die transalpinen Departements.

Etwa um diese Zeit besuchte er München, um Porträtbüsten der bayerischen Herrscher anzufertigen. Auch die beiden Büsten, die er 1809 in München ablieferte, stammen aus dieser Zeit. Spalla genoss als Hofbildhauer einen großen Ruf. Mit seinem kühlen, idealisierenden Stil war er ein typischer Vertreter des Klassizismus. Zu seinen Werken gehören Porträts, mythologische Figuren und Reliefs.

Die älteste Tochter König Max I. Joseph musste im Januar 1806 den Stiefsohn Napoleons, Eugène de Beauharnais, heiraten, obwohl sie bereits dem Erbprinzen Karl von Baden versprochen war, dem jüngeren Bruder ihrer Stiefmutter Karoline. Napoleon machte dies zur Bedingung für die Erhebung des bayerischen Kurfürsten Max Joseph zum König. Die Trauung fand am 13. und 14. Januar 1806 in der Münchner Residenz statt und war Höhepunkt der Feierlichkeiten zur Königserhebung. Die Hochzeit war keine Liebesheirat, doch wider Erwarten wurde die Verbindung glücklich; sieben Kinder gingen aus ihr hervor.

Napoleon hatte Eugène zum Vizekönig von Italien ernannt. Bis 1815, der Niederlage Napoleons, residierte er in Mailand. Anschließend zog er mit seiner Familie nach Bayern, wo ihn sein Schwiegervater, der bayerische König, zum Herzog von Leuchtenberg und Fürsten von Eichstätt erhob. Neben einem neu errichteten Gebäude mit 253 Zimmern, dem Leuchtenbergpalais gegenüber der Münchner Residenz, bewohnte die Familie das Jagdschloss Ismaning.

Hätte Prinzessin Auguste dieser Heirat nicht zugestimmt, wäre wohl Napoleons Schwager Joachim Murat bayerischer König geworden. So hat die Wittelsbacher Prinzessin das Schicksal Bayerns in entscheidender Weise bestimmt. SuSa

6 Gedenkmedaillen und -münzen

Hochzeiten waren eine willkommene Gelegenheit, das Ansehen, den Reichtum und die Stellung innerhalb des europäischen Adels zu zeigen. Je wichtiger eine Eheschließung im dynastischen Sinne war, desto größer war der Aufwand für die Feierlichkeiten. Unter anderem wurden Medaillen und Gedenkmünzen geprägt, die das fürstliche Hochzeitspaar im Doppelprofil auf der Vorderseite der Medaille zeigten; die Rückseite zierten die Landespersonifikation, allegorische Figuren oder das Wappen des Paares.

Je nach Material, von Gold bis zu einfachen Kupfermünzen, wurden die Medaillen entweder verschenkt oder während des Festes unter das Volk geworfen. Den hohen Stellenwert der dynastischen Ehe zeigen auch Prägungen von Medaillen und Münzen zur Geburt des Thronfolgers oder zu anderen wichtigen Ereignissen für Land und Herrscherhaus. EvH

6 a 5-Dukaten-Goldmünze zur Hochzeit von Kurfürst Max III. Joseph von Bayern und Maria Anna von Sachsen am 9. Juli 1747

Franz Andreas Schega, München, 1747
D 3,4 cm
Staatliche Münzsammlung München
Reproduktion

Das Porträt des Hochzeitspaares wird auf der Rückseite ergänzt durch eine neunzeilige Widmungsinschrift und die kniende Bavaria. Der Tod des kinderlosen Kurfürsten Max III. Joseph 1777 war der Grund für den Bayerischen Erbfolgekrieg.

6 b Silbermedaille zur Grundsteinlegung der St. Michaelskirche in München

Hubert Gerhard, 1585
D 7,3 cm
Staatliche Münzsammlung München
Reproduktion

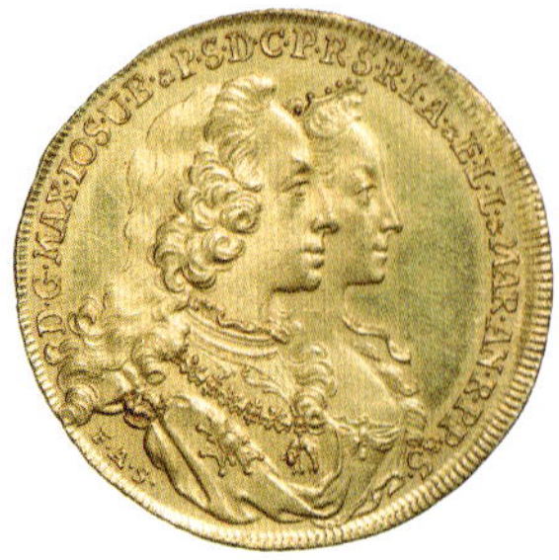

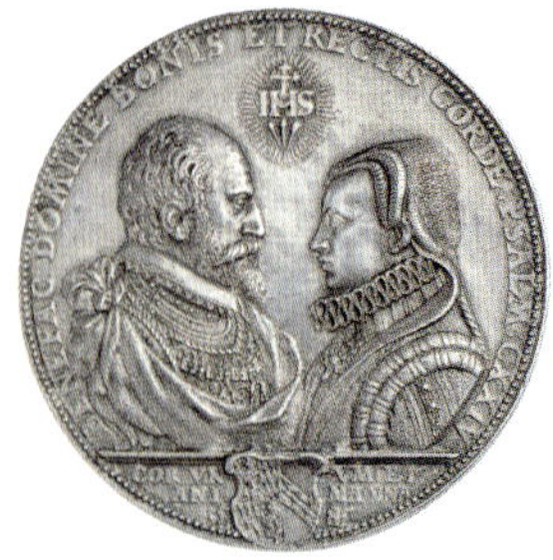

Herzog Wilhelm V. von Bayern heiratete Renata von Lothringen und setzte die gegenreformatorische Politik seines Vaters fort, was ihm den Beinamen »der Fromme« einbrachte. 1583 legte er den Grundstein zur St. Michaelskirche, der größten Renaissancekirche nördlich der Alpen. Zwei Jahre später, 1585, folgte die Gründung des Jesuitenklosters. EvH

FESTBERICHT ZUR HOCHZEIT WILHELMS V. VON BAYERN MIT RENATA VON LOTHRINGEN

Seit dem 15. Jahrhundert war es üblich, aufwändige Festberichte zu publizieren, die – zum Teil kostbar illustriert – an befreundete Höfe verschenkt wurden. Ab dem 16. Jahrhundert wurden sie auch in einfachster Ausführung gedruckt und an ein interessiertes, lesekundiges Publikum verkauft. In diesen Berichten wurden alle Details des Festes aufgeführt: von der Gästeliste über die ausführliche Darstellung des umfangreichen Unterhaltungsprogramms bis zu den Mengen an Speisen und Getränken einschließlich der Kosten bezeugten sie das Anspruchsdenken und den Stellenwert der Hochzeit für das Herrscherhaus.

7 Die Brauttafel im großen Saal der Neuveste am Sonntag, den 22. Februar 1568

Nikolaus Solis, Augsburg, 1568
Kupferstich, aquarelliert, H 36 B 58 cm
Wittelsbacher Ausgleichsfonds München, B V 262
Reproduktion

Über zwei Wochen dauerte die prunkvolle Hochzeit Wilhelms V. von Bayern mit Renata von Lothringen am 22. Februar 1568. Der Vater des Bräutigams, Albrecht V. von Bayern, ließ eine »kurtze beschreibung« über die Hochzeit drucken. In dem Festbericht von Hans Wagner, der das Ereignis in allen repräsentativen Details, von den Gästen und ihrer Entourage über die Speisen bis hin zu den Veranstaltungen schildert, finden sich auch fünfzehn großformatige Kupferstiche von Nikolaus Solis, darunter die Brauttafel.

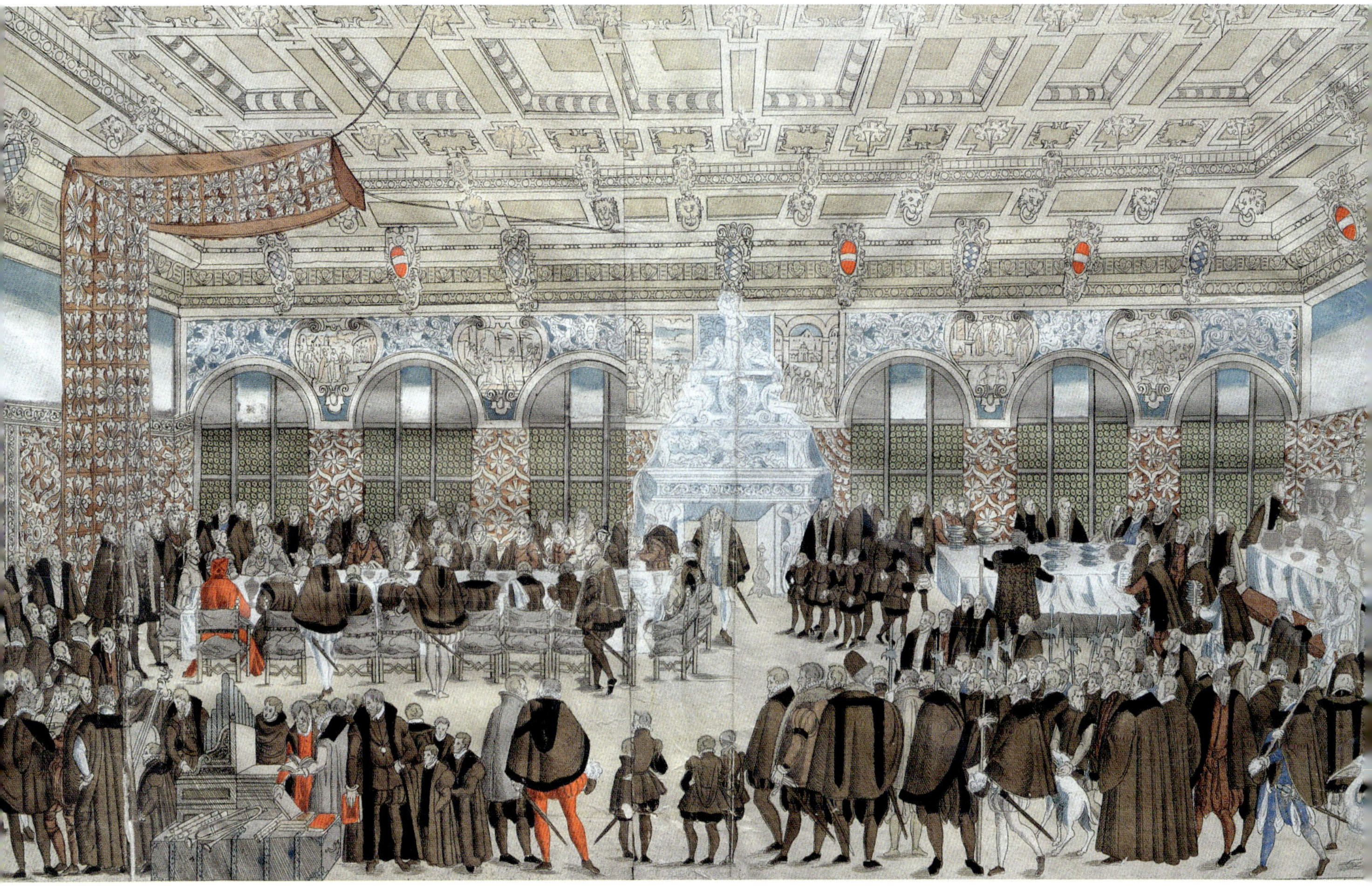

Die Festlichkeiten anlässlich der Hochzeit machten großen Eindruck auf die Zeitgenossen. Orlando di Lasso, Hofkapellmeister in München und einer der berühmtesten Komponisten der Zeit, schrieb die Festmusik. Die Vermählung fand in der Frauenkirche (Dom) zu München statt, das Hochzeitsmahl im Georgsaal der Neuveste, dem Vorgängerbau der Münchner Residenz.

Neben Schlittenfahrten und Theateraufführungen, Tanzveranstaltungen und Festgelagen wurden die Gäste mit verschiedensten, dem Rittertum entlehnten Turnierveranstaltungen unterhalten. Sie fanden in der Stadt auch auf öffentlichen Plätzen statt. So wurde der Schrannenplatz, der heutige Marienplatz, für das Ringstechen eigens mit Holzplanken ausgelegt. EvH

KÖNIGLICHES HOHENSCHWANGAU – DER SAAL DER KÖNIGE

Bis heute ist Hohenschwangau geprägt durch die Baumaßnahmen König Maximilians II. und König Ludwigs II. Fasziniert von der Landschaft und der Geschichte des Ortes erwarb Kronprinz Maximilian 1832 das baufällige Schloss Schwanstein in Schwangau und ließ es dem Geist der Zeit entsprechend im neugotischen Stil zum Sommersitz der königlichen Familie ausbauen.

Zwei oberhalb von Hohenschwangau gelegene Burgruinen kannte König Ludwig II. bereits von Kindesbeinen an. 1868 schrieb der glühende Verehrer Richard Wagners an den Komponisten: »Ich habe die Absicht, die alte Burgruine [...] bei der Pöllatschlucht neu aufbauen zu lassen, im echten Styl der alten deutschen Ritterburgen.« Die Bauarbeiten dafür begannen 1869. Nach dem Tod König Ludwigs II. wurde Schloss Neuschwanstein entgegen dem Anliegen seines Bauherrn der Öffentlichkeit zugänglich gemacht. 1896 wurden die Bauarbeiten an dem nicht ganz vollendeten Schloss eingestellt. Neuschwanstein zählt zu den Hauptwerken des europäischen Historismus.

Beide Könige bezogen sich bei der Ausgestaltung der Schlösser auf mittelalterliche Sagen und besonders das Nibelungenlied, beiden war die Rückbesinnung auf die Geschichte wichtig, wenn auch aus unterschiedlichen Gründen: Maximilian II. stellte sich in eine Reihe mit seinen Vorfahren, um zu zeigen, dass die Geschichte Bayerns untrennbar mit der Geschichte der Wittelsbacher verknüpft war. Wenn die königliche Familie nicht vor Ort war, war Schloss Hohenschwangau daher interessierten Besuchern zugänglich. Auch die historischen Galerien in den Bauten Maximilians II. in München waren im Hinblick auf eine interessierte Öffentlichkeit kon-

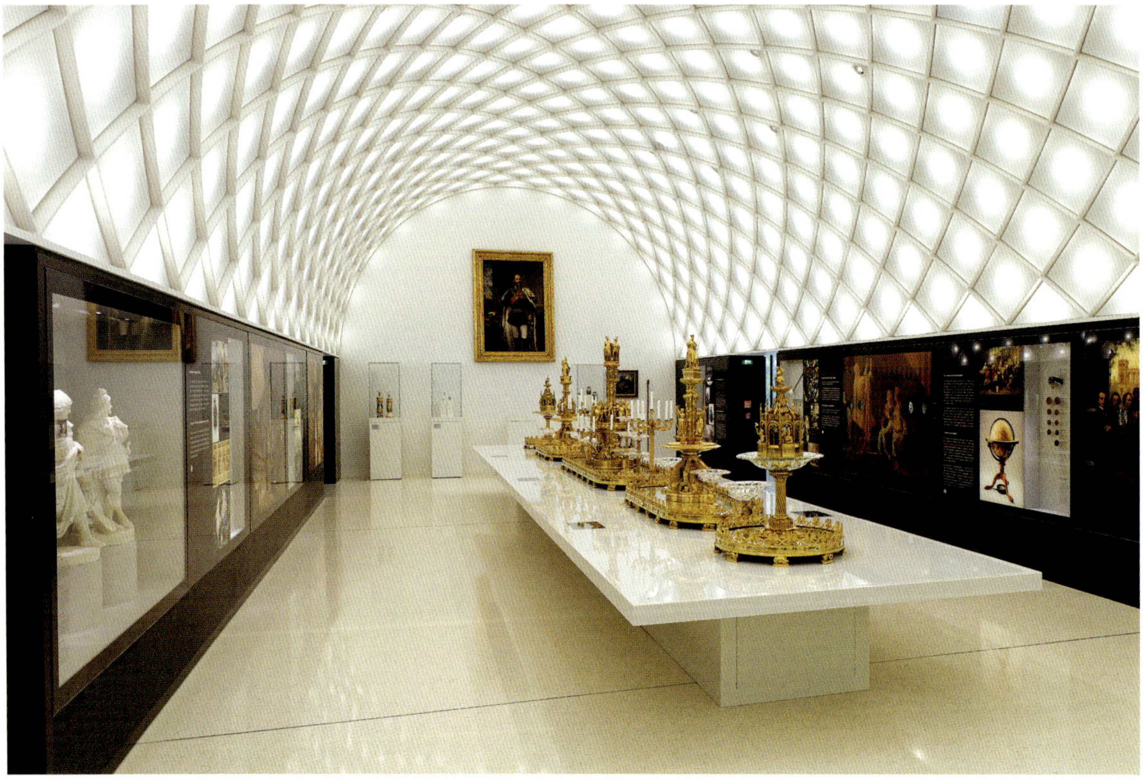

zipiert. Ludwig II. hingegen realisierte mit seinen Schlössern, vor allem mit Schloss Neuschwanstein, Räume, in denen er sich abseits jeder Öffentlichkeit in die Vergangenheit flüchten konnte, um den Zumutungen der Gegenwart zu entkommen. EvH

DIE KÖNIGLICHE FAMILIE IN HOHENSCHWANGAU

Ab 1837 diente die von Domenico Quaglio und Georg Friedrich Ziebland ausgebaute Burgruine Hohenschwangau der königlichen Familie als repräsentativer Sommersitz. »Schön ist die Burg am Fuße des Hochgebürges wirklich herrlich und romantisch, ich wüßte keine zweyte am Hochgebürge, von Felsen, Waldungen und Seen umflossen«, schrieb Domenico Quaglio, der Architekturmaler und Kunstlehrer Maximilians II., dem Kronprinzen und späteren König schon während der Verhandlungen zum kostspieligen Erwerb der baufälligen Burg. Diese herrliche Bergkulisse am Alpsee mit dem Schloss spiegelt sich quasi als Exponat im Panoramafenster des Museums. Abseits des Zeremoniells in München verbrachten die Prinzen Ludwig und Otto viele glückliche Tage in Hohenschwangau. Jagd- und Wanderausflüge gehörten zu ihrem Tagesprogramm. Königin Marie, eine begeisterte Bergsteigerin, bestieg von hier aus oft den Säuling. Für ihre ausgedehnten Bergtouren ließ sie sich eigens ein Wanderkostüm mit praktischen Beinkleidern anfertigen. Sie begründete den »Alpenrosenorden«, mit dem sie Mitglieder ihrer Hofgesellschaft auszeichnete, die bei ihrem sportlichen Programm mithalten konnten. Die nähere Umgebung wurde zum »Freizeitparadies« der Hofgesellschaft. Unweit der Burg ließ die Königin einen Park anlegen und im Ort wurde eine überdachte Reitbahn gebaut. Das sogenannte Schweizerhaus, eine Kopie des Jagdhauses bei Schloss Fischbach in Schlesien, war ein Geschenk des Kronprinzen für seine bergbegeisterte Frau; dieses wie auch zahlreiche Wanderwege in der Umgebung erinnern bis heute an die königliche Familie. EvH

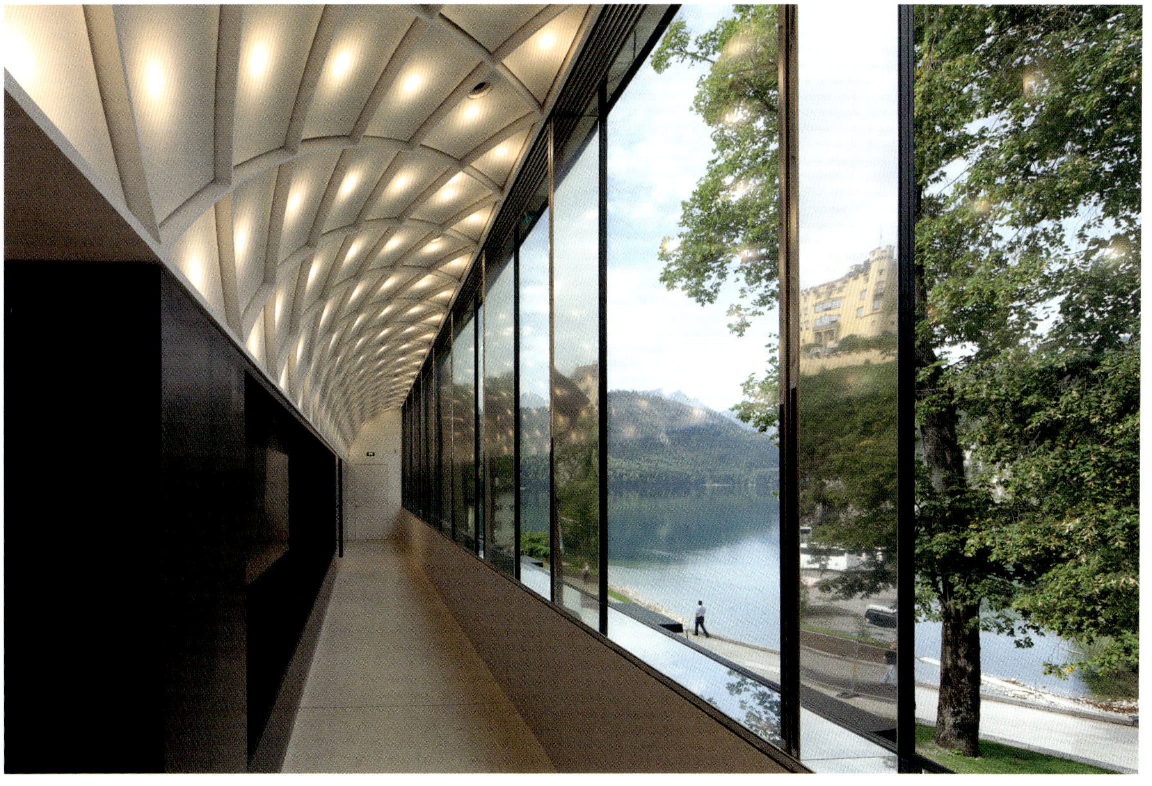

8 Büste des Königs Maximilian II. von Bayern
Johann von Halbig, München, 1848/64
Gipsguss, H 71,5 cm
Wittelsbacher Ausgleichsfonds München, P IV 52

9 Büste der Königin Marie von Bayern
Johann von Halbig, München, 1850
Gipsguss, H 79 cm
Wittelsbacher Ausgleichsfonds München, P IV 38

10 Büste des Kronprinzen Ludwig von Bayern
Johann von Halbig, München, 1850
Gipsguss (hohl), H 53 cm
Wittelsbacher Ausgleichsfonds München, P IV 20 c

11 Büste des Prinzen Otto von Bayern
Johann von Halbig, München, 1850
Gipsguss (hohl), H 50 cm
Wittelsbacher Ausgleichsfonds München, P IV 21 c

Jede der vier Büsten steht auf einer quadratischen Plinthe, die auf einem runden, profilierten Sockel sitzt. Büste und Sockel sind aus einem Guss, ausgenommen die Büste Maries. Sie ist wahrscheinlich aus zwei Gussteilen zusammengesetzt, da der Sockel ursprünglich fehlte und erst in der letzten Restaurierung 2011 nach einem Exemplar in Metallguss ergänzt wurde.
Die Büste Maximilians ist als einzige nicht auf der Rückseite signiert. Man kann aber davon ausgehen, dass sie ebenfalls von Johann von Halbig (1814–1882) stammt. In der Münchner Residenz befindet sich eine signierte Marmorbüste von Halbig aus dem Jahr 1852. Der Münchner Maximilian gleicht bis auf den antikisierenden Umhang der Gipsbüste aufs Haar. Der Maximilian des Museums ist wie seine Söhne in Anlehnung an antike Herrscherbüsten mit nacktem Oberkörper dargestellt; auf der Brust ist »MAXIMILIAN II. / KOENIG v. BAYERN« eingraviert. Wohl im Hinblick auf einen Metallguss nach den Gipsmodellen sind Details wie Haare, Lippen und Augenränder sehr scharf ausgearbeitet. Mit wachem Blick schaut Maximilian am Betrachter vorbei in die Ferne.

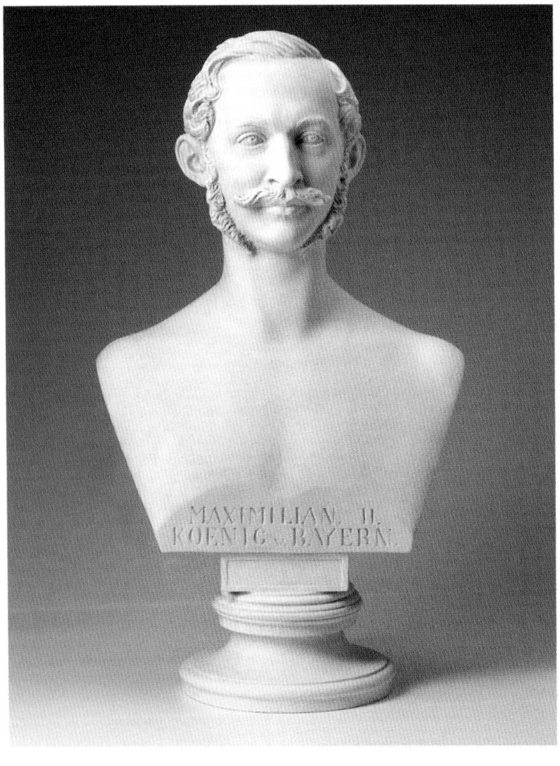

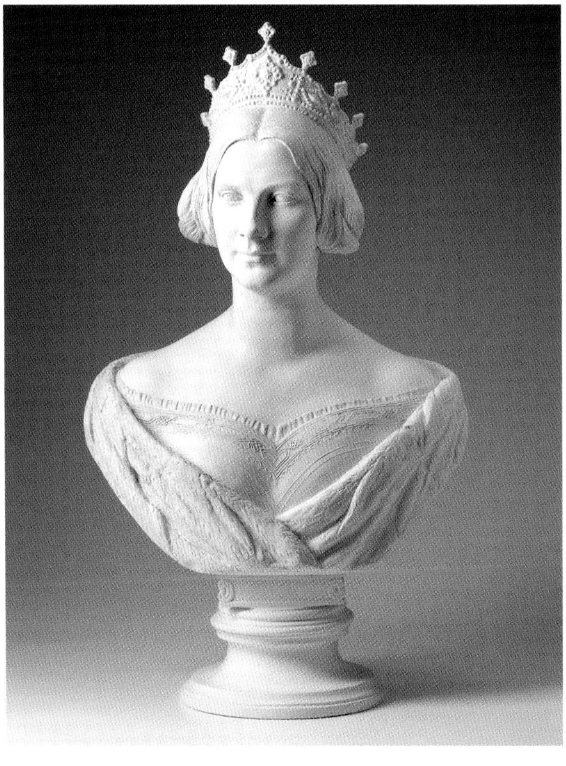

Königin Marie trägt ein Kleid mit breitem Dekolleté, das bis knapp über die Schultern reicht. Darüber liegt locker ein Hermelinkragen. Die Zierborte des Kleides und das nur als Streifen sichtbare, geraffte Unterhemd sind sehr fein modelliert. Maries Haar ist an beiden Seiten als breiter, geflochtener Zopf unter den Ohren nach hinten gebunden, das restliche Haar ist am Hinterkopf in mehreren schmalen Zöpfen zum Dutt aufgesteckt. Auf dem Kopf trägt Marie ein Diadem mit facettierten Edelsteinen. Auf der Rückseite der Büste ist »Nach der Natur modellirt v. Joh. Halbig. / Nymphenburg d. 18. Juli / 1850« in den Gips eingraviert.

Wie von Maximilian II. wurde auch von Marie 1852 eine Marmorbüste für den Thronsaal der Münchner Residenz angefertigt.

Der zweitgeborene Otto im Alter von etwa zweieinhalb Jahren trägt quer über der nackten Brust ein breites Band mit der Gravur: »OTTO KÖNIGL PRINZ v. BAYERN. GEB. DEN XXVII APRIL MDCCCXXXXVIII IN MUENCHEN.« Die Rückseite trägt die Signatur des Künstlers: »Nach dem Leben / modellirt / von Prof. Joh. Halbig / Muenchen den XX. Dez. / 1850«. Wie sein Vater blickt auch Otto am Betrachter vorbei in die Ferne, während der fünfjährige Ludwig sein Gegenüber anzuschauen scheint. Das Band auf seiner Brust ist mit »LUDWIG KRONPRINZ v. BAYERN« bezeichnet. Über dem nackten Oberkörper trägt er einen Hermelinmantel. Auf der Rückseite kennzeichnete der Bildhauer die Büste: »In Nimphenburg modellirt von / Pr. Joh. Halbig 1850.«

Halbig schuf 1855 die Büsten von Ludwig und Otto auch in weißem Marmor. Von Marie und den Kindern existieren weitere Versionen in patiniertem Zinkguss, einige davon befinden sich in Schloss Hohenschwangau.

Der Bildhauer Halbig stammte aus bescheidenen Verhältnissen. Nach einer harten Kindheit im unterfränkischen Donnersdorf floh der junge Johann zu seinem Bruder nach München, der ihm Zugang zur Polytechnischen Schule verschaffte. Der Bildhauer Ernst Mayer (1796–1844), Leiter des Polytechnikums, erkannte das Talent des Jungen, der schon als Kind gerne modelliert und geschnitzt hatte, und machte ihn zu seinem Schüler und Gehilfen. Nach Studienjahren in Italien arbeitete er wieder für Mayer, wurde 1845 von Ludwig I. zum

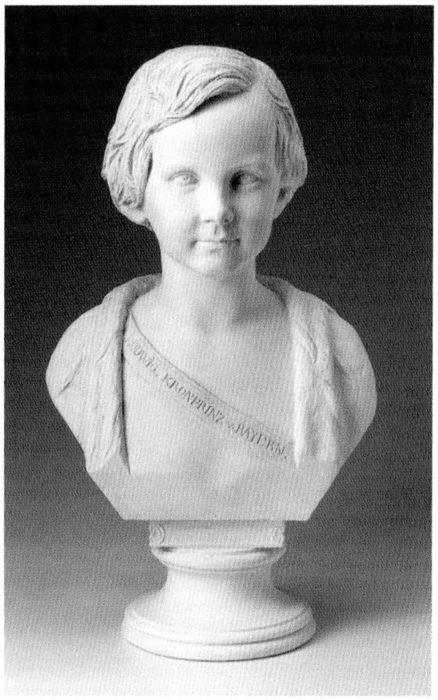

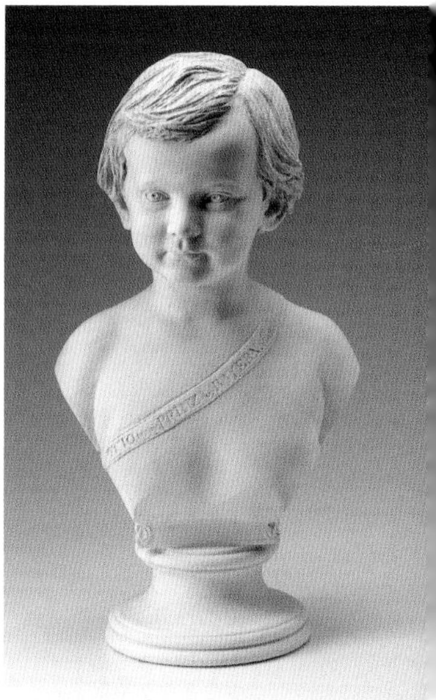

Professor für Bildhauerei und, nach Mayers Tod, zum neuen Leiter der Polytechnischen Schule ernannt. Neben unzähligen anderen Werken schuf er die Löwen-Quadriga auf dem Münchner Siegestor, den Löwen, der die Lindauer Hafeneinfahrt bewacht, das Standbild von König Maximilian II. in Lindau und die Modelle zu den Kolossalstatuen der deutschen Stämme an der Befreiungshalle bei Kelheim ebenso wie Grabmäler auf dem südlichen und nördlichen Friedhof in München. Er war weit über Bayern hinaus tätig. Für Leo von Klenze entwarf er 1841 das Modell eines Atlanten, der in mehrfacher Ausführung in der Vorhalle des kaiserlichen Museums in St. Petersburg steht. Halbig arbeitete für drei bayerische Könige, den österreichischen Kaiser und den russischen Zaren. Sein letztes großes Werk war eine Kreuzigungsgruppe für Oberammergau, die 1875 aufgestellt wurde.

Es galt als Ehre, von Halbig porträtiert zu werden, besonders nachdem König Ludwig I. begonnen hatte, ihn mit der Fertigung von Porträtbüsten von Künstlern, Gelehrten und Staatsmännern für die Ruhmeshalle und die Walhalla zu beauftragen. Halbig war berühmt für seine naturalistische Darstellungsweise, die auch bei diesen Büsten im Museum gut zum Ausdruck kommt. SuSa

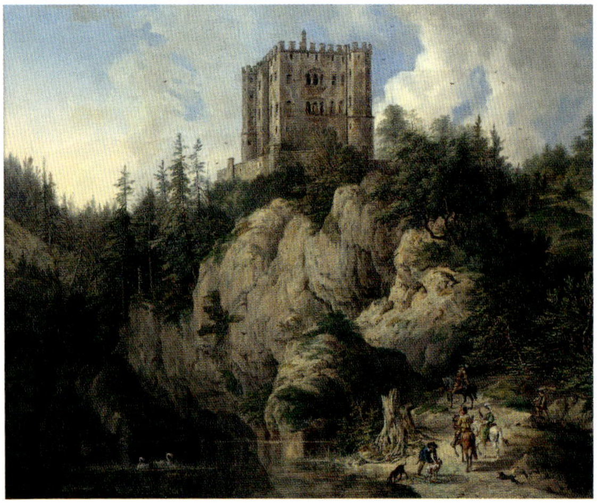

12 Schloss Hohenschwangau vor dem Ankauf König Maximilians II. von Bayern 1832
Domenico Quaglio, München, 1830
Öl auf Leinwand, gerahmt, H 57,8 B 66,8 cm
Wittelsbacher Ausgleichsfonds München, B I 584

Wie ein Bergdohlen-umkreister Adlerhorst thront das Schloss über einer Felsenwand auf dem »Schwanstein«. Domenico Quaglio, der damals für Kronprinz Maximilian über den Erwerb verhandelte, zeigt detailliert den Bauzustand des von Baumeister Lucio de Spazzi zur Mitte des 16. Jahrhunderts umgebauten Schlosses: Großflächige Putzabplatzungen an der Fassade, verbretterte Fenster, kaputte Fensterscheiben, zerschlissene Vorhänge wehen aus den Fensteröffnungen. Nicht sichtbar ist das beschädigte Dach, das durch den Vorbesitzer Adolf Sommer notdürftig repariert worden war. Die Instandsetzung des Baues war mit gut 12 000 Gulden veranschlagt worden, aber Quaglios Umsetzung der Intention Maximilians, daraus ein romantisches »Loretto des germanischen Mittelalters« zu machen, verschlang am Ende über 100 000 Gulden. Domenico Quaglio (1787–1837), königlich bayerischer Hofmaler, schrieb am 10. Dezember 1830 an Kronprinz Maximilian von Bayern, dass das Gemälde von »Schloss Hohenschwangau« fast vollendet sei, es fehlten nur noch die von Oberst Heidegger (= Carl Wilhelm von Heideck, 1788–1861) gemalten Pferde »zu den Herren und Damen, welche von der Jagd heimkehren«. Die Staffage-Gruppe zum Thema »Falkenjagd« trägt die Kleidung des frühen 17. Jahrhunderts in der Art der Kostümentwürfe des Christoph Fries (1788–1857) am Münchner Nationaltheater. Der Blick von Süden auf das Schloss zeigt im Vordergrund den heute nahezu verlandeten Wendling-Teich, welcher dem großen Parkplatz fast vollständig weichen musste. FRD

13 Kronprinzessin Marie von Bayern im Bergsteiger-Kostüm
Leo Schöninger, München, 1844
Galvanographie nach einem Gemälde von Ernst Rietschel
H 35,2 B 26,3 cm
Wittelsbacher Ausgleichsfonds München, B VIII 1
Reproduktion

Die bergbegeisterte Kronprinzessin, die spätere Königin Marie, ließ sich aus Loden ihre individuelle Bergkleidung anfertigen: Ein langärmeliges, blaues Oberteil mit Schnürmieder ergänzte ein weiter Lodenrock, unter dem sie eine lange

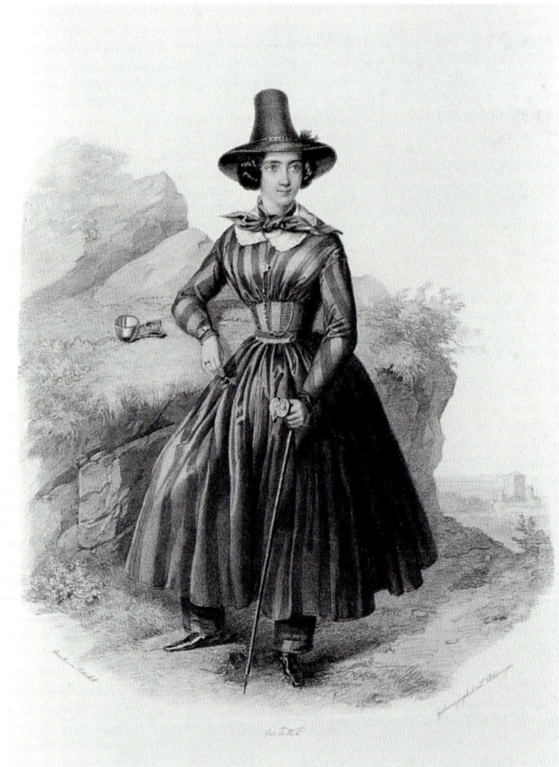

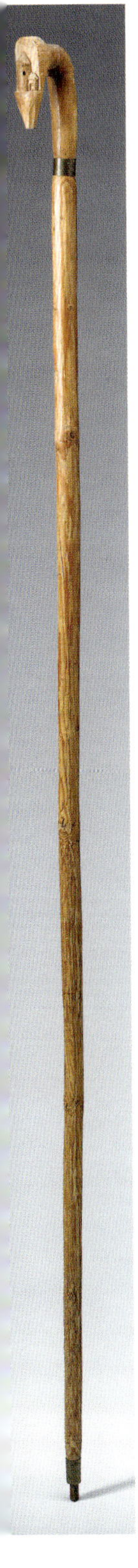

Lodenhose trug. Die Kombination von Rock und Hose ermöglichte eine damenmäßige Erscheinung und zugleich die maximale, aber züchtige Bewegungsfreiheit bei einer Seilschaft am Berg. Ein Schlierseer Stopselhut mit überbreiter Krempe war Schutz und Schirm zugleich. Der weiße, mädchenhafte Spitzenkragen steht im Gegensatz zu einem keck gebundenen Halstuch.

Schon im Jahr nach ihrer Ankunft in Bayern initiierte sie eine acht Mann starke Begehung des Westgipfels der Zugspitze, die ihr selbst jedoch von ihrem Gemahl, Kronprinz Maximilian, dem späteren König Maximilian II., untersagt wurde. In der Füssener Gegend bestieg sie fast regelmäßig den Achselkopf und den Säuling, die Schlicke und die Gehrenspitze. Der hochadeligen jungen Dame konnten jedoch nicht alle Bergnamen zugemutet werden; so wurde 1850 angesichts des Erklärungsbedarfs aus dem höchsten Gipfel der Tannheimer Gruppe, dem Metzen-Arsch, die Köllespitze und aus dem Hundsvott unweit des Säulings der Vilser Kegel.

Größere Touren waren die Besteigung des Wendelsteins und des Kellerjochs im Aschauer Gebirge. 1854 erklomm sie den Watzmann (2713 m) und 1858 den Untersberg. FRD

14 Bergstock der Königin Marie von Bayern

1842/1864

Kiefernholz, geschnitzt, Messingmontierung, L 156,5 cm

Wittelsbacher Ausgleichsfonds München, W X 2

Der Bergstock mit einer vereinfachten Ansicht von Schloss Hohenschwangau am Knauf befand sich bereits 1864 im Besitz der Königin. Ihre Bergstöcke standen links vom Schreibtisch im Arbeitszimmer.

Zwei Wochen nach ihrer Hochzeit weilte Kronprinzessin Marie am 26. Oktober 1842 erstmals in Hohenschwangau. Sie sei von dem Eindruck der Berge »ganz weg« gewesen. An ihre Kindheit in Fischbach im Riesengebirge schlossen sich jetzt die Jahre als Kronprinzessin und Königin an, die sie so oft wie möglich wandernd in der alpinen Bergwelt zwischen Füssen und Berchtesgaden verbrachte.

Die ausgedehnten Bergwanderungen trugen zur Beliebtheit der jungen Kronprinzessin und zum beginnenden Alpentourismus der »Preußen« bei. FRD

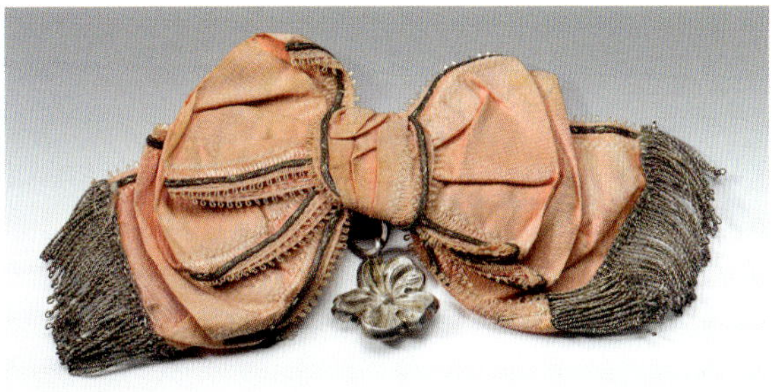

15 Alpenrosenorden

1844

Silber, Seide, H 2 B 2,4 cm (Orden), H 7,3 B 16 cm (Bandschleife)

Wittelsbacher Ausgleichsfonds München, O II 22

Der Orden, eine fünflappige Alpenrosenblüte (Rhododendron hirsutum), vulgo Almrausch, aus Silber, ist an eine dreifache, lachsrote, befranste und silberdurchwirkte Seidenschleife geheftet. Rückseitig ist er mit einer Königskrone über Monogramm »M« versehen und bezeichnet: »Atzelbesteigung / 18. Juni / 1844«.

Als 19-Jährige stiftete Kronprinzessin Marie diesen Orden, der als sichtbares Zeichen des ersten deutschen alpinen Vereins gelten darf. Voraussetzung für die Verleihung des Ordens

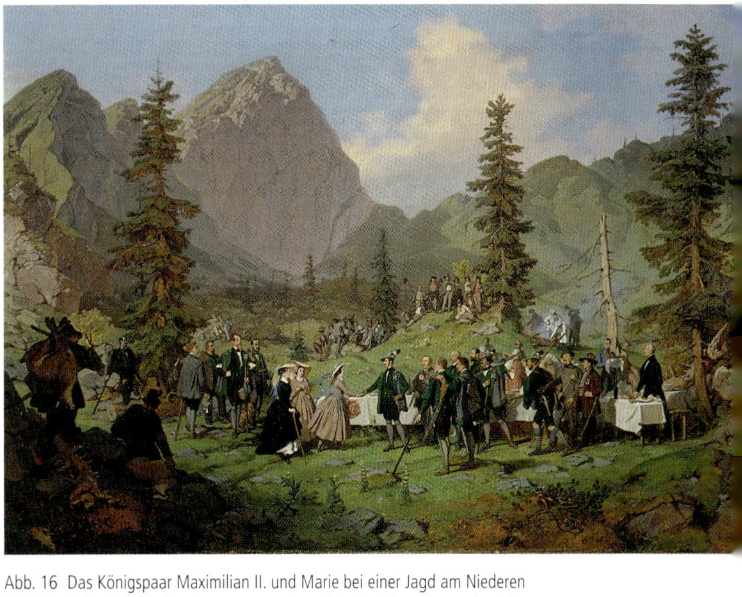

Abb. 16 Das Königspaar Maximilian II. und Marie bei einer Jagd am Niederen Straußberg bei Hohenschwangau. Der König und einige Gäste tragen den Alpenrosenorden. Philipp Foltz, Öl auf Leinwand, nach 1848

war die gemeinsame Besteigung des Achselkopfs bei Musau südlich von Füssen. Am Stiftungstag, dem 18. Juni 1844, hatten Marie, die »Großmeisterin des Ordens«, zwölf Personen, darunter drei Damen, begleitet, die als Ritterinnen und Ritter diesen Orden »als Gnade« erhielten. Unter ihnen war auch Wilhelm von Dönniges (1814–1874), der Kronprinz Maximilian nach Göttingen auf die Universität begleitet hatte und den konservativen Münchnern als treibende Kraft hinter der Berufung der »Nordlichter« galt, der außerbayerischen Dozenten an die Münchner Universität. Zum Großprior des Ordens wurde Oskar Freiherr von Zoller (1809–1866) ernannt, Hauptmann im Infanterie-Leibregiment, königlicher Kämmerer und Hofmarschall des Kronprinzen Maximilian.
Wie das Gemälde von Philipp Foltz »Königliche Jagdgesellschaft auf dem Niederen Straußberg« zeigt, wurde das Tragen des Alpenrosenordens bei den höfischen Jagdgesellschaften gepflegt (Abb. 16, S. 43).
Das 25-jährige Bestehen des Ordens wurde 1869 mit der Besteigung des Achselkopfes und der damit verbundenen Errichtung des Gipfelkreuzes begangen. Das Museum stellt das einzige erhaltene Exemplar dieses Ordens aus. FRD

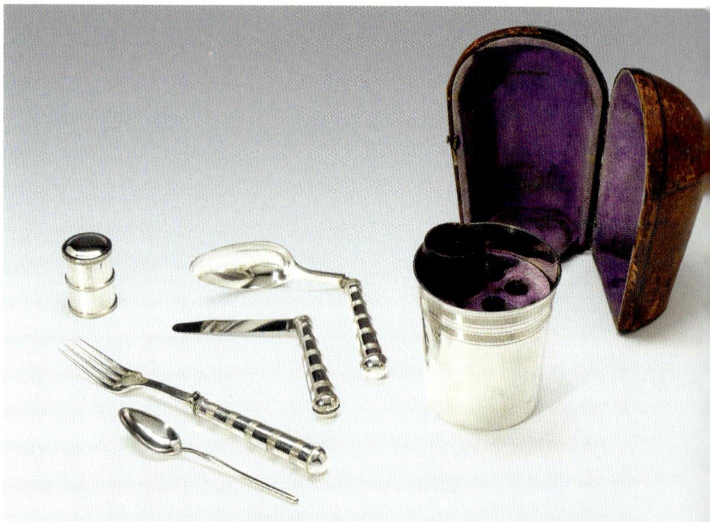

16 Reisebecher mit Besteck
Alois Würth, Wien, 1813
Silber, Teilvergoldung, Etui: Leder, Samt, H 16 cm (Etui), H 9,7 cm (Becher), L 20,3 cm (Löffel), L 20,1 cm (Gabel), L 17,4 cm (Messer), L 12,8 cm (Löffel), H 4,8 cm (Gewürzgefäß)
Wittelsbacher Ausgleichsfonds München, S VII 547

Alois Andreas Würth (1771–1831) hatte 1804 das Meisterrecht in Wien erworben. Das bandartige Rillendekor wirkt sehr modern und seiner Zeit voraus. Zum vierteiligen Reisebesteck gehören ein verschraubbares, doppeltes Gewürzgefäß und ein teilvergoldeter Becher. Solche Reisebestecke wurden auf Kavalierreisen im kleinen Gepäck mitgeführt, wo man ohne regelmäßiges »Auftischen« des standesgemäßen Tischzeugs unterwegs war. Möglicherweise gelangte diese Besteckgarnitur durch eine wittelsbachisch-habsburgische Vermählung oder durch einen bayerischen Delegierten am Wiener Kongress (1815) ins bayerische Königshaus. FRD

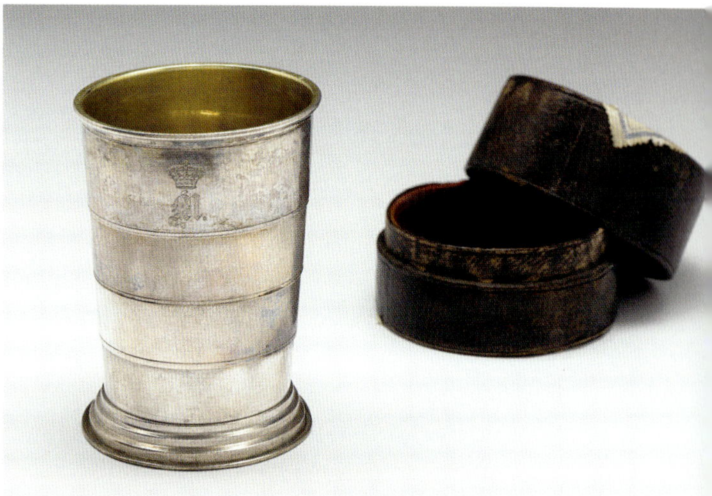

17 Reisebecher König Maximilians II. von Bayern
Joseph II. Westermeyer, München, um 1850
Silber, innen vergoldet, Becher mit 4 Ringen, graviertes »M« unter Königskrone, rundes Lederetui, H 9 D 6,5 cm
Wittelsbacher Ausgleichsfonds München, S VII 158

Dieser Teleskopbecher stammt aus der Werkstatt des Münchner Silberschmieds Joseph II. Westermeyer. Er war der Stiefsohn von Bartholomäus Maierhofer, Silberarbeiter »am Frauenfreithofe«, und hatte ab 1831 die Werkstatt übernommen. Solche Teleskopbecher waren beliebte Utensilien von Wanderern oder Wallfahrern, weil sie in Kleidertaschen gut verstaut werden konnten. Der Teleskopbecher stammt aus dem

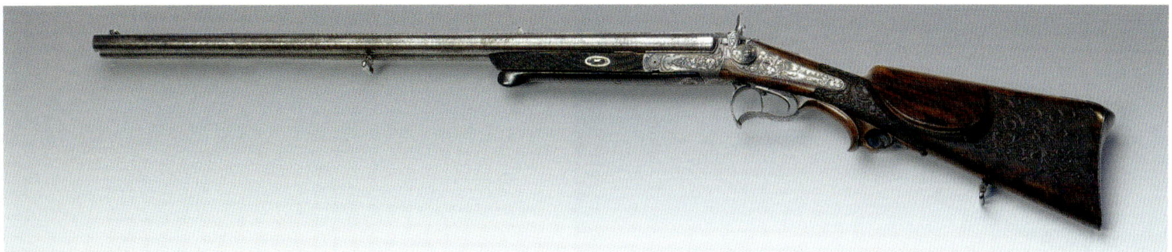

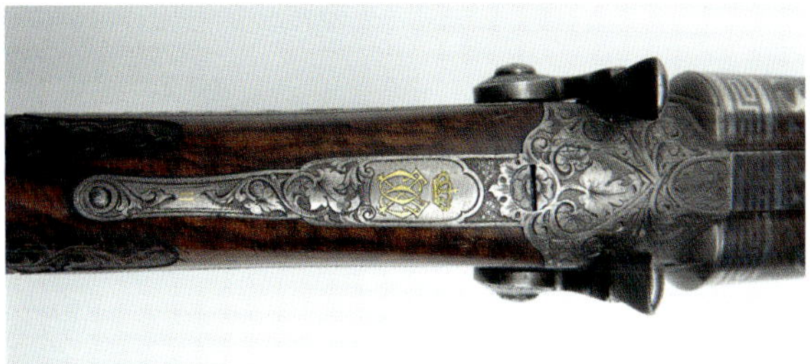

Nachlass von Prinzessin Therese von Bayern (1850–1925), einer Nichte König Maximilians II., die mit ihrer Tante Königin Marie einen innigen und regen Kontakt hatte. FRD

18 Schwere Hahndoppelbüchse
Josef Miller, München, nach 1870
Metalle, Nussbaum, Horn, L 101 cm
Wittelsbacher Ausgleichsfonds München, W VI a 128

Schäftung aus schön gemasertem Nussbaumholz mit fein geschnittenem Rankendekor, der Vorderschaft ist verziert mit Fischhautverschnitt. Gravierte eiserne Garnitur, blanke Seele und eingeschobene Visierung. Über den Kammern reich tauschierter Rankendekor und Mäanderfries. Rahmen und Schlossplatten sind mit fein gestochenen jagdlichen Motiven zwischen Weinblattranken dekoriert. Schwanzschraubenblatt mit goldtauschiertem, ligiertem Monogramm »Otto« (i.e. Otto von Bayern, 1848–1916) und Krone sowie Nummer »II«. An der Schaftplatte »C.E.N 3602« (Kürzel für Zentralzündung und Fabrikationsnummer). Die Zentralfeuerbüchse im Kaliber 15 mm trägt auf der Mittelschiene zwischen den runden Damastläufen die silbertauschierte Herstellerbezeichnung »Miller Fa. Baader & Sohn München«.

Josef Miller (1832–1912), dessen früh verstorbener Vater Büchsenmacher der Herzöge von Leuchtenberg gewesen war, übernahm etwa 1870 in kongenialer Zusammenarbeit mit Valentin Greiss (1835–1890) die Firma Baader und Sohn, die von Franz Xaver Baader (1801–1864), seit 1837 Hofbüchsenmacher, begründet worden war. Daraus ging die Hofgewehrfabrik Miller & Greiss hervor, Hoflieferanten Prinz Ludwigs, des späteren König Ludwigs III. Dieses Kipplaufgewehr wurde für Prinz Otto (König Otto I. von Bayern 1886–1913) hergestellt, der sich im Gegensatz zu seinem Bruder Ludwig deutlich mehr für traditionell männliche Freizeitgestaltung begeistern konnte. FRD

19 Spaziergang der Königin Marie mit ihren Söhnen Ludwig und Otto sowie Hofbediensteten
Aus dem Fotoalbum »Hohenschwangauer Musterbuch«
Joseph Albert, München, 1861
H 12 B 15 cm
Wittelsbacher Ausgleichsfonds München, Familienbibliothek, XII 9
Reproduktion

Königin Marie, eine Enkelin des preußischen Königs Friedrich Wilhelm II., verlebte eine unbeschwerte Kindheit. Besondere

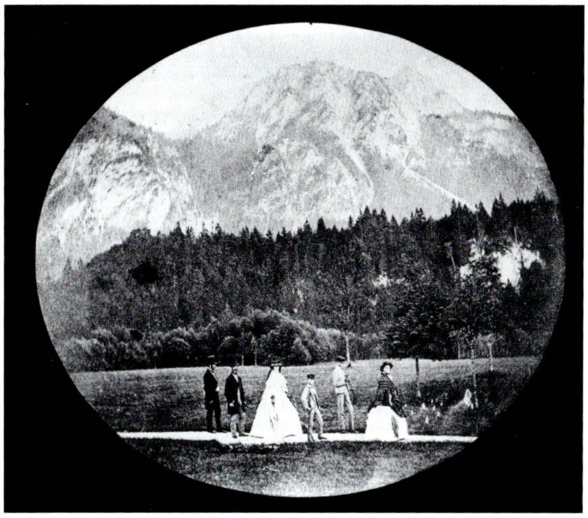

Freiheit genossen sie und ihre drei Geschwister in den oft bis in den Winter ausgedehnten Sommeraufenthalten auf Schloss Fischbach nahe Hirschberg (Jelenia Góra) in Niederschlesien am Fuß der Falkenberge.

Als sie zwei Wochen nach ihrer Hochzeit zum ersten Mal nach Hohenschwangau kam, war sie überwältigt vom Anblick der Berge. Schon als Kronprinzessin und später als Königin erwanderte sie sich die Bergwelt, oft begleitet von ihren Söhnen. Nach dem Tod ihres Mannes 1864 zog sie sich ganz nach Hohenschwangau zurück, an den Ort, von dem sie an Ludwig schrieb: »Mein liebster Ort auf Erden ist es auch.« Den Gesprächs- und Vorlesungsabenden ihres Mannes hatte sie nur wenig Interesse abgewinnen können, sie blätterte lieber in ihren Fotoalben.

Der vorliegende Band aus ihrem Nachlass entstand 1861 und umfasst insgesamt 190 Aufnahmen. Die Königin hat die Bilder handschriftlich bezeichnet. Die Fotos stammen von Joseph Albert (1825–1886), dem Hoffotografen der Könige Maximilian II. und Ludwig II. Der gebürtige Münchner begeisterte sich als Student der Physik und Chemie für die Talbotypien, die der Fotograph Alois Löcherer (1815–1862) seit 1847 herstellte. Albert brach sein Studium ab und ließ sich von Löcherer ausbilden. 1850 eröffnete er ein Fotoatelier in Augsburg, nur zwei Jahre vor seinem Konkurrenten Franz Hanfstaengl, der bereits als Lithograph erfolgreich die Münchner Prominenz porträtiert hatte. Nachdem er eine Bilderserie vom Schloss Hohenschwangau aufgenommen und dem König überreicht hatte, beantragte und erhielt Albert 1857 den Hoftitel.

Er fotografierte die Mitglieder des Königshauses für Geschenkzwecke; daneben waren die Porträts der Könige für öffentliche Gebäude ein einträgliches Geschäft. Mit seinen Aufnahmen wurde Albert weit über Bayerns Grenzen hinaus bekannt. LL

SCHMUCKSTÜCKE UND PORZELLAN

Die Begeisterung der königlichen Familie für Hohenschwangau, seine Geschichte, vor allem aber seine im Sinne der Romantik idealtypische Umgebung mit dem Alpenpanorma und den Seen schlug sich auch in zahlreichen Abbildungen des Schlosses und seiner Umgebung nieder, die Schmuck, Tassen, Vasen und ähnliche Gegenstände schmückten. Die im Museum ausgestellten Schmuckstücke sind Geschenke, die König Ludwig II. seiner Mutter, Königin Marie von Bayern, gemacht hat. Aus dem Nachlass der Königin gingen die Stücke an ihren Neffen Prinz Leopold (1846–1930), einen Vetter König Ludwigs II. Mit ihrem Bildschmuck belegen sie eine der wenigen Gemeinsamkeiten zwischen Mutter und Sohn: beide waren fasziniert von der romantischen Landschaft um Hohenschwangau und der mittelalterlichen Sagenwelt. EvH

20 Breiter Goldarmreif mit Ansicht von Schloss Hohenschwangau
München, 1883
H 3,6 D 7 cm
Wittelsbacher Ausgleichsfonds München, Sch I 34

Der massive Goldarmreif ist dem Geschmack der Zeit entsprechend verziert: Er zeigt auf seiner Schauseite ein Porzellanbild von Schloss Hohenschwangau in Diamantfassung, beidseitig von diamantengeschmückten Schwänen gerahmt, die auf blauem Emaille sitzen. Den Armreif schenkte König Ludwig II. seiner Mutter, Königin Marie von Bayern, zu Weihnachten 1883.

Auf einem dem Goldarmreif in dem passenden Ledereetui beiliegenden Zettel ist vermerkt: »Armband schwerer Gold (Reif). Hohenschwangau in Emaille darauf in Brillanten gefasst und 2 Schwäne von Brillanten. Von Ludwig Weihnachten 1883«. EvH

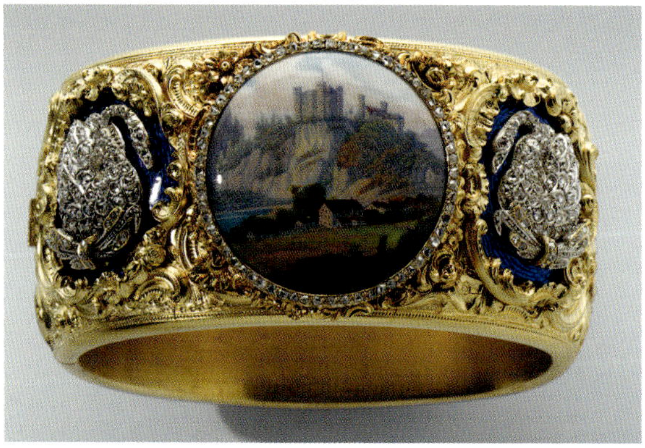

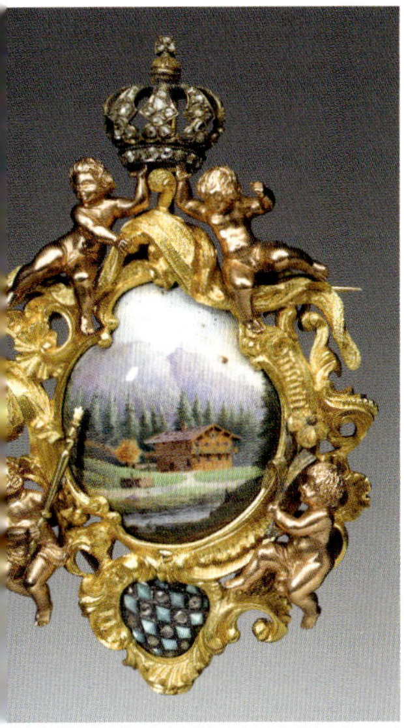

21 Brosche mit Ansicht des Schweizer Hauses
1882
Gold, Silber, Diamanten, Türkise, Porzellan, H 8 B 5,3 cm
Wittelsbacher Ausgleichsfonds München, Sch I 50

Aufwändige Fassung mit vier Putten, die die mit Brillanten verzierte Krone und das Szepter halten; das bayerische Rautenwappen ist aus Türkisen und Diamanten gebildet. Auf einem beiliegenden, handschriftlichen Zettel ist vermerkt: »Von Ludwig Weihnachten 1882«.

Das Schweizer Haus in der Bleckenau, einem Hochtal in den Ammergauer Alpen, war ein Geschenk des Kronprinzen an seine bergbegeisterte junge Frau. Das Gebäude im Schweizer Baustil wurde zwischen 1846 und 1850 als Kopie eines Jagdhauses in Schlesien errichtet, in dem Marie als Kind häufig ihre Ferien verbracht hatte. Die Bleckenau wurde zu einem beliebten Aufenthaltsort der königlichen Familie und ist auch heute noch ein gut besuchtes Ausflugsziel. EvH

22 Tasse mit Ansicht von Schloss Hohenschwangau
Porzellanmanufaktur Nymphenburg, Franz Xaver Thallmaier (Malerei), München, 1860/1870
Porzellan, kobaltblau und gold, farbig bemalt,
H 7,8 D 9,3 cm (Tasse), D 15,9 cm (Unterteller)
Wittelsbacher Ausgleichsfonds München, K I c 200 / 3

23 Tasse mit Ansicht von Schloss Hohenschwangau mit Fernsicht gegen Füssen
Porzellanmanufaktur Nymphenburg, Franz Xaver Thallmaier (Malerei), München, 1860/1870
Porzellan, kobaltblau und gold, farbig bemalt,
H 7,8 D 9,3 cm (Tasse), D 15,9 cm (Unterteller)
Wittelsbacher Ausgleichsfonds München, K I c 200 / 9

24 Tasse mit Ansicht vom Alpsee her über den inzwischen verlandeten Wendling-Teich auf Schloss Hohenschwangau
Porzellanmanufaktur Nymphenburg, Ferdinand le Feubure (Malerei), Friedrich von Gärtner (Form), München, 1850/1870
Porzellan, kobaltblau und gold, farbig bemalt,
H 10 D 9,5 cm (Tasse), D 15,9 cm (Unterteller)
Wittelsbacher Ausgleichsfonds München, K I c 200 / 12

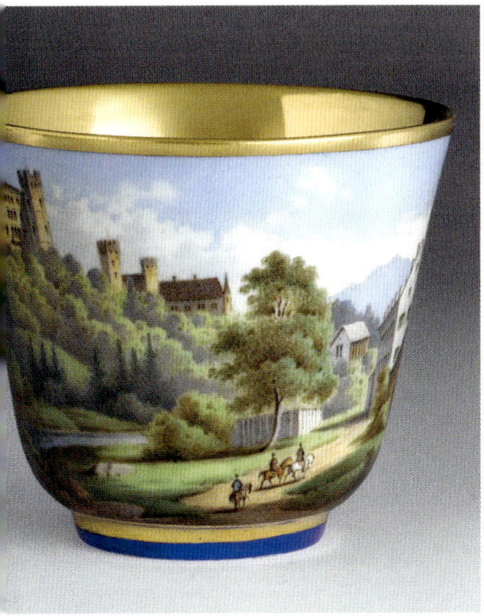

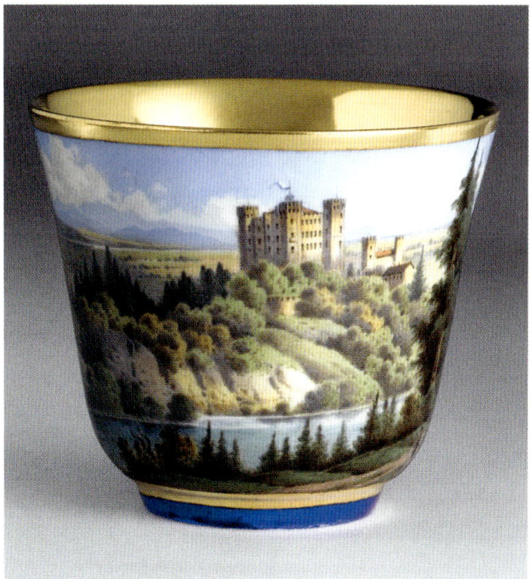

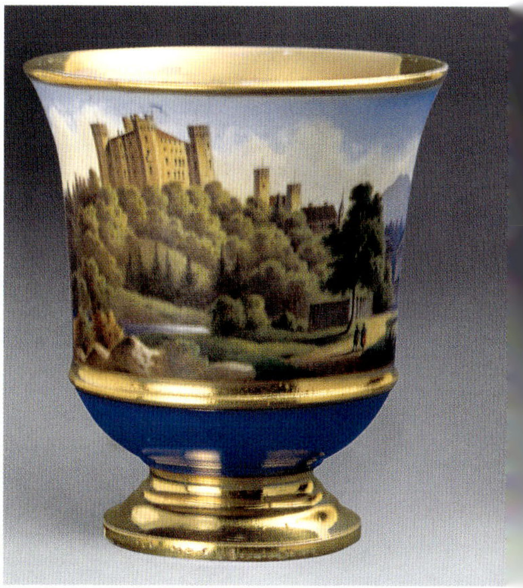

In der Regierungszeit des bayerischen Kurfürsten Max III. Joseph wurde am 11. November 1747 im Neudecker »Grünen Schlössl« die erste Manufaktur mit Dreh- und Bossierwerkstätten, Maler- und Schreibstuben eröffnet. 1761 zog die Porzellanmanufaktur in die eigens für sie errichteten Gebäude im nördlichen Schlossrondell der Wittelsbacher Sommerresidenz in Nymphenburg um.

Alle bayerischen Könige vergaben umfangreiche Aufträge an die Manufaktur, die immer namhafte Künstler zu ihren Mitarbeitern zählte. Noch als Kurfürst bestellte der spätere König Max I. Joseph 1803 ein Hofservice mit Bildern bayerischer Landschaften und Trachten. 1810 beauftragte Kronprinz Ludwig Service mit Kopien der königlichen Gemäldegalerie, um so die prächtige Farbigkeit der abendländischen Malerei der Nachwelt zu erhalten. Er setzte den Schwerpunkt der Manufaktur auf die Porzellanmalerei und verlagerte diese Abteilung als eigenständige Kunstanstalt in die Münchner Innenstadt, näher zu den Originalvorlagen in den Pinakotheken.

Die Tassensammlung der Königin Marie umfasst 36 Tassen, die neben Ansichten von Hohenschwangau auch Familienporträts, Ansichten der Schlösser um Berchtesgaden und Salzburg sowie Alpenpanoramen zeigt. Ihre Sammlung entsprach damit den Gepflogenheiten der bayerischen Könige, wenn auch Vater und Großvater ihres Mannes König Maximilian II. mit ihren programmatischen Aufträgen im Königreich und an den anderen Höfen Deutschlands und Europas für das Haus Wittelsbach und das bayerische Königtum werben wollten. Auch diese Tassen wurden vermutlich ausschließlich zu repräsentativen Zwecken genutzt. EvH

25 a und 25 b Ziervasen mit Ansichten von Schloss Hohenschwangau und dem Schweizer Haus in der Bleckenau

Porzellan, goldgefasst und farbig bemalt, H 17 D 8,4 cm

Wittelsbacher Ausgleichsfonds München, K I b 26 / 1-2

Beide Vasen zeigen die typischen Landschaften um die Bleckenau und das Schloss Hohenschwangau, hier aus der Perspektive vom Ort aus. EvH

26 Prunkpokale für das Schloss

Insgesamt entwarf und modellierte Eugen Napoleon Neureuther (1806–1882) elf Prunkpokale, die mit vegetabilem und neogotischem Dekor plastisch verziert sind. Das Dekor ist nur teilweise aus der Form gezogen und von Neureuther

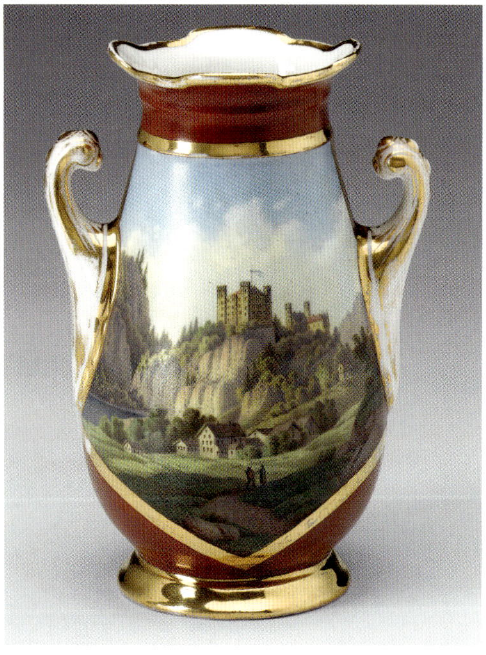

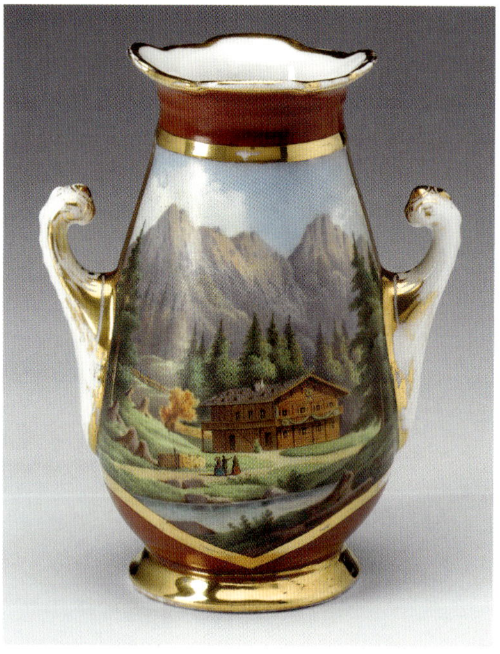

in einem weiteren Fertigungsschritt als plastischer Schmuck angebracht. Die Unterteilung von Fuß, Korpus und Deckel, die Zinnen des Deckels mit dem Schwan aus Biskuitporzellan sowie das Dekor am Fuß des Pokals und der Bildeinfassung sind inhaltlich und dekorativ auf das Gesamtkunstwerk Schloss Hohenschwangau bezogen, für das die Pokale wohl eigens angefertigt wurden. EvH

26 a Prunkpokal mit Deckel und Ansicht von Schloss Hohenschwangau

Porzellanmanufaktur Nymphenburg, Eugen Napoleon Neureuther (Entwurf), Franz-Xaver Thallmaier (Malerei), München, nach 1856

Porzellan, bemalt, H 34 D 10,2 cm

Wittelsbacher Ausgleichsfonds München, K I a 92

Die Wandung mit umlaufendem Landschaftsbogen zeigt Schloss Hohenschwangau von Süden mit dem Alpenpanorama am Alpsee. Der Fuß ist mit im See schwimmenden Schwänen bemalt. Den Deckel schmückt ein gekrönter Schwan, der in seinen Schwimmfüßen das bayerische Rautenwappen hält. EvH

26 b Prunkpokal mit Deckel »Nibelungen-Noth«

Porzellanmanufaktur Nymphenburg, Eugen Napoleon Neureuther (Entwurf), Franz-Xaver Thallmaier (Malerei), München, um 1850

Porzellan, bemalt, H 48,1 D 10,6 cm

Wittelsbacher Ausgleichsfonds München, K I a 94

Die Wandung ist mit Szenen aus der Nibelungensage verziert, vermutlich nach den 1843 erschienenen Holzschnitten von Julius Schnorr von Carolsfeld. Die Inschrift »Niblungen-Noth« fasst vier Szenen zusammen, die durch schmale Säulen voneinander getrennt sind; sie zeigen den Streit Siegfrieds mit den Sachsen, den Empfang Brunhilds in Worms, den Streit der Königinnen und die Erschlagung Siegfrieds. EvH

DER SCHWAN ALS DEKORATIONSMOTIV

Die Ritter von Schwangau führten den Schwan als sprechendes Wappen. Als Kronprinz Maximilian Hohenschwangau erworben hatte, gab es in der Gegend vermutlich keine Schwäne. Nur so ist zu erklären, dass am 24. Oktober 1837 als Präsent von König Friedrich Wilhelm III. von Preußen am Schloss 15 weiße Schwäne ankamen. Schwarze Schwäne waren damals in Europa so unvorstellbar wie weiße Raben. Daher kaufte Kronprinz Maximilian auf seiner Englandreise zwei schwarze, aus Australien stammende Schwäne, die am 14. Juli 1839 geliefert wurden. So wurden der schwarze Schwan des Schwanenbrunnens im Garten und der weiße Schwan auf dem Dach des Schlosses Hohenschwangau »lebendig«. Seit 1838 war ein »Schwanenschiff« auf dem Alp-

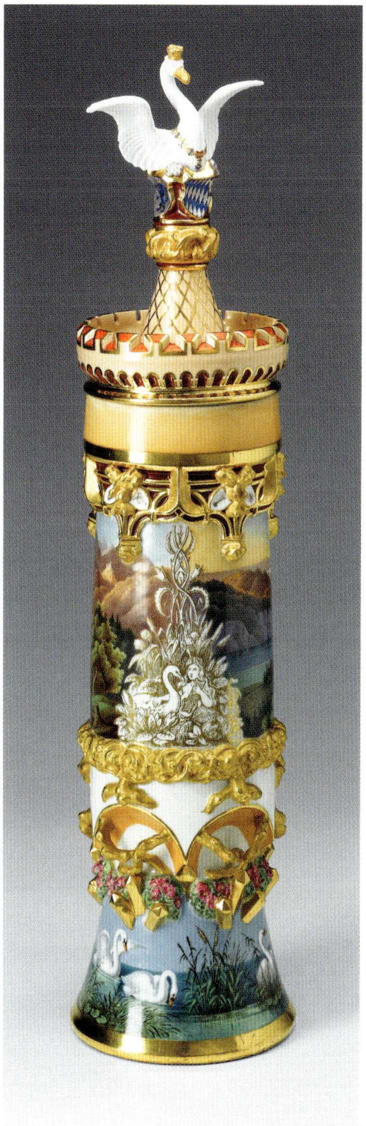

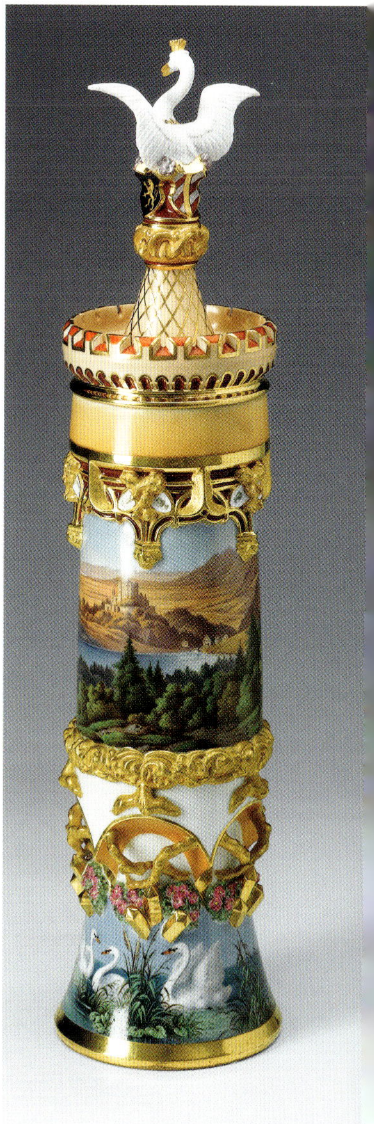

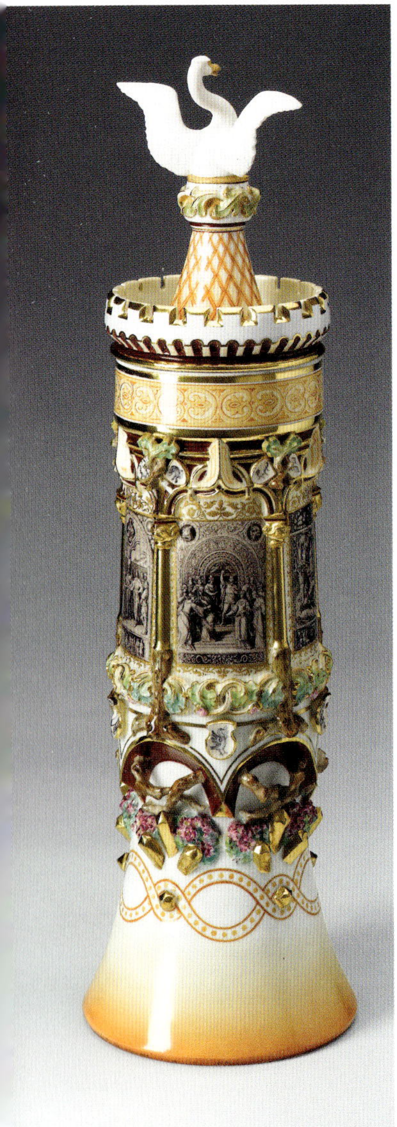

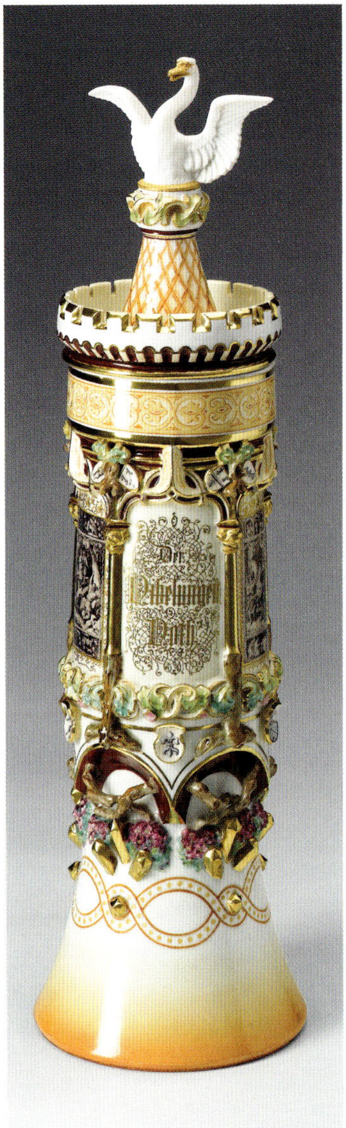

see nachgewiesen, welches an Lohengrin oder das Boot des sagenumwobenen Ritters Driant erinnerte, der zur Zeit Karls des Großen mit dem Gebiet zwischen Lech und Alpen belehnt worden sein soll. Der Schwan und der Schwanenritter Lohengrin spielen nicht nur in der Bildersprache der Königsschlösser eine große Rolle.

König Ludwig II., der schon früh für Lohengrin schwärmte, suchte sich dem edlen Ritter, welcher der dauernden Liebe entsagen muss, in romantisch verklärender Absicht gleichzusetzen. Zahlreiche Geschenke an seine Mutter, die Königin Marie, oder an Günstlinge tragen das Schwanenmotiv. Nicht nur Schmuckstücke, sondern auch Schreibservice, Vasen, Wasserbehälter zur Luftbefeuchtung auf den Öfen und das Dekor der Ausstattung von Neuschwanstein belegen dies. So eng war die Verbindung des Schwanenmotivs mit diesem König, dass es nach dem Tod König Ludwigs II. aus der Dekorationswelt der Wittelsbacher verschwand. Das letzte Schwanenboot vom Alpsee wurde 1892 als »unbrauchbar« zertümmert. (Siehe auch Katalognummern 95 bis 98)
EvH, FRD

27 Anhänger mit bekröntem Schwan
München, 1881
Gold, Diamanten, Saphire, Perlen, Emaille,
H 9,6 B 4,5 cm
Wittelsbacher Ausgleichsfonds München, Sch I 38

Anhänger, dessen ovales Mittelfeld einen bekrönten Schwan zeigt. Das emaillierte Bildfeld ist von Olivenzweigen gefasst, die mit Brillanten und Saphiren geschmückt sind. Unten ist eine tropfenförmige Perle eingehängt.

Der Anhänger ist ein Weihnachtsgeschenk König Ludwigs II. an seine Mutter Königin Marie, wie der dem Schmuck beigelegte handschriftliche Zettel vermerkt: »Von Ludwig, Weihn. 24. Dezr: 1881«. EvH

28 Anhänger mit Schwan auf Kugel
Gottfried II. Merk, München, 1879
Lapislazuli, Diamanten, Silber vergoldet, H 6,2 B 5,3 cm
Wittelsbacher Ausgleichsfonds München, Sch I 39

Der silbervergoldete Schwan steht mit ausgebreiteten Schwingen auf einer Lapislazuli-Kugel, seinen Hals schmückt ein kronenförmiger Reif mit Diamantbesatz. Die keilförmige Öse ist ebenfalls diamantbesetzt. Gold und Blau sind seit der ägyptischen Zeit eine königliche Farbkombination und wurden von König Ludwig II. aus der Zeit König Ludwigs XIV. von Frankreich (1638–1715) übernommen.

Im Jahr 1866 zum Hofjuwelier ernannt, erhielt Gottfried II. Merk 1867 den Auftrag, die bayerische Königinnenkrone für die geplante Hochzeit König Ludwigs II. mit Sophie Charlotte, Herzogin in Bayern, umzuarbeiten. Von Merk stammte auch

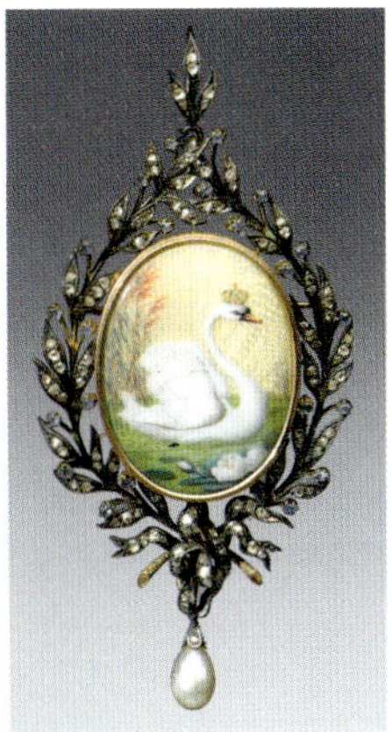

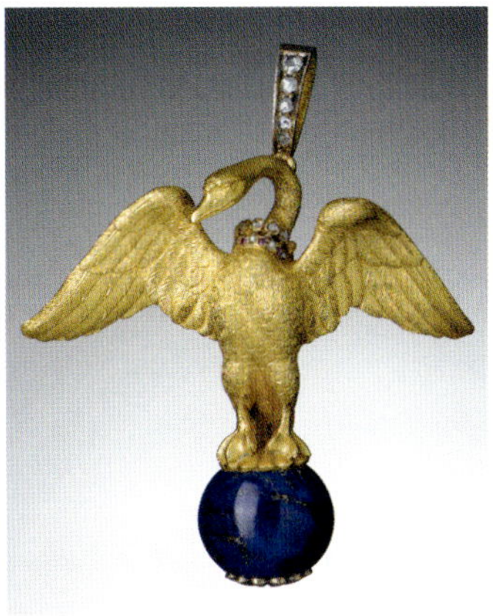

der Entwurf zu dem Taktstock aus Elfenbein, Lapislazuli und Diamanten für Richard Wagner. Zur Weihnachtszeit, so erinnert sich 1898 Luise von Kobell, »funkelten von dem k. b. Hofjuwelier Merk gelieferte Kleinodien, fein in Zeichnung und Farbenverteilung« auf dem Billardtisch in Hohenschwangau, wo König Ludwig II. einige Auserwählte bescheren wollte. »Das Zimmer glich dann einem Basar von höchster Pracht.« Dem beiliegenden Zettel mit der Handschrift Königin Maries zufolge schenkte ihr Sohn Ludwig ihr diesen Anhänger am 22. August 1879. FRD

29 Brosche mit Schwanenritter
um 1864
Gold, Perlmutt, Pastell auf Papier, D 3,4 cm
Wittelsbacher Ausgleichsfonds München, Sch I 57

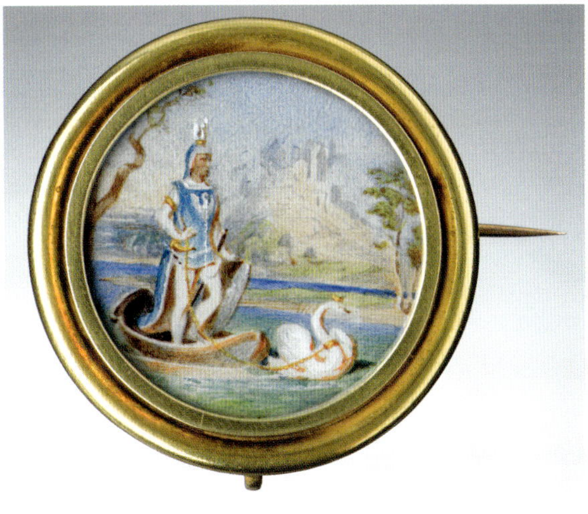

Die Szene mit dem Schwanenritter könnte vor der Kulisse Hohenschwangaus spielen. Ein dem Etui beigelegter handschriftlicher Zettel vermerkt, dass diese Brosche ein Geschenk des jungen Königs an seine Mutter Königin Marie war: »Von Ludwig Vielliebchen 4ter April 1864«. EvH

30 Nibelungen-Tafelaufsatz zur Hochzeit von Kronprinz Maximilian von Bayern
Ludwig von Schwanthaler, München, 1840/1842
Silber, Kupfer, Messing, Bronze feuervergoldet, H max. 140 cm
Wittelsbacher Ausgleichsfonds München, S II a 120-133

Der sogenannte Nibelungen-Tafelaufsatz ist das zentrale Exponat des Museums, das die verklärende Sicht der deutschen Romantik auf das Mittelalter und seine Sagen sinnbildlich vorführt.

In Folge der Aufklärung, insbesondere der Befreiungskriege gegen die napoleonische Herrschaft und die Auswirkungen der Säkularisation, war die Sehnsucht nach nationaler wie religiöser, Identität stiftender Kunst und Literatur gewachsen. Der deutsche Nationalstaatsgedanke basierte auf einer Rückbesinnung auf das Mittelalter mit einem starken deutschen Kaiser in einem geeinten deutschen Reich. Nachdem die Entdeckung zweier Fragmente des Nibelungenlieds in der Mitte des 18. Jahrhunderts zunächst nur als »altdeutsche Kuriosität« angesehen wurde, gelangte es Anfang des 19. Jahrhunderts in den Rang eines Nationalepos.

Auch der Hof in München unter König Ludwig I. teilte die nationale Begeisterung für das Mittelalter und hoffte nach dem Ende der napoleonischen Kriege auf ein neues, geeintes Deutschland. Im sogenannten Königsbau der Münchner Residenz wurden die Nibelungensäle eingerichtet, mit deren Ausmalung Julius Schnorr von Carolsfeld (1784–1872) beauftragt wurde. Vor diesem Hintergrund ist es nicht verwunderlich, dass Kronprinz Maximilian sich für das Thema der Doppelhochzeit zu Worms entschied, als er im Frühjahr 1842 anlässlich seiner Hochzeit am 12. Oktober des gleichen Jahres mit Prinzessin Marie von Preußen den Nibelungentafelaufsatz bei Ludwig von Schwanthaler (1802–1848) in Auftrag gab. Schwanthaler war Hofbildhauer unter König Ludwig I.; für seinen königlichen Auftraggeber schuf er unter anderem zwölf Statuen der Wittelsbacher für den Thronsaal der Residenz und die Bavaria. Dieses Monumentalstandbild der Landespersonifikation, der größte Bronzeguss der Neuzeit, wacht bis heute über die Theresienwiese.

Die erzählerische Vorlage für den Entwurf des Tafelaufsatzes fanden Auftraggeber und Künstler in der Wilkinasage (Dietrich von Bern) und vor allem im mittelalterlichen Nibelungenlied.

Insgesamt umfasst der prunkvolle Aufsatz aus feuervergoldeter Bronze 58 Teile, darunter fünf Figurenaufsätze, die jeweils auf eigenen Tabletts mit Kristallspiegelboden stehen. Sie werden ergänzt durch acht sechsarmige Leuchter, vierzehn mehrstöckige Kristall-Etageren für Kompott und Konfekt sowie acht weitere, von Rittern, Nixen oder Drachen getragene Kristallschalen. Im Museum sind davon nur die fünf Figurenaufsätze, vier Etageren, zwei Schalen und zwei Leuchter auf einem Tisch mit einer Länge von 10,5 und einer Breite von 2,2 Meter ausgestellt.

Für die Hochzeit am bayerischen Königshof wurde, dem Anlass entsprechend, die Doppelhochzeit Kriemhilds mit Siegfried sowie Brünhilds mit Gunther in Worms dargestellt. Ihnen sind die beiden mittleren Figurenaufsätze gewidmet: Die Brautpaare stehen auf der obersten Plattform und halten sich umfasst. Auf der darunter liegenden Ebene tanzen junge Mädchen, Girlanden haltend, einen Reigen. Riesen, Zwerge und Drachen bewachen den Nibelungenschatz in einem Felsbau, der das Fundament bildet.

Im Zentrum steht der prächtigste und aufwändigste Figurenaufsatz mit den Helden, Siegfried und Dietrich von Bern. Weit überragen sie als Verkörperung des Rittertums die anderen Figuren. Unter ihnen, zu ihren Füßen stehen sechs Jünglinge, die mit ihren Attributen Schwert, Fächer, Kranz, Falke, Horn und Pokal ritterliche Ideale personifizieren.

In der Mitte des zentralen Aufsatzes begegnen sich die weiteren Protagonisten: Der Zug der Nibelungen wird von Kriemhild, Brünhild, Gunther und Hagen angeführt; an der Spitze der Alemannen und Hunnen steht König Attila mit seiner Gemahlin Elke; die Markgrafen Gere und Rüdiger begrüßen sich stellvertretend für ihre Herrschaften mit gekreuzten Trinkhörnern.

Leuchterarme umgeben dieses Podest und trennen damit die oberen Bereiche von der Sockelzone, die der Unterwelt vorbehalten ist: hier sind Fabelwesen, wilde Tiere, gefangene Könige und Ritter zusammengedrängt und eng ineinander verschlungen; nur der Zwerg Alberich mit Tarnkappe hebt

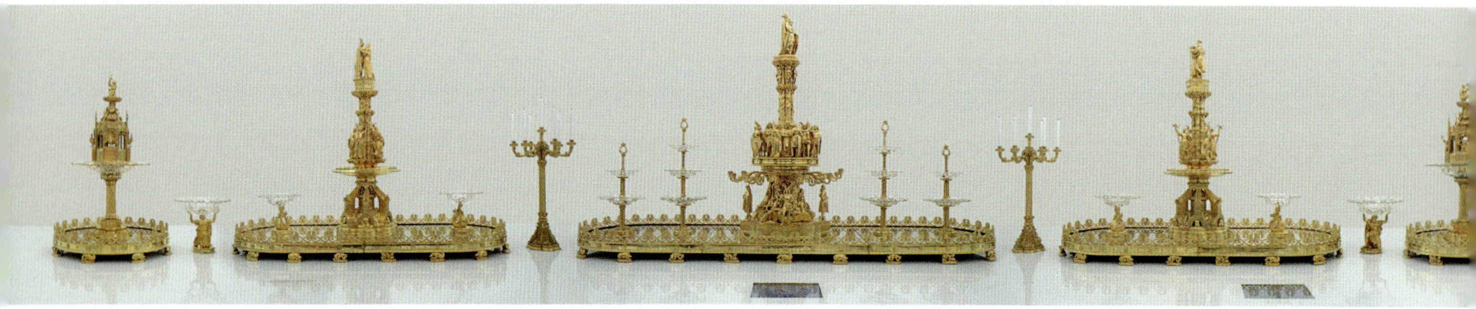

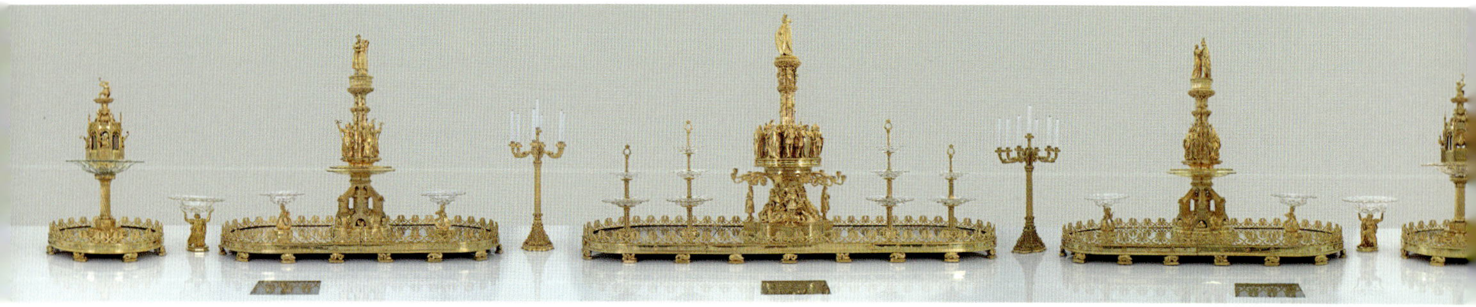

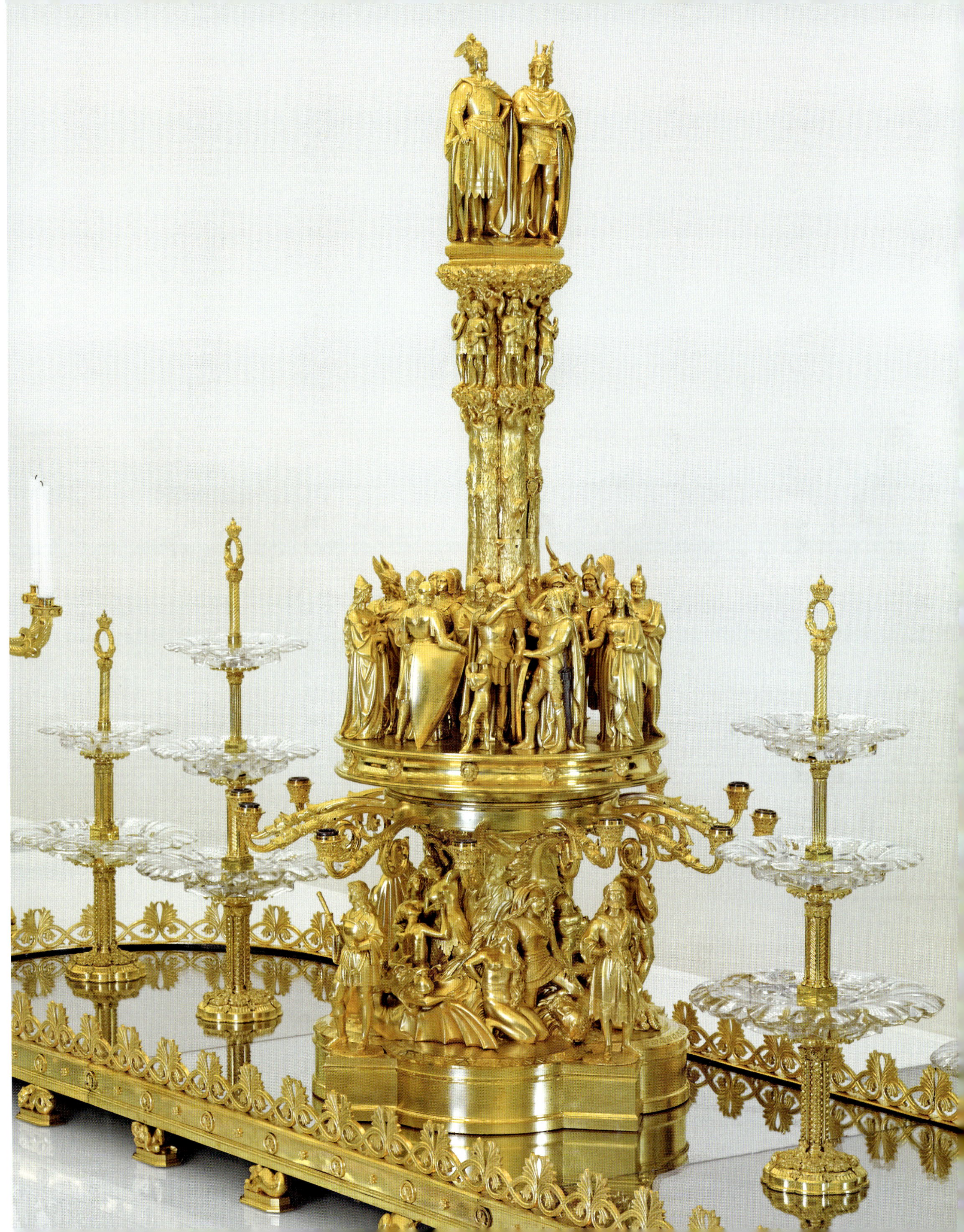

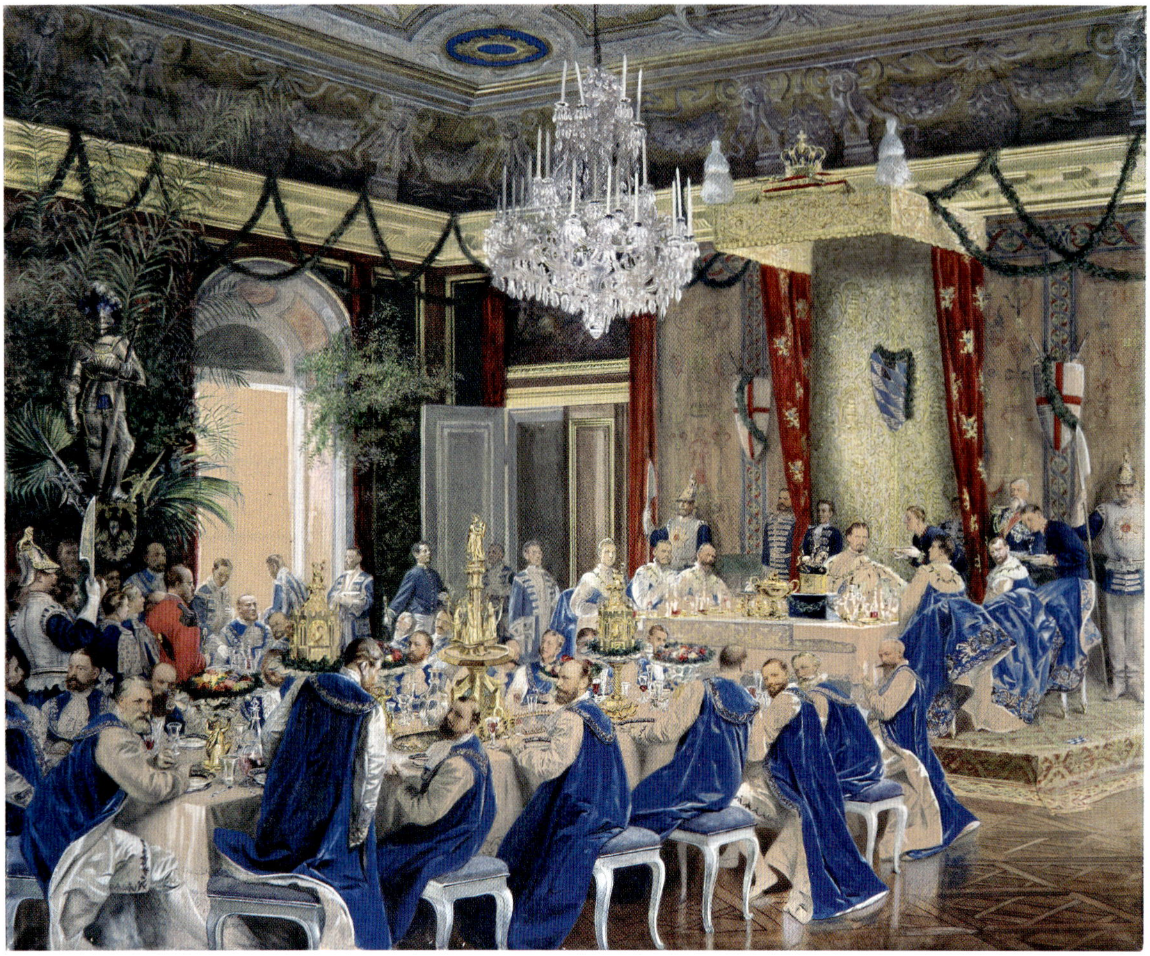

Abb. 17 Festbankett des Kgl. Bayer. Hausritterordens vom Hl. Georg im St. Georgssaal der Residenz München. Wohl Johann Caspar Herterich, Gouache, 1880

sich als Hüter des Nibelungenschatzes mit den Rheinnixen von diesem Gewirr aus Leibern und Köpfen ab. Vier junge Ritter repräsentieren mit ihren Attributen als Kämmerer, Truchsess, Marschall und Mundschenk die vier Erbämter bei Hofe und scheinen diesen Bereich nach außen und oben abzuschirmen. Flankierend stehen zwei Turmaufsätze, von denen Wächter zur Begrüßung und zum Abschied der Hochzeitsgäste blasen; ein Turmaufsatz zeigt Pfauen und verweist damit auf den hohen gesellschaftlichen Rang der Hochzeitsgesellschaft.

Formal sind die Ebenen der drei mittleren Figurenaufsätze von den Tieren, Zwergen und Nixen bis zu den Helden auf der Spitze hierarchisch angeordnet. Diese Ordnung spiegelt sich auch in der Ausarbeitung der Figuren wider: die Unterwelt ist zum Teil nur im Relief, die Helden an der Spitze sind wie Standbilder vollplastisch gestaltet. Mit Ausnahme der Wächtertürme stehen alle Figurenaufsätze auf großen Tabletts mit verspiegelten Kristallböden. Dies gestattet zum einen dem Betrachter und Gast den Blick auf die Unteransicht der ausgearbeiteten Figuren, zum anderen steigern die Spiegel durch die Reflexion des Kerzenlichts das festliche Ambiente. Sämtliche Architekturelemente sind, dem Zeitgeschmack und der Vorstellung des Auftraggebers entsprechend, in gotisierendem Stil ausgeführt.

Der Nibelungen-Tafelaufsatz schmückte bei weiteren Hochzeiten im bayerischen Königshaus und bei Banketten des

Königlich Bayerischen Hausritterordens vom Heiligen Georg unter König Ludwig II. die Tafeln in den Nibelungensälen der Münchner Residenz (Abb. 17). 1924 wurde der Tafelaufsatz aus der Münchner Residenz nach Schloss Hohenschwangau gebracht und dort in Teilen gezeigt, bevor er 2011 als zentrales Ausstellungsstück im neu eröffneten Museum der bayerischen Könige seine jetzige Aufstellung fand. EvH

KÖNIG MAXIMILIAN II. VON BAYERN

Nach der Abdankung seines Vaters, König Ludwig I., 1848 übernahm Maximilian II. die Regierungsgeschäfte. Ludwig I. hatte sich den Forderungen der Revolutionäre nach Verfassungsreformen gebeugt und anschließend freiwillig auf den Thron verzichtet. An Maximilian II. war es nun, Volk und Herrscherhaus wieder zu versöhnen und damit das Königtum unter den neuen Bedingungen zu stabilisieren.

König Ludwig I. hatte München zu einer Stadt der Kunst gemacht, der Sohn machte München zu einer Stadt der Wissenschaft. Innenpolitisch sollten öffentliche Bildungsinstitutionen und die Förderung der Volkskultur die Bindung aller Bayern an ihr Land stärken, außenpolitisch sollten Kunst und Wissenschaft München erstrahlen lassen. Mochte Bayern politisch den Großmächten Österreich und Preußen unterlegen sein, so sollte es als Zentrum des Geistes glänzen.

Auf zwei Säulen ruhte die Politik Maximilians II.: Der König hatte die Bedeutung der »Intelligenz«, des sogenannten Bildungsbürgertums, in einem Jahrhundert, das immer bürgerlicher wurde, erkannt. Geist und Macht gehörten für ihn zusammen. Sein großes Vorbild war Preußen mit der Berliner Universität, die zu einem führenden Zentrum der Wissenschaft geworden war. Mit seiner Wissenschaftspolitik wollte er einen deutlichen Akzent gegenüber der Kunstpolitik seines Vaters setzen: »In einer Notiz ›Ueber die Frage, ob die Wissenschaft oder die Kunst dauernden Ruhm (eines Herrschers) gewähren‹ äußert er sich wie folgt: ›Die Kunst wirkt zwar für den Anfang schlagender und eindringlicher durch die lebendige unmittelbare Anschauung ihrer Werke (...) Die Wissenschaft aber wirkt intensiver und dauernder, weil sie ihre Vermittlung in Wort und Schrift findet, das ganze geistige Leben der Nation ergreift und dadurch von bleibenden und weittragenden Folgen ist. Sie wirkt dauernder, weil Wort und Schrift unzerstörbar.‹«

Geschichte war die zweite Säule der Regierungspolitik Maximilians II. Mit Geschichte sollte das bayerische Nationalgefühl gehoben und gestärkt werden. In Schulen und an der Universität spielte die Geschichtswissenschaft eine bedeutende Rolle. Wie erfolgreich diese programmatische Politik war, zeigt der Ausspruch des Reichskanzlers Otto von Bismarck: »Bayern ist vielleicht das einzige deutsche Land, dem es durch seine materielle Bedeutung, durch die bestimmt ausgeprägte Stammeseigentümlichkeit und die Begabung seiner Herrscher gelungen ist, ein glückliches und in sich selbst befriedigtes Nationalgefühl auszubilden.«

Das bayerische Nationalgefühl sollte durch die öffentliche Darstellung der Geschichte der königlichen Familie als seit Jahrhunderten gute Regenten des Landes gestärkt werden. Die beiden von ihm beauftragten historischen Galerien in München unterscheiden sich in ihrer politischen Programmatik von Schloss Hohenschwangau. Schon als Kronprinz hatte Maximilian die Idee verfolgt, »auf der Isarhöhe bei München einen großen Nationalbau zur Hebung des monarchischen und nationalen Volksgeistes« zu errichten. 1852 erteilte er den Auftrag zur Gründung einer »Lehranstalt« für begabte Knaben aus Bayern, das Athenäum (heute Maximilianeum). Er gab mehrere Gutachten in Auftrag, realisiert wurde das Konzept des Staatsministers Ludwig von der Pfordten, der die Aufgabe der bis heute bestehenden Stiftung als »Ausbildung hervorragender Talente für den höheren Zivildienst auf staatsmännischer Grundlage« beschrieb. Das Bildprogramm der historischen Galerie des Gebäudes zeigt »die Veranschaulichung der Hauptmomente der Weltgeschichte«, wie der Mentor des Königs, Wilhelm von Dönniges, in seinen detaillierten »Instruktionen für die Künstler« zusammenfasste. In diese wurden Momente der Heilsgeschichte chronologisch eingefügt. Die Fertigstellung des Gebäudes erlebte Maximilian II. nicht mehr: Das Maximilianeum wurde erst zehn Jahre nach seinem Tod 1874 eröffnet.

Für das Bayerische Nationalmuseum, von Maximilian II. 1855 nach dem Vorbild des von König Louis Philippe I. von Frankreich in Versailles eingerichteten historischen Nationalmuseums, wurden Kunsthandwerk, Schmuck, Porzellan, Möbel und Gebrauchsgegenstände vergangener Epochen gesammelt, um gemäß der Inschrift über dem heutigen Museumseingang »Meinem Volk zu Ehr und Vorbild«, insbesondere dem zeitgenössischen Kunstgewerbe und Handwerk historische Vorbilder zu geben. Darüber hinaus wurden Kunstwerke aus den Wittelsbacher Sammlungen in der Residenz in das neue Museum transferiert. Die historische Galerie des Museums zeigte eher volkstümliche Szenen aus der bayerischen Geschichte im Unterschied zum französischen Vorbild, das französische und europäische Geschichte thematisiert, oder zur Galerie im Maximilianeum, die welthistorische Ereignisse, sagenhafte und biblische Szenen vor Augen führt. Im Zweiten Weltkrieg wurde sie stark beschädigt, die verbliebenen Teile sind im Münchner Völkerkundemuseum zu besichtigen. Ursprungskonzept des Bayerischen Nationalmuseums war die Erfassung aller wittelsbachischen Denkmäler; das Vorhaben wurde dann auf alle Denkmäler in den Regionen Bayerns erweitert. Die dafür erstellte Liste gehört heute noch zu den Grundlagen der Landesdenkmalpflege. EvH

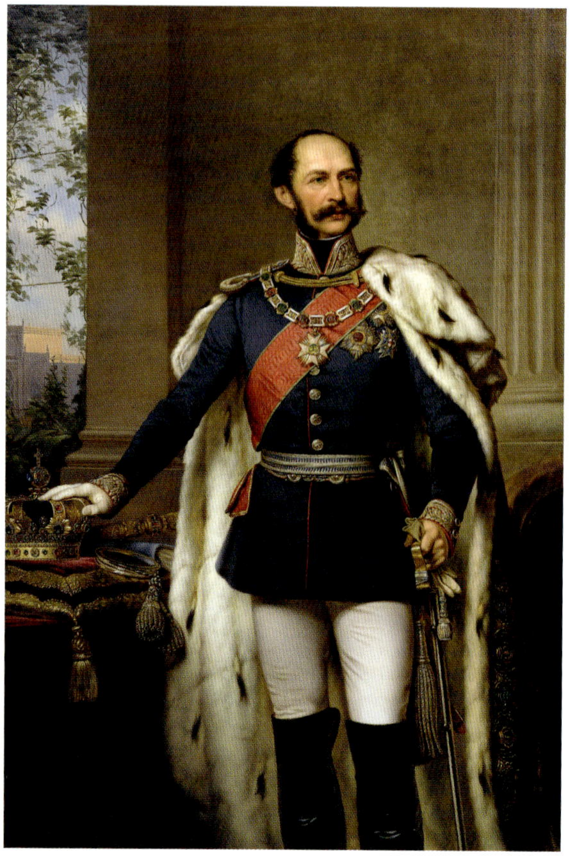

31 Porträt König Maximilian II. von Bayern
Joseph Bernhardt, München, 1858
Öl auf Leinwand, H 179 B 123,5 cm
Wittelsbacher Ausgleichsfonds München, B I a 376

Das Staatsporträt zeigt König Maximilian II. (1811–1864, König seit 1848) in Generalsuniform mit Schärpe, Kollane und Bruststern des St. Hubertusritterordens, mit Bruststern des St. Georgsritterordens sowie des Militär-Max-Joseph-Ordens. Maximilian, der nie an einem Gefecht teilgenommen hatte und dessen Regierungszeit von Kriegen verschont blieb, ließ sich als militärischer Befehlshaber und Monarch porträtieren.

Er trägt den Hermelinmantel und legt seine Rechte fast in einem Schwurgestus auf die in Paris von Martin-Guillaume Biennais 1806 angefertigte bayerische Königskrone. Dahinter liegen Szepter und Verfassung. Seitlich ist der Rücken des Thronsessels zu sehen. Bemerkenswert ist der gewählte Hintergrund: Es handelt sich um eine imaginäre Nische des (alten) Bayerischen Nationalmuseums (heute: Staatliches Museum für Völkerkunde, Grundsteinlegung 1859) an der Maximilianstraße in München mit visionärem Blick auf das Maximilianeum (heute: Bayerischer Landtag, Grundsteinlegung 1857), entsprechend dem ersten Entwurf von Friedrich Bürklein 1855.

Das Porträt ist eine Variante des Gemäldes von Joseph Bernhardt in der Neuen Pinakothek. Dieses Bildnis gilt als Höhepunkt des künstlerischen Schaffens von Joseph Bernhardt (1805–1885), der zwischen 1820 und 1827 die Münchner Kunstakademie besuchte und von 1830 bis 1837 im Atelier des Hofmalers Joseph Stieler arbeitete. Joseph Bernhardt verstand es, sich als Porträtmaler vor allem des Adels und des Großbürgertums zu etablieren, jedoch konnte er sich nicht sehr lange dort behaupten.

1858 erhielt er den bayerischen Verdienstorden vom Hl. Michael II. Klasse. Trotz der 1863 erlangten Professur an der Akademie der Schönen Künste in München zog er sich aus

Mangel an Aufträgen 1865 nach Aschaffenburg zurück und lebte dort bis 1883 als Verwalter des königlichen Schlosses. Am Ende des Preußisch-Deutschen Krieges 1866 quartierte sich der preußische Generalstab mit achthundert Mann in diesem Schloss ein. Allein die Tatsache, dass Bernhardt Ritter des preußischen Roter-Adler-Ordens war, bewahrte ihn vor persönlichen Repressalien. Seit 1883 Pensionär in Schloss Nymphenburg, ereilte ihn der Tod unmittelbar an der Staffelei am 12. März 1885. FRD

EIN FÖRDERER DER WISSENSCHAFTEN

Als Kronprinz hatte Maximilian II. in Göttingen und Berlin studiert und sich auf weiten Reisen vielseitig gebildet. Als König berief er namhafte Professoren an die Münchner Universität und holte sich Rat bei Wissenschaftlern und Gelehrten. Seine berühmten Symposien stehen exemplarisch für seinen Regierungsstil: Wöchentlich empfing er die geistige Elite Münchens in der »Grünen Galerie« der Residenz zur kultivierten Debatte.

Den wissenschaftlichen Nachwuchs unterstützte er mit der 1852 eingerichteten Stiftung des Maximilianeums, mit der Eröffnung des Bayerischen Nationalmuseums 1855 bot er Kunst und Kultur ein öffentliches Forum. Um seiner Hochachtung für die Wissenschaften Ausdruck zu verleihen, stiftete König Maximilian II. nicht nur den Maximiliansorden für Wissenschaft und Kunst, sondern u. a. auch der Ludwig-Maximilians-Universität einen Prunkpokal, den »Baum der Wissenschaften«: Dargestellt sind die Fakultäten der Theologie, der Jurisprudenz, der Medizin und der Philosophie. Die Widmung zeigt die Einstellung und Wertschätzung der Wissenschaften durch den König: »In der Wissenschaft erkenne ich eine Leuchte der Menschheit und eine kräftige Säule der Wohlfahrt des Staates.« EvH

32 »Einführung des Naturforschers Alexander von Humboldt in einen Kreis berühmter Persönlichkeiten aus Wissenschaft und Kunst«
Engelbert Seibertz, München, 1858
Ölskizze für das Gemälde im Maximilianeum,
Öl auf Leinwand, H 84 B 152 cm
Stiftung Maximilianeum München
Reproduktion

Im Zuge seiner Wissenschaftspolitik, die günstige Bedingungen mit gut ausgestatteten Forschungseinrichtungen bieten

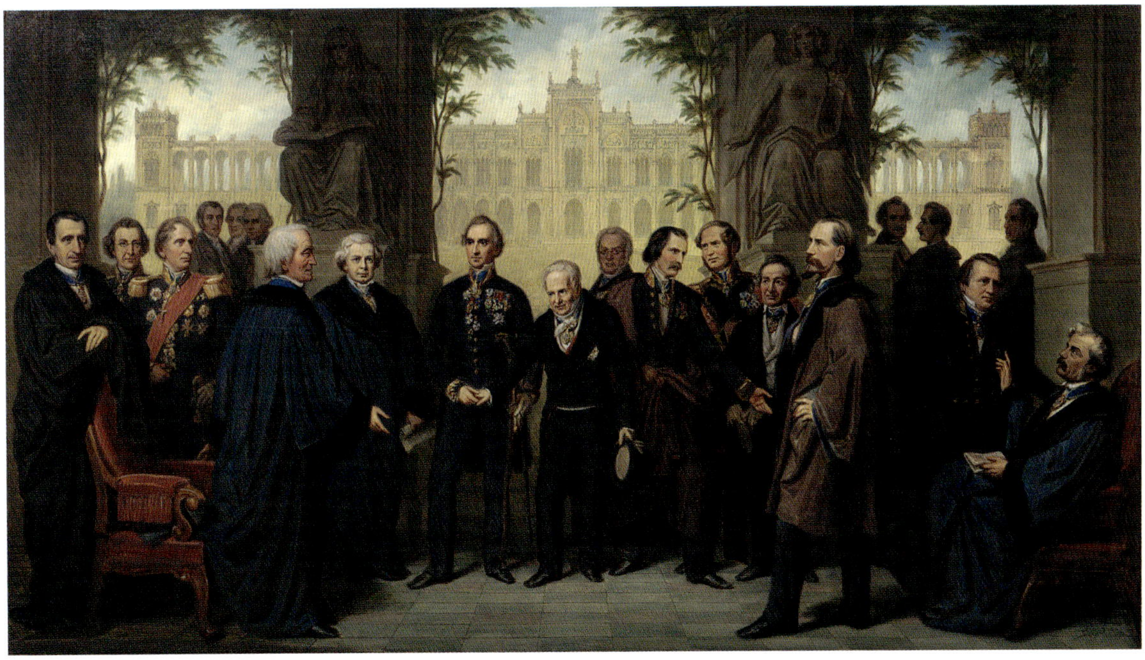

sollte, holte der König namhafte Wissenschaftler, die sogenannten »Nordlichter« nach München. Unter ihnen waren der Staatsrechtler Johann Caspar Bluntschli, der Kulturhistoriker Wilhelm Heinrich Riehl, der Chemiker Justus Liebig, die Historiker Wilhelm Giesebrecht und Heinrich von Sybel, die Literaten Emanuel Geibel, Paul Heyse, Friedrich Bodenstedt und Franz Dingelstedt.

Die Skizze zu dem Gemälde von Seibertz zeigt eine fiktive Szene, die Einführung Alexander von Humboldts in den Kreis bayerischer Gelehrter vor der Fassade des zu diesem Zeitpunkt noch nicht fertiggestellten Maximilianeums. EvH

33 Maximiliansorden für Wissenschaft und Kunst, Ordenskreuz

Adam Hausinger, Wilhelm von Kaulbach (Entwurf), München, 1853

Gold, Emaille, Seide, H 7,7 B 5,2 cm (Orden), B 5 cm (Band)

Wittelsbacher Ausgleichsfonds München, O II 59

Ein dunkelblau emailliertes gotisches Kreuz mit weißem Rand und vier goldenen Strahlen auf einem goldenen Kranz aus Lorbeer und Eichenlaub formt diesen Orden. In der Mitte ein Schild mit dem Porträt König Maximilians II. Umschrift: »Gestiftet v. Max II Koenig von Bayern«. Auf den Kreuzarmen der Vorderseite Stiftungstag und Geburtstag des Königs: »am« »XXVIII« »November« »MDCCCLIII«, auf der Rückseite entweder eine Eule (Wissenschaft) oder ein Pegasus (Kunst) mit der Umschrift »Für Wissenschaft und Kunst«. Das bekrönte Kreuz wurde an einem dunkelblauen Halsband getragen. Zur Gestaltung gab es zwei Entwürfe. Derjenige von Leo von Klenze (1784–1864) war durch die Stiftungskommission unter der Leitung von Justus von Liebig (1803–1873) befürwortet worden, doch König Maximilian II. setzte sich darüber hinweg und entschied sich für den Entwurf von Wilhelm von Kaulbach. Die Ausführung oblag dem Goldschmied und Hofjuwelier Adam Hausinger (1820–1908).

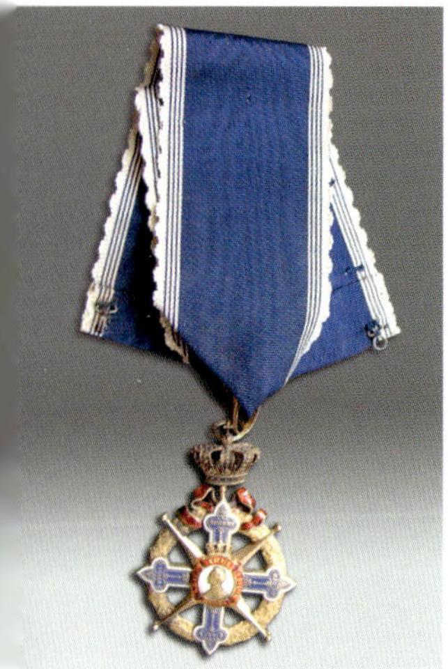

Der Maximiliansorden war als Pendant zum preußischen Pour le Mérite geschaffen worden. Unter den 1853 geehrten Wissenschaftlern befanden sich Alexander von Humboldt, Carl Friedrich Gauß, Jacob Grimm, Justus Freiherr von Liebig, Georg Simon Ohm und Carl August von Steinheil.

Bis 1932 ist der Orden insgesamt 321 Mal verliehen worden. Während der nationalsozialistischen Herrschaft wurde niemand damit ausgezeichnet. Erst 1980 wurde er vom bayerischen Ministerpräsidenten Franz Josef Strauß wieder eingeführt und seitdem an 184 Persönlichkeiten, 159 Männer und 25 Frauen, verliehen. Im Januar 2013 gab es 95 Ordensträger, 61 waren im Bereich Wissenschaft, 34 im Bereich Kunst tätig. FRD

34 a Medaille Justus Freiherr von Liebig (1803–1873)

Heinrich Friedrich Brehmer, München, 1870

Bronze, D 6,9 cm

Staatliche Münzsammlung München

Reproduktion

1852 holte König Maximilian II. nicht zuletzt auf Betreiben Pettenkofers den Chemiker Justus von Liebig nach München, der von Anfang an Mitglied der Bayerischen Akademie der Wissenschaften war. Der Wissenschaftler sah seine Aufgabe darin, Wissen zu vermehren und für eine sinnvolle Anwendung zu sorgen. Neben zahlreichen Erfindungen entwickelte er unter anderem Düngemittel für die Landwirtschaft und erfand den Fleischextrakt, der zunächst zur Ernährung der Soldaten gedacht war. Für die bayerische Industrie war diese praxisorientierte Chemie von grundlegender Bedeutung. Zum 65. Geburtstag wurde ihm diese Medaille »für Verdienste um die Landwirtschaft« überreicht. EvH

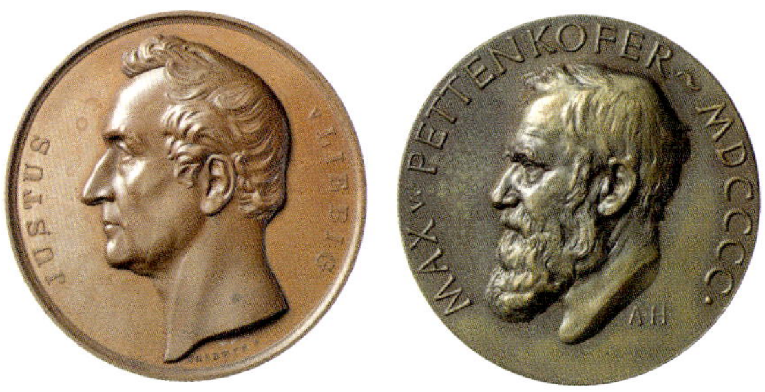

34 b Medaille Max von Pettenkofer (1818–1901)
Adolf von Hildebrand, München, 1900
Bronze, D 4,9 cm
Staatliche Münzsammlung München
Reproduktion

Pettenkofer war erster deutscher Professor für Hygiene und seit 1847 an der Münchner Ludwig-Maximilians-Universität. Ihm verdankt München seine Kanalisation und die verbesserte Trinkwasserversorgung. Er war mit Justus von Liebig befreundet und betrieb beim König auch dessen Berufung nach München. Pettenkofers jahrelange Forschungen zur Entstehung der Cholera wurden durch Robert Koch widerlegt. Trotz lukrativer Angebote aus Wien und Berlin blieb er in München, wo er 1879 nach langem Verhandeln ein eigenes Institut für Hygiene beziehen konnte. Er war 50 Jahre Mitglied der Akademie der Wissenschaften und lehrte 46 Jahre an der Ludwig-Maximilians-Universität. EvH

GESCHICHTE ALS MITTEL DER REPRÄSENTATION

Im 19. Jahrhundert wurde es zunehmend üblich, Residenzen im Stil vergangener Jahrhunderte zu bauen. Die Rückbesinnung auf die Vorfahren sollte den schleichenden Machtverlust der Regenten ausgleichen. Ein Paradebeispiel hierfür ist die Burg Hohenschwangau, mit der Maximilian II. ein historisierendes Gesamtkunstwerk schuf. Die neugotische Architektur, die thematische Ausmalung und Ausstattung der Räume – vom Mobiliar über Porzellane bis hin zu Kunstkammerstücken wie die hier ausgestellte Meerschaumpfeife – stehen für die Jahrhunderte alte Geschichte der Wittelsbacher, die den Herrschaftsanspruch des Hauses legitimierte. EvH

35 Gesteckpfeife mit Meerschaumkopf
Anton Diessl, München, 1865/86
Meerschaum, Silber, Weichselholz, Bernstein, L 61 cm
Wittelsbacher Ausgleichsfonds München, P IV 51

Der schwere, gebauchte Pfeifenkopf mit der stilisierten (bayerischen) Königskrone aus silber-vergoldetem Klappdeckel zeigt vorne eine mehrfigurige, romantisch-mittelalterliche Szene: »Gunther empfängt den aus dem Sachsenkrieg heimkehrenden Siegfried«. Im Gegensatz zum kunsthandwerklichen Pfeifenkopf scheint das Pfeifenrohr aus Weichselholz eher ein nachträglicher, provinzieller Ersatz zu sein. Von den ehemals 66 Pfeifen und Zigarrenspitzen im Nachlass König Ottos I. (1848–1916) war diese Tabakpfeife mit Abstand die teuerste.

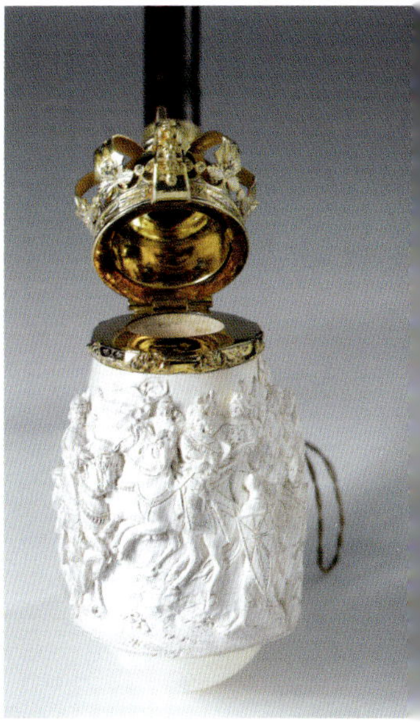

Der später als Elfenbeinbildhauer tätige Drechslermeister und Hoflieferant Anton Diessl verlegte sein 1865 in München gegründetes Geschäft »Diessls Meerschaum und Bernsteinwaaren-Fabrik« um 1869 in die Residenzstraße 18. Die Arbeiten von Anton Diessl wurden auf der Bayerischen Landes-Industrie-, Gewerbe- und Kunst-Ausstellung in Nürnberg 1882 mit Silber prämiert, er selber erhielt die König-Ludwigs-Medaille.

Meerschaum (Sepiolith), ein Magnesiumsilikat, wurde in Form massiger, knolliger Mineral-Aggregate in Anatolien gefunden. Vor dem Trocknen ist die Knolle wachsweich und leicht zu bearbeiten. So war der Meerschaum, aus der levantinischen Handelsbezeichnung » Mertscavon« eingedeutscht, das perfekte Material für kleinplastische Reliefschnitzereien. Was für das 18. Jahrhundert als Prestigeobjekt die Tabakdose war, ist im 19. Jahrhundert die Meerschaumpfeife: das »must have« der männlichen Galanteriewaren, was sie auch für Nicht-Raucher zum filigran geschnitzten Sammelobjekt und beliebten Geschenk machte. FRD

36 Die Ahnengalerie

Für den neu eingerichteten Thronsaal in der Münchner Residenz (heute Herkulessaal) gab König Ludwig I. zwölf überlebensgroße Bronze-Statuen seiner Ahnen bei Ludwig von Schwanthaler in Auftrag. Sie sollten feuervergoldet werden, was bei der Größe der Figuren besondere Vorkehrungen in der Gießerei erforderte. Der König hatte von einer ausgegrabenen antiken Bronzestatue erfahren, deren Gold trotz des Alters immer noch strahlend geschimmert haben soll. Vorbild für den königlichen Auftraggeber waren die Ahnenstatuen am Grabmal Kaiser Maximilians I. (1459–1519) in Innsbruck. Im Entwurf sind die Wittelsbacher Ahnen noch individuell sehr bewegt ausgeführt; der endgültige Guss hingegen lehnt sich deutlich an das Statuenprogramm des Maximiliansgrabes an. Die Ahnenstatuen für den Thronsaal in München wirken sehr monumental; erst in der detaillierten Ausarbeitung der jeweiligen Physiognomie gleichen sie in ihrer Lebendigkeit dem Entwurf.

Diese Ahnenmonumente wurden zwischen jedem zweiten Säulenpaar, die den Thronsaal in ein Hauptschiff und zwei Seitenschiffe unterteilten, aufgestellt. Einerseits wollte König Ludwig I. mit den zwölf ausgewählten Ahnen Würde und Ansehen des Hauses Wittelsbach darstellen; in der Nähe des Throns hingegen war ihm die Betonung der eigenen Herrschertugenden wichtig; hier wurden die Fürsten Albrecht IV. Herzog von Bayern (1447–1508) und Friedrich II. Kurfürst von der Pfalz (1482–1556) aufgestellt, die beide den Beinamen »der Weise« trugen.

Noch vor Einweihung des Thronsaals im Jahr der Hochzeit des Kronprinzen Maximilian 1842 wurde diese Ahnenserie in verkleinerter Form für Mitglieder der Familie reproduziert und auch an den preußischen, russischen oder englischen Hof verkauft. Die verkleinerten Kopien der Ahnenserie ließ Maximilian II. in seinem Schloss Hohenschwangau aufstellen. EvH

36 a Statuette Kurfürst Ruprecht von der Pfalz

Ludwig von Schwanthaler (Modell), Ferdinand von Miller (Guss), München, nach 1842/45
Bronze, feuervergoldet, H 53,5 B 17 T 17 cm
Wittelsbacher Ausgleichsfonds München, P II 63

Der Pfälzer Wittelsbacher Ruprecht III. ist Stammvater der pfälzischen Linien und damit der bayerischen Könige. 1400 zum römisch-deutschen König gewählt, gelang es ihm trotz aller Bemühungen nicht, die Kaiserkrönung zu erreichen. Das Standbild zeigt ihn mit den Insignien seiner königlichen Macht, der Krone, dem Szepter und dem Reichsapfel in mittelalterlicher Gewandung dem Betrachter frontal zugewandt. Im Sockel werden seine Titel, historisch nicht ganz korrekt, aufgeführt: »Ruprecht Kaiser, Churfürst von der Pfalz, †1410«. Am Sockel sind auch die ligierten Monogramme der Künstler, Ferdinand von Miller (FM.) und Ludwig von Schwanthaler (LS. mit Schwan), angebracht. EvH

36 b Statuette Kurfürst Maximilian I. von Bayern

Ludwig von Schwanthaler (Modell), Ferdinand von Miller (Guss), München, nach 1842/45
Bronze, feuervergoldet, H 52,5 B 17 T 17 cm
Wittelsbacher Ausgleichsfonds München, P II 62

Der Kurfürst steht in der typischen Kleidung seiner Zeit mit hohen Lederstiefeln und Halbharnisch in Feldherrnpose vor dem Betrachter. Seine Linke umfasst den Schwertknauf, während die rechte Hand einen heute nicht mehr erhaltenen Feldherrnstab gehalten hat. Seine neue Würde als Kurfürst zeigt sich an dem Hermelin-besetzten Umhang und an der Kollane eines Ritters vom Goldenen Vlies. Die Kurwürde wurde ihm 1623 von Kaiser Ferdinand II. zur Belohnung für seinen Sieg in der Schlacht am Weißen Berg 1620 verliehen. Als Bundesoberst der katholischen Liga hatte er damit den Aufstand der böhmischen Protestanten unter Führung seines Vetters Friedrich V. von der Pfalz, des sogenannten »Winterkönigs« von Böhmen, niedergeworfen. Damit ging die pfälzische (fünfte) Kurwürde auf die bayerischen Herzöge über. Entsprechend betitelt die Gravur den Dargestellten im Sockel als »Maximilian I., Churfürst von Bayern, †1651«. Ebenfalls im Sockel befinden sich die Monogramme der Künstler: Ferdinand von Millers »FM.« und Ludwig von Schwanthalers »LS.« mit Schwan. 1648 wurde als ein Ergebnis der Westfälischen Friedensverhandlungen eine achte pfälzische Kur neu errichtet. EvH

KÖNIG LUDWIG II. VON BAYERN

Als König Maximilian II. 1864 starb, wurde sein Sohn Ludwig mit 18 Jahren bayerischer König. Zu Beginn seiner Herrschaft war Ludwig bemüht, dem politischen Tagesgeschäft gerecht zu werden. Aber der sachlich unvorbereitete Monarch stieß bald an die Grenzen seiner politischen Entscheidungs- und Handlungsmöglichkeiten. Trost und Zuflucht fand er bei dem Komponisten Richard Wagner, dessen Musiktheater er seit seinem zwölften Lebensjahr kannte.

Nach den kriegerischen und politischen Ereignissen zwischen 1866 und 1871 ging Bayern als Teilstaat im deutschen Kaiserreich auf. Das Königreich Bayern verlor damit seine Eigenstaatlichkeit, Ludwigs Einfluss als König wurde immer geringer. Horrende Schulden, Gerüchte über homosexuelle Neigungen und die zunehmende Isolierung des Monarchen führten Anfang Juni 1886 zu seiner Absetzung. Wenige Tage später, am 13. Juni 1886, fand Ludwig II. unter bis heute ungeklärten Umständen den Tod im Starnberger See. EvH

37 Büste König Ludwig II. als römischer Imperator
Caspar von Zumbusch, München, 1864
Weißer Marmor, H 73 B 51 T 30 cm
Wittelsbacher Ausgleichsfonds München, P I 61

Der Rückgriff auf antike Herrscherdarstellungen war im 17. Jahrhundert eine geläufige Form der Herrscherpräsentation, um so in Anlehnung an antike Herrscher einen Alleinvertretungsanspruch bildlich zu behaupten. Eine vergrößerte Replik dieser Büste schenkte der König 1875 Richard Wag-

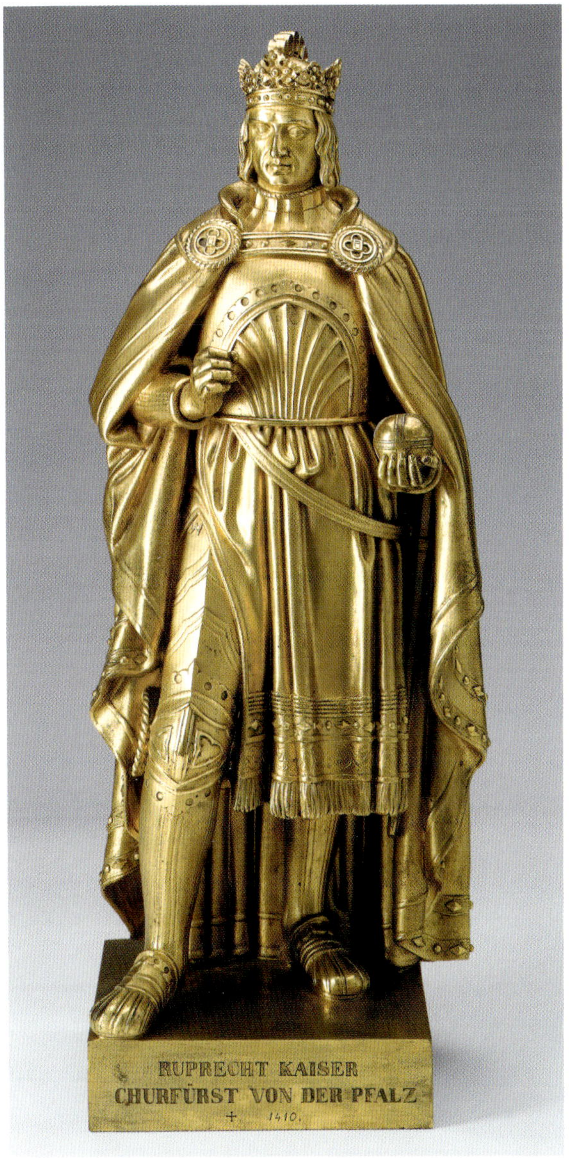

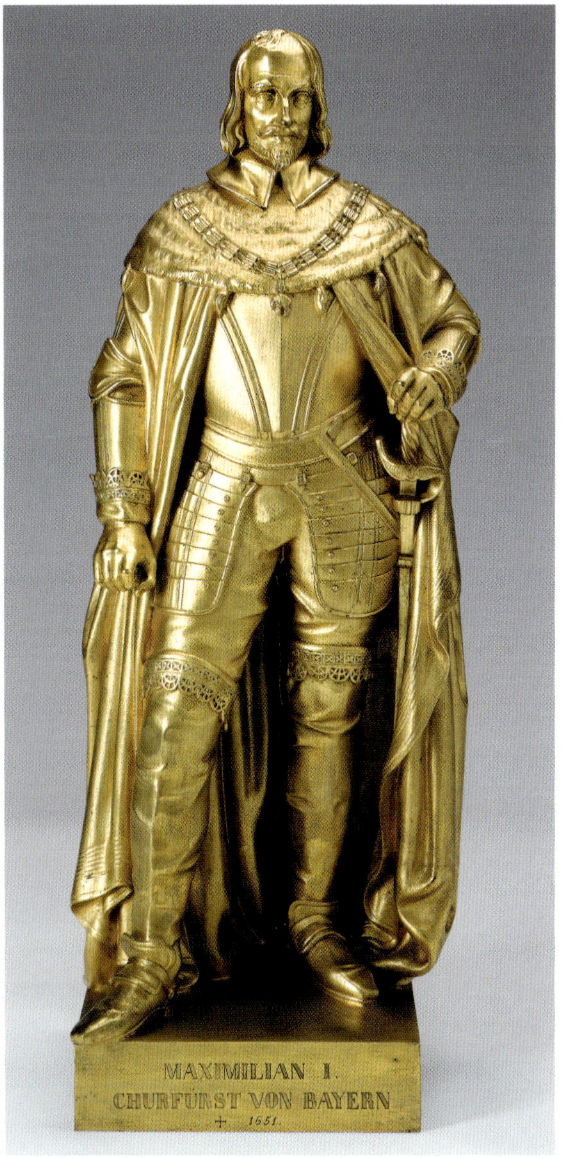

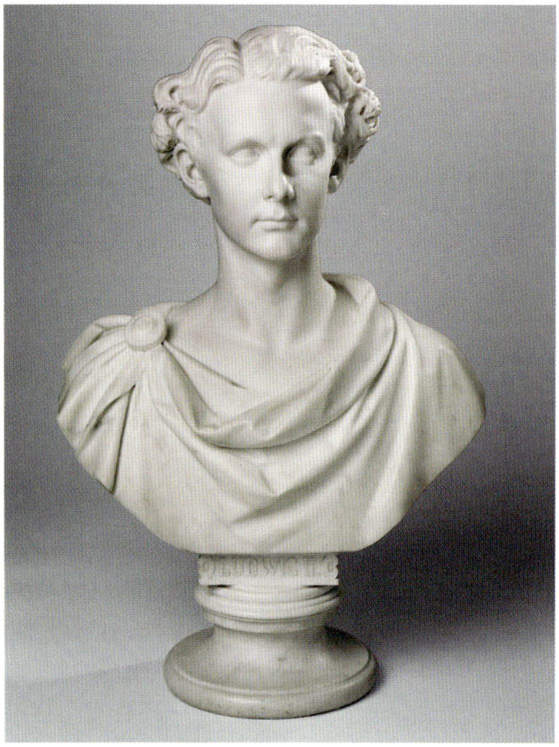

ner; sie steht heute auf einem hohen Sockel im Vorgarten der Villa Wahnfried in Bayreuth.

Caspar Zumbusch, 1830 in Herzebrock, Westfalen, geboren, trat nach seiner erfolglosen Bewerbung an der Münchner Akademie in die Modellierklasse von Johann von Halbig ein. Schnell wurde er dessen Gehilfe und reiste mit ihm nach Mailand. Seine Begabung als Porträtist verschaffte dem bald schon als »Büsten-Zumbusch« bekannten Künstler zahlreiche Aufträge, zunächst in München, später in Wien, wo er für sein Monumentaldenkmal Maria Theresias (1888) vom Kaiser in den Adelsstand erhoben wurde. 1908 verließ er Wien und ließ sich am Chiemsee in einem von Otto Riemerschmid umgebauten Bauernhaus nieder. Dort starb er 1915. EvH

MITTELALTERLICHE IDEALE: GRALSBURGEN UND EDLE RITTER

Die mittelalterlichen Sagen waren Ludwig II. von Kindheit an vertraut, Richard Wagners Interpretation der mittelalterlichen Geschichte begeisterte ihn besonders. Als junger König wollte er für die Aufführung von Wagners Ring des Nibelungen sogar ein gigantisches Theater in München errichten. Von diesem Plan musste er aber schon bald Abschied nehmen. Dafür sollte der Wiederaufbau der alten Burgruine bei Hohenschwangau den Raum schaffen, in dem er seine Phantasien zur Welt des Mittelalters ausleben konnte. EvH

38 Plastik Lohengrin im Schwanennachen
Caspar von Zumbusch, Meißen, 1865
Porzellan, bemalt, H 40,5 B 40,5 T 21,8 cm
Wittelsbacher Ausgleichsfonds München, K I a 109

Beauftragt von König Ludwig II. entwarf der Bildhauer Caspar von Zumbusch 1865 die Figur des Lohengrin mit dem Schwan. Dargestellt ist der Ritter, in silberner Rüstung und mit einem blauen Mantel, in dem Nachen stehend, den ein

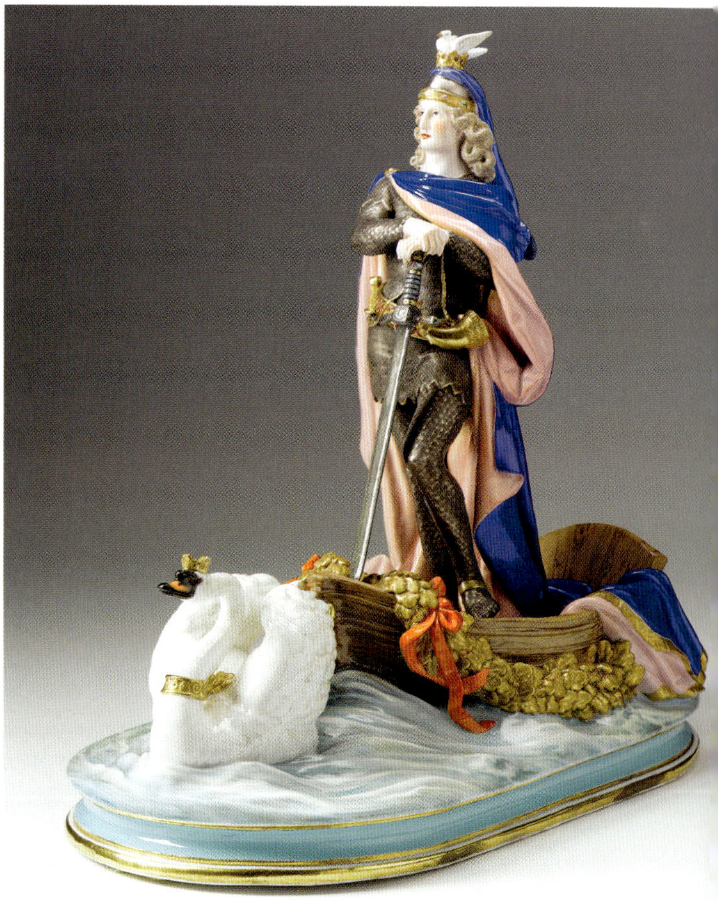

Schwan mit einer goldenen Kette an das Ufer der Schelde zieht. Die Figur wurde, von Behrisch und Rauf modelliert, in der Meißener Porzellanmanufaktur angefertigt, die Farbfassung bestimmte der König selbst. Er entschied auch, dass die Form anschließend zerstört wurde, damit die Figur ein Unikat blieb. LL

39 a Wohn- und Arbeitszimmer König Ludwigs II. in Schloss Berg am Starnberger See mit den dort aufgestellten Statuetten von Caspar von Zumbusch

Fotografie, 1880/1900, H 16 B 20,5 cm

Richard-Wagner-Gedenkstätte Bayreuth, N 826-II

Reproduktion

Anfang 1865 gab Ludwig II. bei dem Bildhauer Caspar von Zumbusch für sein Wohnzimmer in Schloss Berg fünf Statuetten von Helden aus den Opern des von ihm verehrten Richard Wagner in Auftrag: Lohengrin, Tristan, Tannhäuser, den fliegenden Holländer und Siegfried; zwei weitere Statuetten, Walther von Stolzing und Parsifal, wurden später hinzugefügt. Die Statuetten waren auf hohen Sockeln im Wohn- und Arbeitszimmer König Ludwigs II. aufgestellt, das so zu einem Weiheraum für die mythischen Gestalten aus den Opern Richard Wagners wurde.

Vergleichbar mit dem »Sanctuarium« seines Vaters im Königsbau der Münchner Residenz, der dort Büsten von ihm verehrter Persönlichkeiten aufgestellt hatte, zeigen sich hier einmal mehr die Unterschiede zwischen Vater und Sohn im Umgang und Einsatz von Geschichte: Maximilian II. bezog sich auf die Geschichte seines Hauses und auf namhafte Persönlichkeiten der Weltgeschichte aus Wissenschaft, Kunst und Literatur; sein Sohn dagegen flüchtete sich, nicht zuletzt angeregt durch die Opern Richard Wagners, denen er in München als Kronprinz bereits begeistert und ergriffen gelauscht hatte, in die Sagenwelten des Mittelalters.

Für die Statuetten ließ er sich detaillierte Skizzen vorlegen und veranlasste Änderungen, wenn die Entwürfe nicht genau seinen Vorstellungen respektive den Bühnenanweisungen Richard Wagners entsprachen. EvH

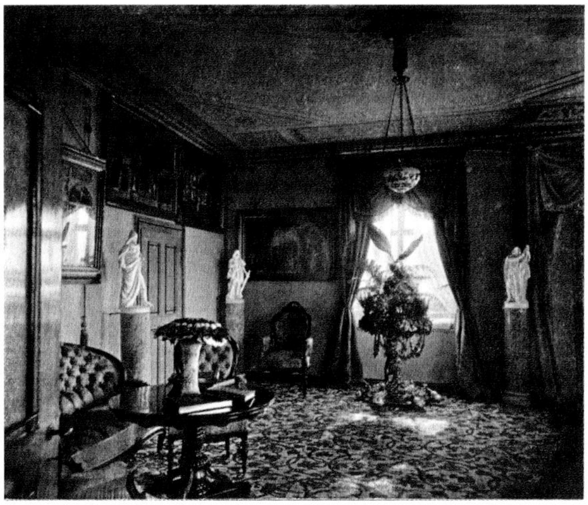

39 b Statuette des Lohengrin

Caspar von Zumbusch, München, 1865

Marmor, H 84 D 27,5 cm

Wittelsbacher Ausgleichsfonds München, P I 62

Die Statuette zeigt Lohengrin in der lange Zeit kanonischen Ausstattung mit Ringpanzer, Wams, Umhang, Horn und der Gralstaube auf dem Helm. Das statische Moment wird durch die Bewegung des Helden aufgelockert, der im Begriff ist, sein Schwert zu ziehen, um im Zweikampf die Ehre der Elsa von Brabant zu verteidigen (1. Akt, 3. Szene). Einzig der Schwan, der sich eng an das rechte Bein des Helden schmiegt, entstammt nicht der Oper, sondern geht auf eine Anweisung Ludwigs II. als Auftraggeber zurück.

Als der König die Statuette erhält, telegrafiert er umgehend an Zumbusch: »Soeben gelangte die marmorne Lohengrinstatue hierher, welche mich so entzückt, daß es mir ein Bedürfnis ist, Ihnen meine volle Zufriedenheit auszudrücken.« Er ließ von allen Statuetten Repliken anfertigen, die noch heute in der Halle der Villa Wahnfried in Bayreuth aufgestellt sind. EvH

39 c Statuette des Tristan

Caspar von Zumbusch, München, 1865/1866

Marmor, H 81,4 D 28 cm

Wittelsbacher Ausgleichsfonds München, P I 65

Tatkräftig schreitet Tristan, tragischer Held aus dem Musikdrama »Tristan und Isolde« von Richard Wagner, auf den

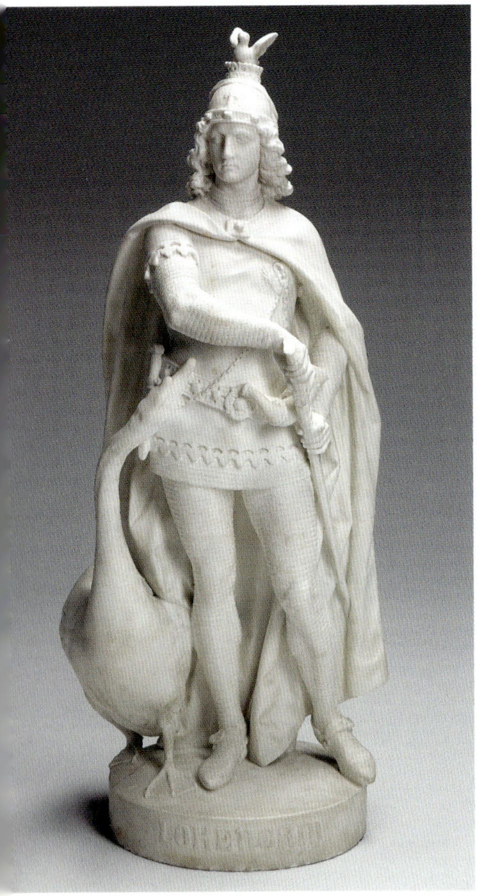

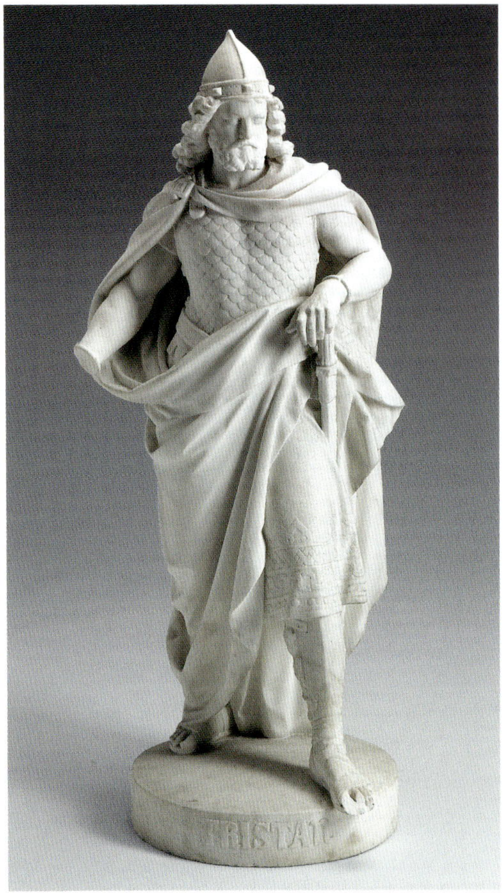

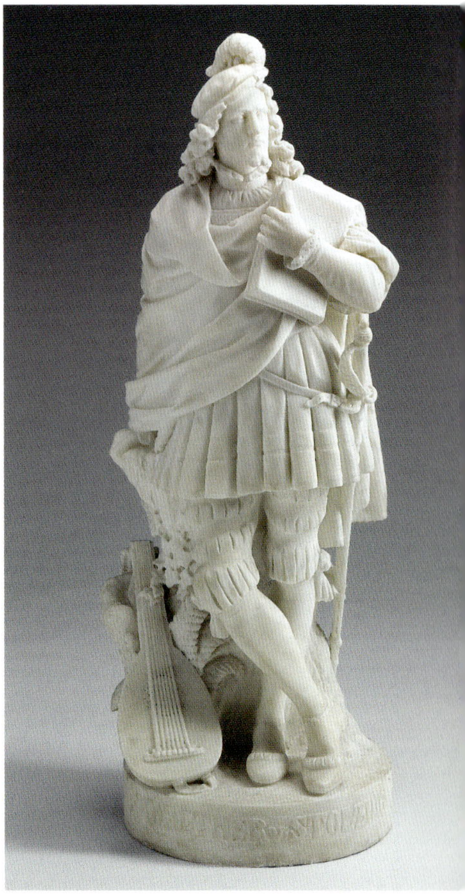

Betrachter zu, angetan mit Schuppenpanzer, Umhang und Helm. Komponiert von 1857 bis 1859, konnte dieses Werk erst nach Berufung des Komponisten durch König Ludwig II. nach München uraufgeführt werden. EvH

39 d Statuette des Walther von Stolzing

Caspar von Zumbusch, München, 1867

Marmor, H 82 D 28,5 cm

Wittelsbacher Ausgleichsfonds München, P I 63

Der junge Ritter Walther von Stolzing (Held der Oper »Die Meistersinger von Nürnberg«, der im Sängerwettstreit die Hand der Tochter des Goldschmieds gewinnt) lehnt in mittelalterlicher Tracht mit Wams, Mantel, Kappe und Schwert an einem Baumstumpf; scheinbar lässig hat er sein rechtes Bein vor das linke gestellt, der Kopf ist leicht geneigt nach links gewandt. Eine Laute zu seinen Füßen und das Buch mit der Inschrift »Walther von der Vogelweide« sind seine Attribute als Sänger. EvH

40 Taschenuhr mit Szenen aus dem »Ring des Nibelungen«

A. Lange & Söhne, Glashütte bei Dresden, um 1878

Gold, Emaille, Türkise, Diamanten, Lapislazuli, L 7,3 B 5,2 cm (Uhr), L 55 cm (Kette), H 11,7 cm (Petschaft)

Wittelsbacher Ausgleichsfonds München, Sch III 2

König Ludwig II. ließ diese goldene Taschenuhr, Goldemail-Savonnette Nr. 18747, bei A. Lange & Söhne in Glashütte bei Dresden anfertigen. Sie hängt an einer goldenen Doppel-Gliederkette. An deren Enden befinden sich zwei Ziereicheln, die mit rautenförmigen Türkisen und Brillanten besetzt sind. Ein Petschaft zum Einhängen aus Gold hat die Form eines Schwans; auf dessen ausgebreiteten Schwingen liegt ein mit einem Hemd bekleidetes Kind in Rotgold über einem nicht geschnittenen Lapislazuli-Siegelstein, der rundherum mit Türkisen und Brillanten besetzt ist. Der Schwan hängt an einer goldenen Krone, die an einen goldenen Knebel gekettet ist. Krone und Knebel sind mit Brillanten und Türkisen besetzt, von denen vereinzelte Steine fehlen. Die Kette mit dem Siegel wurde unabhängig von der Uhr von einem Goldschmied gefertigt und unterscheidet sich in Legierung wie geriffelter Oberflächenstruktur von der Uhr.

Das weiße Emailzifferblatt mit römischen Ziffern und kleiner Sekunde ist signiert: A. Lange & Söhne, Glashütte b./ Dresden. 18747. Die Uhr ist von Klappen umschlossen, auf denen fünf Szenen aus Wagners »Ring des Nibelungen« in leuchtenden Farben emailliert dargestellt sind. Auf den Außenseiten sind folgende Szenen zu sehen: »Brünhilde verkündet Siegmund den Tod« (Walküre, 2. Aufzug 4. Szene) und »Siegfried weckt Brünhilde aus ihrem Zauberschlaf« (Siegfried, 3. Aufzug 3. Szene). Auf den Innenseiten der Klappen wird gezeigt: »Brünhilde auf dem Fels« (Walküre, 2. Aufzug Vorspiel und 1. Szene), »Siegfried, als Gunther getarnt, entreißt Brünhilde den Ring vor der Felsenhöhle« (Götterdämmerung, 1. Aufzug 3. Szene) und die »Halle der Gibichungen, Gutrune reicht Siegfried den Vergessenstrank, im Hintergrund Hagen und Gunther« (Götterdämmerung 1. Aufzug 2. Szene).

Ludwig II. machte oft großzügige Geschenke, wenn er jemandem besonders wohl gesonnen war. Von dem Sänger Heinrich Vogl (1845–1900) war er so begeistert, dass er ihm zum Dank für seine Darbietung des Siegfrieds bei der Münchner Premiere des »Ring des Nibelungen« 1878 diese kostbare Uhr mit Szenen aus dem Nibelungenlied schenkte.

Vogl begann seine berufliche Laufbahn als Lehrer in Ebersberg, bevor er 1865 die Gesangsprüfung beim Intendanzrat Schmitt in München bestand und nach seinem Debüt als Max im »Freischütz« als königlicher Hofopernsänger engagiert wurde. Der allseits bewunderte Heldentenor gab vor allem die großen Wagnerschen Rollen: Tannhäuser, Lohengrin, Loge, Siegmund, Tristan und Siegfried. 1868 heiratete er die Opernsängerin Therese Thoma, die häufig gemeinsam mit ihm auftrat.

Lange & Söhne kann eine bis ins 17. Jahrhundert zurückreichende Tradition in der sächsischen Uhrmacherkunst aufweisen. Den Anfang der Langeschen Uhrmacherdynastie bildeten sächsische Hofuhrmacher, die noch unter Kurfürst Friedrich August I., dem Starken, tätig waren. Ab 1842 war Johann Christian Gutkaes erster Uhrmacher am Hof. Er war nicht nur in Sachsen für seine feinen Taschenchronometer von höchster Präzision bekannt. Bei Gutkaes ging auch der junge Ferdinand A. Lange in die Lehre, der sich durch handwerkliches Geschick, Fleiß und Intelligenz auszeichnete. Nach seiner Wanderschaft zu den angesehensten Uhrmachern Europas kehrte er wieder in die Kunstuhrenfabrik seines Lehrmeisters zurück und wurde durch die Heirat mit Antonia Gutkaes zum Teilhaber der Firma. 1845 gründete Ferdinand A. Lange die Feinuhrmacherei in Glashütte im Erzgebirge, die er bis zu seinem Tod 1875 zu einem gutgehenden und renommierten Unternehmen ausbaute. Seine Söhne Emil und Richard übernahmen das Unternehmen, das seit 1868 den Namen »A. Lange und Söhne« trägt und bis heute für die mechanische und künstlerische Qualität seiner Produkte bekannt ist.

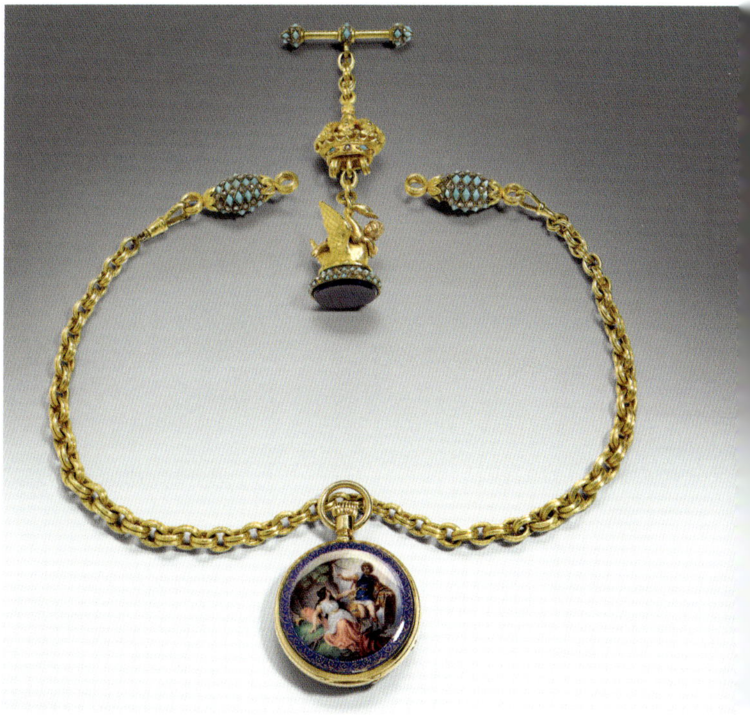

Nicht nur für Ludwig II. fertigte Lange & Söhne kostbare Taschenuhren, auch der deutsche Kaiser bestellte bei der Manufaktur 1898 eine kostbare Taschenuhr als Gastgeschenk für den osmanischen Sultan. SuSa

TRÄUME VON DER ABSOLUTEN MONARCHIE

Dem real schwindenden Machtverlust als Regent suchte Ludwig II. in seinen Bauprojekten zu entfliehen, für die er unter anderem auch auf Vorbilder byzantinischer und chinesischer Alleinherrscher zurückgriff. Wurden diese Schlösser auch nie realisiert, so dokumentieren die Planungen jedoch den Rückblick auf vergangene Zeiten; als Gesamtkunstwerk sollten sie unter Anwendung der modernsten Technik bis ins Detail umgesetzt werden. Besonders fasziniert war er von Ludwig XIV.; dieser französische, absolutistische König verkörperte für ihn monarchische Herrschaft schlechthin. Vom Regierungsstil des Sonnenkönigs war er ebenso beeindruckt wie von der Prachtentfaltung des französischen Königshofes. Deutlich kommt dies vor allem in seinen Schlössern Linderhof und Herrenchiemsee zum Ausdruck. Nach den Vorstellungen Ludwigs sollte Herrenchiemsee »ein Tempel des Ruhmes werden, worin ich das Andenken an König Ludwig XIV. feiern will«. EvH

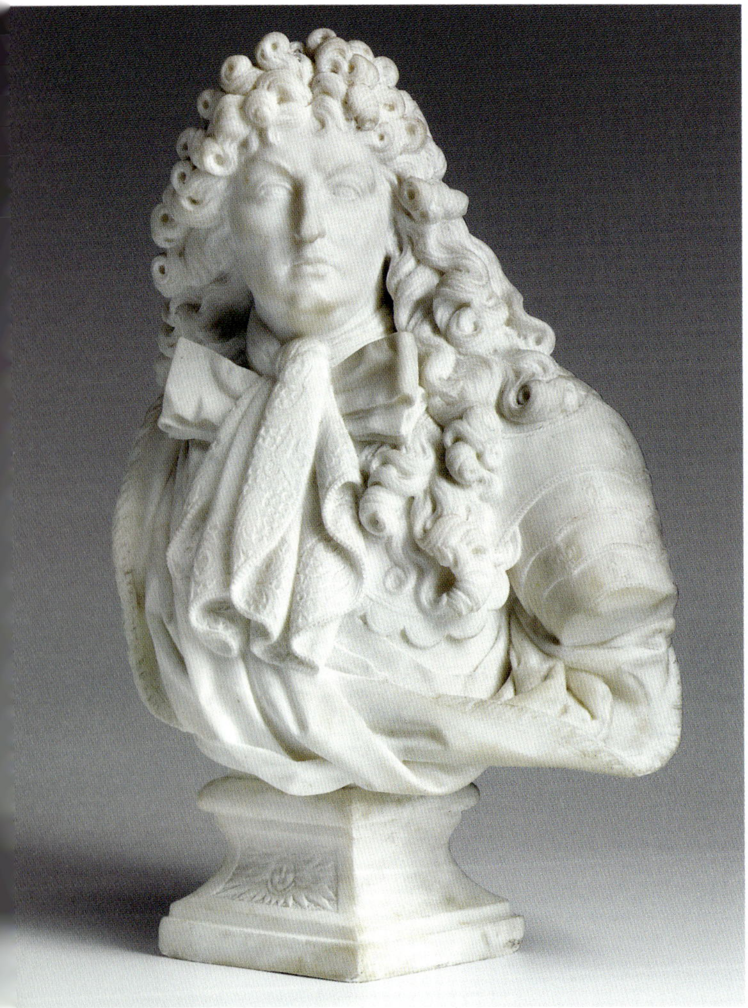

41 Büste des Sonnenkönigs Ludwig XIV. von Frankreich

nach Antoine Goyzevox, Paris (?), um 1870
Marmor, H 38 cm
Wittelsbacher Ausgleichsfonds München, P I 50

Nicht nur die mittelalterlichen Sagenwelten, auch Formen der absoluten Monarchie lieferten Konzepte für die vom König entworfenen Gegenwelten. Die Bourbonenkönige Ludwig XIV. und Ludwig XV. standen mit ihrer Hofhaltung beispielhaft für ein Herrschaftsmodell, das mit der Verfassungsrealität in Bayern und der poltischen Situation nach dem Deutschen Bundeskrieg von 1866 nichts gemein hatte.

Die Büste, die im Besitz Ludwigs II. war, zeigt in Anlehnung an die berühmte Büste des Sonnenkönigs von Gian Lorenzo Bernini (1598–1680) das typische Porträt des französischen Königs mit Allonge-Perücke, großer Schleife des Hemds und schwungvoll drapiertem Mantel, eine stilprägende Präsentationsform, die im 17. Jahrhundert von allen europäischen Fürsten übernommen wurde.

So wie das etwas größere Original im Schlafzimmer Ludwigs XIV. in Versailles vor einem Spiegel stand, ließ auch Ludwig II. die Kopie in seinem Schlafzimmer vor einem Spiegel aufstellen, sodass sein eigenes Bild im Spiegel von dem des Bourbonenkönigs überdeckt wurde.

Ludwig II. besaß mehrere Büsten des Sonnenkönigs. In seinem Tagebuch schreibt er 1867 »Über ludwig XIV. gelesen; herrschergewalt, zeit der Blüthe, des glanzes des Königtums; Allmacht, Glorie der Majestät, königliche Gottheit«. EvH

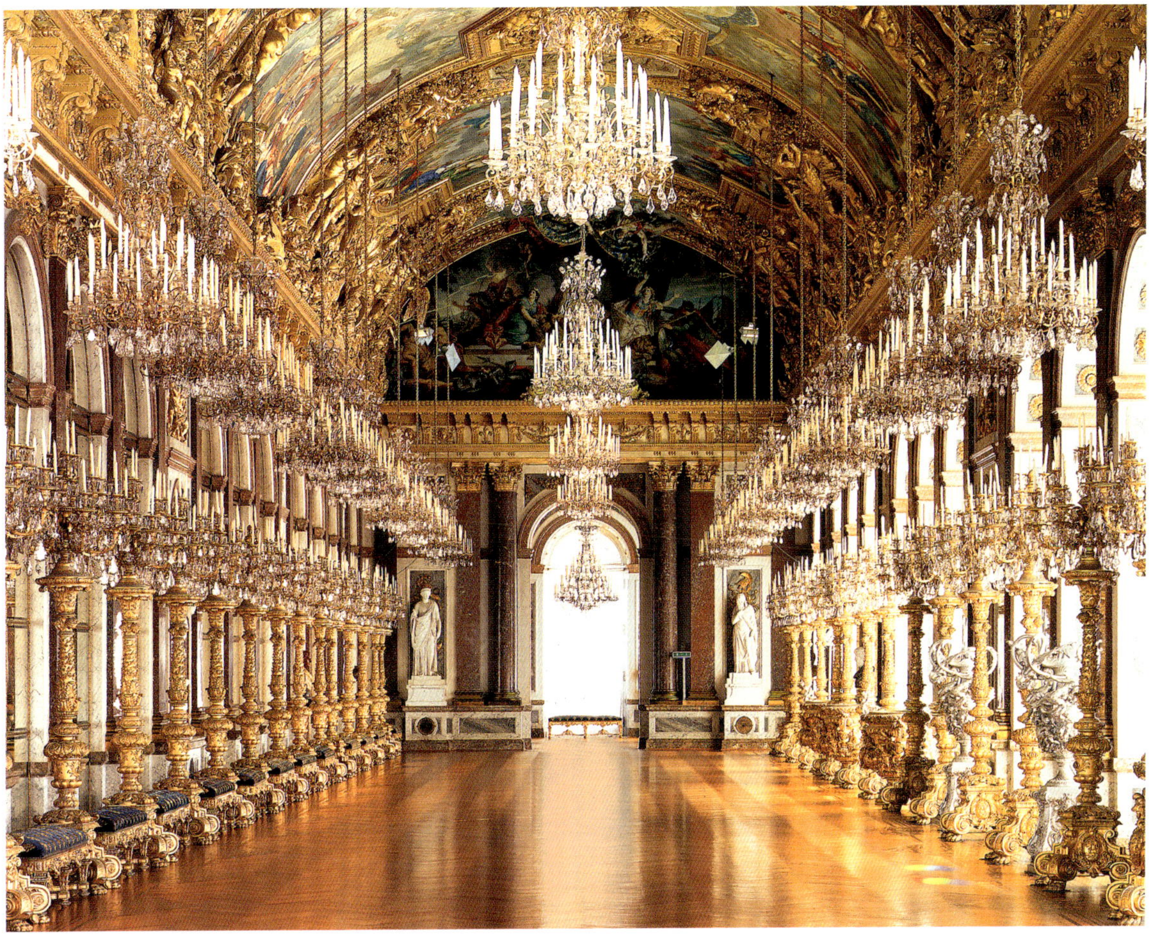

42 Spiegelsaal von Schloss Herrenchiemsee
Fotografie, 1990/2010
Bayerische Verwaltung der staatlichen Schlösser, Gärten und Seen München
Reproduktion

Die Schlösser Linderhof und Herrenchiemsee sind die gebauten Gegenwelten einer Monarchie von Gottes Gnaden, die sich auch in der Ausstattung auf den Bourbonenhof beziehen. Neben Ludwig XIV. waren es vor allem Ludwig XVI. und seine Frau Marie Antoinette, die als Identifikationsfiguren vom bayerischen König besonders verehrt wurden.

Ist Schloss Linderhof kleiner und intimer in seiner Gesamtanlage, sollte Schloss Herrenchiemsee das französische Vorbild Versailles übertreffen. Der berühmte Spiegelsaal zeigt dies deutlich: das französische Vorbild ist 73 Meter lang, der Saal im Neuen Schloss Herrenchiemsee dagegen 75 Meter. Ludwig II. hatte erst 1874 die Gelegenheit Versailles zu besuchen. In Erinnerung an diese Reise schrieb er an Graf Dürckheim-Montmartin: »Wie an einen wundervollen Traum gedenke ich an meine Reise nach Frankreich, das endlich erschaute, angebetete Versailles.«

Schloss Herrenchiemsee ist das letzte große verwirklichte Bauprojekt König Ludwigs II., für das der Architekt Georg von Dollmann insgesamt 13 Entwürfe vorlegte. Wie Schloss Neuschwanstein wurde der Bau nach dem Tod des Königs nicht fertiggestellt, teilweise im Rohbau belassen und wie die anderen Ludwig-Schlösser der Öffentlichkeit zugänglich gemacht. EvH

KÖNIGE IM VERFASSUNGSSTAAT

Die napoleonischen Kriege und der Erste Weltkrieg markieren Anfang und Ende des Königreichs Bayern: es bestand 112 Jahre, vom 1. Januar 1806 bis zum 8. November 1918.
Weitere Meilensteine in der Geschichte des Königreichs sind die Unruhen von 1848, in deren Folge König Ludwig I. zurücktrat, der Deutsche Bundeskrieg 1866, der Deutsch-Französische Krieg 1870/71 und der daraus resultierende Beitritt des bayerischen Königreichs zum Deutschen Reich.
Mit der wesentlich von Maximilian Freiherr von Montgelas geprägten, aber nur teilweise umgesetzten »Konstitution« gewährte Bayerns erster König Max I. Joseph seinen Untertanen bereits 1808 bürgerliche Grundrechte wie etwa die Sicherheit von Person und Eigentum. Aber erst mit der als königlichen Gnadenakt gewährten »Verfassungsurkunde« von 1818 eröffnete der König, nicht zuletzt auf Betreiben des Kronprinzen, weiten Teilen der Gesellschaft auch politische Mitwirkungsmöglichkeiten. Der König, beraten und kontrolliert von zwei Kammern der Ständeversammlung (Landtag), regierte mit Ministern und einem Beamtenapparat.
Bayern war damit der erste größere Staat auf deutschem Boden, der eine konstitutionelle Monarchie nach westeuropäischem Vorbild hatte; der Monarch unterwarf seine Herrschaft von sich aus gesetzlichen Beschränkungen und gewährte den Staatsbürgern politische Rechte. Begeistert schrieb damals der Rechtsgelehrte Anselm von Feuerbach: »Kein Land ist wohl jetzt in Europa, wo freier gesprochen, freier geschrieben und offener gehandelt wird als hier in Bayern.« EvH

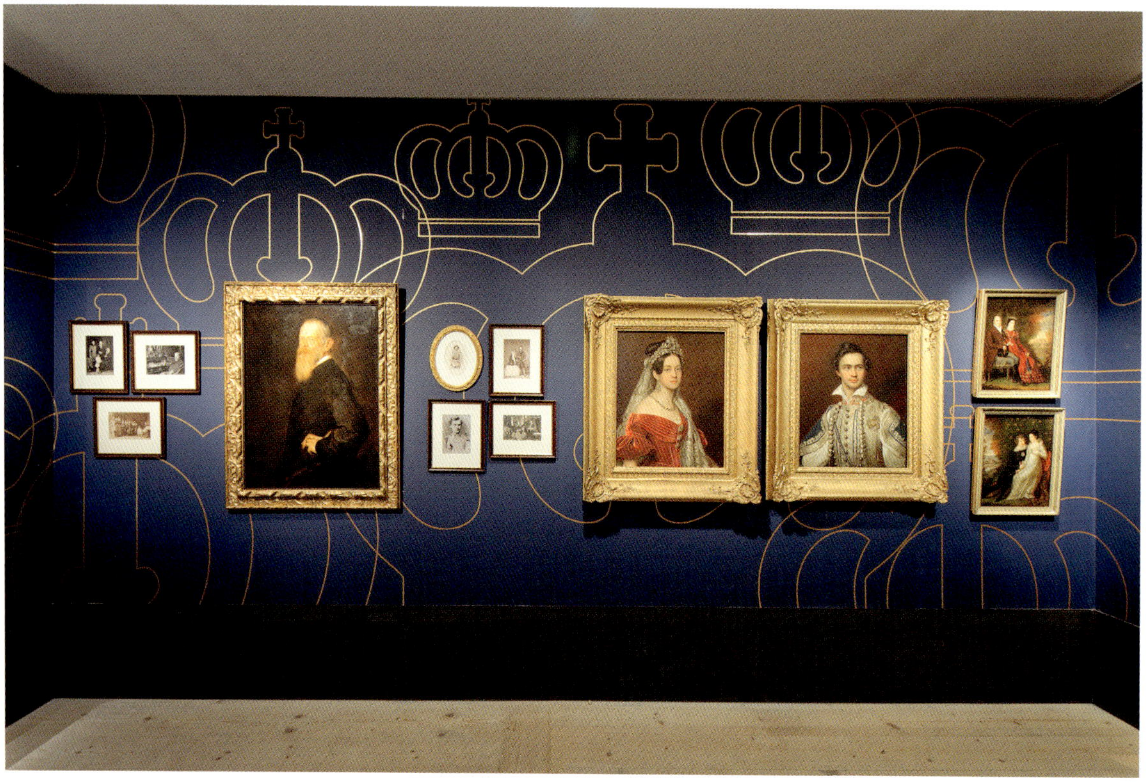

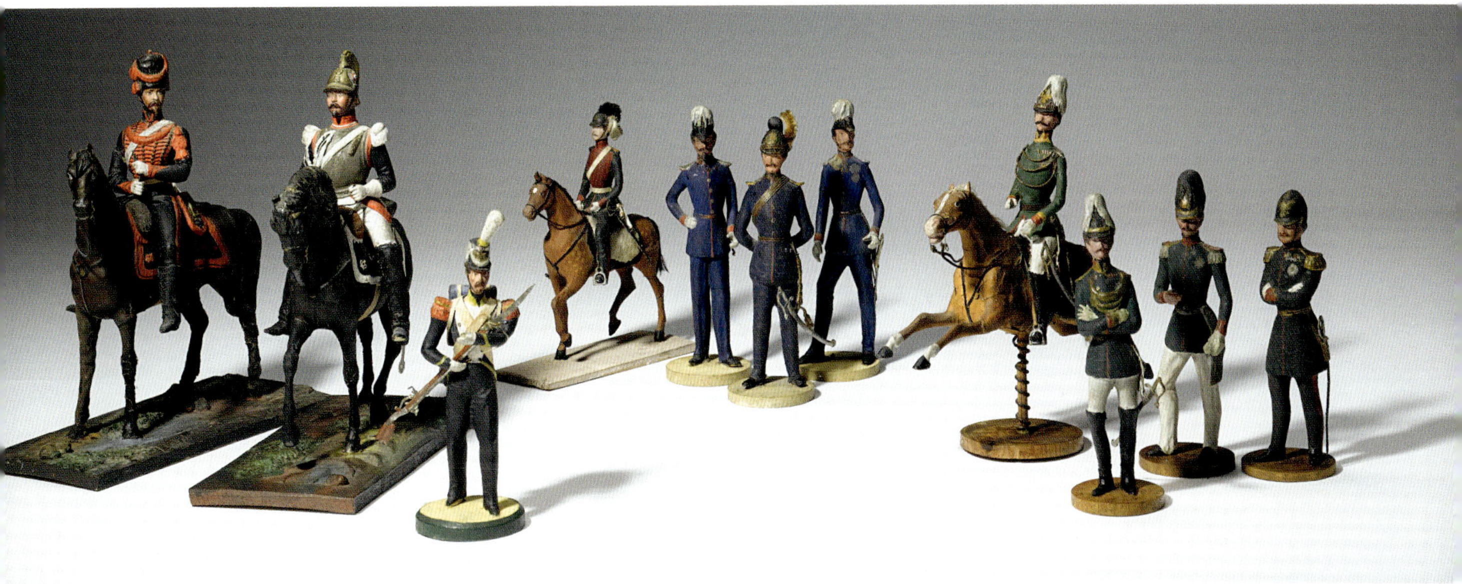

43 Elf Spielzeugsoldaten von Kronprinz Ludwig und seinem Bruder Prinz Otto von Bayern

Um 1855

Draht, Holz, Masse, Zinn, H max. 19,5 cm

Wittelsbacher Ausgleichsfonds München, P IV 54-56

Drei detailliert gearbeitete Spielzeugfiguren, ein reitender Husar im rotgeschnürten Dolman, ein Kürassieroffizier zu Pferd und ein Gardegrenadier mit aufgepflanztem Bajonett im Sturmschritt sind nach dem Vorbild französischer Soldaten der Zeit gestaltet. Die vier bayerischen Figuren sind wie die preußischen etwas kleiner und weniger detailliert ausgeführt. Ein Chevauxleger zu Pferd und ein Infanteriehauptmann sind nicht näher bezeichnet, die beiden anderen bayerischen Figuren mit individueller Physiognomie sind jedoch eindeutig: Der General mit den Bruststernen und dem Kotelettenbart (Standplatte unten: Maximilian II.) stellt den bayerischen König dar. Der General mit dem Zweispitz und der typischen Barttracht (Standplatte unten: »A. v. d. Tann«) ist als Ludwig Arthur Samson Heinrich Freiherr von und zu der Tann (1815–1881) zu identifizieren. Er war Patensohn König Ludwigs I. und Adjutant König Maximilians II. 1855 wurde er zum Generalmajor befördert. Konservative Kreise lasteten ihm als Generalstabschef der süddeutschen Armee den verlorenen Krieg 1866 an, 1870 im Krieg gegen Frankreich wurde er in Bayern und Preußen für die Besetzung Orléans als Kriegsheld gefeiert. Namentlich bezeichnet sind der stehende sowie der galoppierende Kavallerieoffizier (Standplatte jeweils unten: »Fichtenstann«), der Uniform nach ein »berittener Jäger«. Die vier weiteren Figuren tragen preußisch-blaue Uniformen. Die zwei anderen haben individuelle Gesichtszüge und Ordensdekorationen, sodass von einem klar definierten Personenvorbild ausgegangen werden muss. Die alte Reparatur des Pferde-Standfußes des berittenen Jägers durch eine Drahtspirale weist auf die nicht immer behutsame Spielweise der Prinzen hin, bei denen es auch sehr beliebt war, »schönen großen plastisch gearbeiteten Zinnsoldaten die Köpfe umzudrehen«, wie sich die Schriftstellerin Helene von Dönniges (1843–1911) als »erlesene Spielkameradin des Kronprinzen« Ludwig erinnert. FRD

44 Knabenarmbrust mit Wippe

St. Wagner (?), München, ca. 1850/1865

Nussbaum, Metalle, L 68 B 44 cm

Wittelsbacher Ausgleichsfonds München, W VIII 13

Armbrust mit Stahlbügel und original geflochtener Hanfsehne, vorderseitige Hängöse. Säule in Gewehrschaft endend

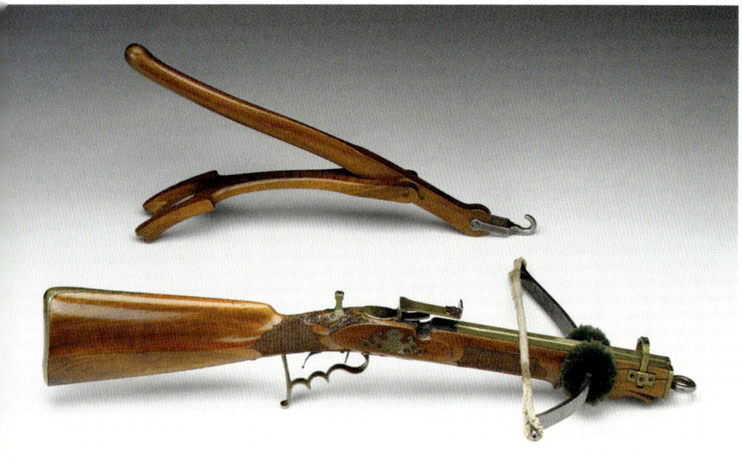

mit bayerischer Falzbacke und geschnitztem Blütendekor. Bolzenrinne aus Metall. Dioptersockel, Abzug mit Stecher, gefingerter Abzugsbügel. Alte Reparaturen. Seitlich gestochene Messing-Intarsie mit Blattdekor und S-Ornament in Adlerköpfen endend. Bekröntes »L«-Monogramm. Zugehörige Holzwippe.

Die Armbrust, die für das Mittelalter typische Waffe, lebte weiter als Jagd- und Sportgerät. Die Mittelalterbegeisterung des 19. Jahrhunderts machte sie besonders beliebt bei deutschgesinnten Vereinen. Im städtischen »Bildungsbürgertum« entstanden Armbrustschützengilden als gesellige Sportvereine in historisierender Tracht, die sich auf lokale mittelalterliche Wurzeln berufen konnten. Ein prominenter Armbrustschütze war Johann Wolfgang von Goethe, der Mitglied im Weimarer Schützenhaus war. König Max I. Joseph erhielt bei seinem Besuch der Augsburger Stahlschützen am 1. August 1824 eine Armbrust. Sie befindet sich heute im Bayerischen Nationalmuseum. Auch König Maximilian II. von Bayern wurde 1849 von der Augsburger Stahlschützengesellschaft eine Armbrust überreicht.Die ausgestellte Knabenarmbrust ist der Schäftung und der Visierung nach mit einer zeitgleichen Schusswaffe zu vergleichen, die möglicherweise Kronprinz Ludwig (später König Ludwig II.) oder seinen Vettern Prinz Ludwig (später König Ludwig III.) und Prinz Leopold gehörte. FRD

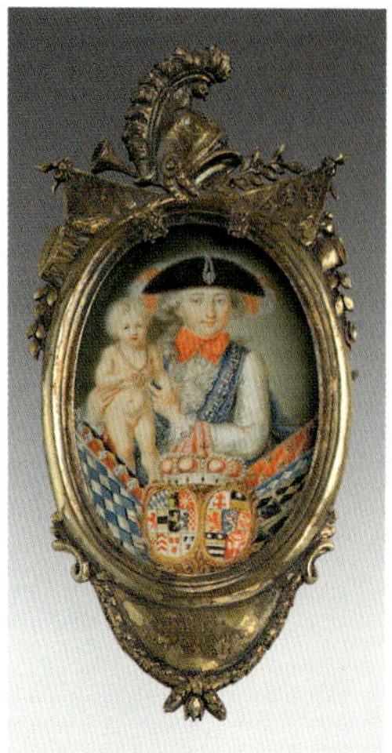

45 Pfalzgraf Max Joseph von Zweibrücken und sein erstgeborener Sohn Ludwig

Mannheim, 1786
Medaillon mit Porträtminiatur, Gouache auf Elfenbein, unter Glas, silbernes Gehäuse und Rahmen,
H 17,7 B 8,8 cm
Wittelsbacher Ausgleichsfonds München, B III a 56

Auf dieser detailreichen Miniatur trägt Pfalzgraf Max Joseph, der spätere König Max I. Joseph von Bayern, die Tracht des Großpriors des Königlich Bayerischen Hausritterordens vom Heiligen Georg. Mit seiner linken Hand stützt er seinen kleinen Sohn Ludwig, mit der rechten weist er auf das Medaillon mit der Initiale »L«, das an einer Kette um den Hals des kleinen Ludwigs, dem späteren König Ludwig I. von Bayern, hängt. Im unteren Bereich des Ovals sind, bekrönt von einem Fürstenhut, die Allianzwappen der Familien Max Josephs und seiner Frau Auguste Wilhelmine dargestellt: links das Wappen von Zweibrücken-Birkenfeld, rechts das von Hessen-Darmstadt. Zu beiden Seiten hängen die Fahnen Bayerns mit den weiß-blauen Rauten, Münchens mit dem Münchner Kindl und Frankreichs mit den Lilien der Bourbonen. Die Rahmenkartusche mit Trophäen wird oben mit einem antikisierenden Helm bekrönt, auf dem das Monogramm MJ zu sehen ist. Links und rechts sind eine weitere bayerische und eine französische Fahne angebracht, darunter hängen über den Rahmen der Georgsritterorden und der französische St.-Louis-Orden. Im unteren Rahmenteil ist unter dem Oval, umgeben von einer Blattgirlande, folgende Inschrift zu lesen: »aMICI VIVat LVDoVICVs IobaVarla« (Freunde, es lebe Ludwig, hoch lebe Bayern). Die Großbuchstaben daraus ergeben als Chronogramm gelesen das Jahr 1786.Die Darstellung bezieht sich auf ein überliefertes Wort des Pfalzgrafen. »Da seht Ihr meinen teuren Sohn, saget den Euren zu Haus, dass ich Sie nicht minder liebe als ihn«, soll Max Joseph beim Empfang der Münchner Bürgervertreter,

Stadtkämmerer Reindl und Kaufmann Joseph Hepp, gesagt haben. SuSa

46 Büste König Max I. Joseph von Bayern
Unbekannter Künstler, nach Johann Baptist Stiglmaier, München, um 1825
Bronze, vergoldet, H 19 cm
Wittelsbacher Ausgleichsfonds München, P II 81

Die Büste mit der Sockelinschrift »MAXIMILIAN IOSEPH KÖNIG VON BAYERN« stellt den ersten bayerischen König dar. Als Kurfürst Max IV. Joseph hatte er im Februar 1799 die Nachfolge des kinderlosen Karl IV. Theodor in Bayern angetreten. Der aus der Linie Zweibrücken-Birkenfeld stammende Max Joseph (1756–1825) wuchs im französischen Straßburg auf und war bis zum Ausbruch der Revolution Oberst in der französischen Armee von König Ludwig XVI. 1785 vermählte er sich mit Auguste Wilhelmine von Hessen-Darmstadt (1765–1796), nach ihrem Tod 1797 mit Karoline von Baden (1776–1841). Für die Bündnistreue des Kurfürsten zu Frankreich wurde Bayern am 1. Januar 1806 zu einem erblichen Königreich mit voller Souveränität erhoben und unter anderem mit den säkularisierten Bistümern Brixen, Trient, Eichstätt und Passau sowie der freien Reichsstadt Augsburg belohnt.

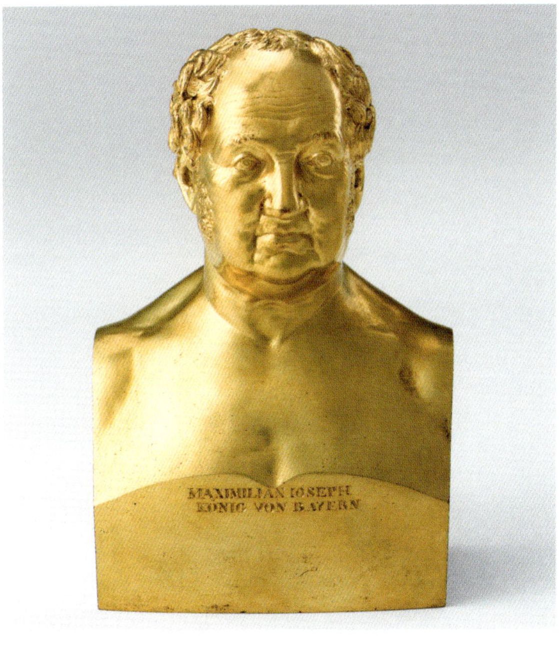

1808 reichte das Königreich Bayern von Lauenstein an der thüringischen Grenze bis zum Gardasee. König Max I. Joseph widmete sich vor allem der Modernisierung Bayerns und dem Aufbau eines funktionierenden Beamtenapparats. 1818 erließ er eine Verfassung, die das Königreich Bayern in eine konstitutionelle Monarchie verwandelte. Diese Verfassung blieb bis zum Ende des bayerischen Königreichs 1918 wirksam. Der sehr beliebte König wurde volkstümlich »guter Vater Max« genannt. Die bronzevergoldete Büste eines unbekannten Künstlers ist nach dem Vorbild einer 1825 entstandenen, größeren Bronzebüste aus der Werkstatt des Münchner Erzgießers Johann Baptist Stiglmaier (1791–1844) geschaffen. LL

47 Porträt König Max I. Joseph und Königin Karoline von Bayern vor Würzburg
Franz Theodor Berg, 1818
Öl auf Eichenholz, H 49,5 B 38,5 cm
Wittelsbacher Ausgleichsfonds München, B I a 31

Das Königspaar sitzt nebeneinander auf einer Bank vor dicht gewachsenem Buschwerk, das sich wie eine Laube über dem Paar gebildet hat. Der König ist mit einem Redingote und Reitstiefeln bekleidet, den Zylinder in seiner beringten Rechten auf seinem Schoß haltend. Die Königin trägt ein rotes, »altdeutsch« geschnittenes Kleid mit weißen Verzierungen an Schultern und Saum. Die schwere Gliederkette mit einem Kreuzanhänger und das Diadem auf ihren Haaren sind Hinweise auf ihre königliche Würde. In der linken Hand hält sie einen Schirm, während sie in der rechten, sich auf den Unterarm ihres Mannes stützend, ein Lorgnon hält. Im Hintergrund öffnet sich das Laub und gibt den Blick frei auf die Marienveste in Würzburg. Das Gemälde ist auf der Rückseite bezeichnet: »Maximilian Joseph Friederike Wilhelmine Caroline König und Königin von Baiern«. EvH

48 Porträt Kronprinz Ludwig und Kronprinzessin Therese von Bayern vor Aschaffenburg
Franz Theodor Berg, 1818
Öl auf Eichenholz, H 49 B 38,5 cm
Wittelsbacher Ausgleichsfonds München, B I a 32

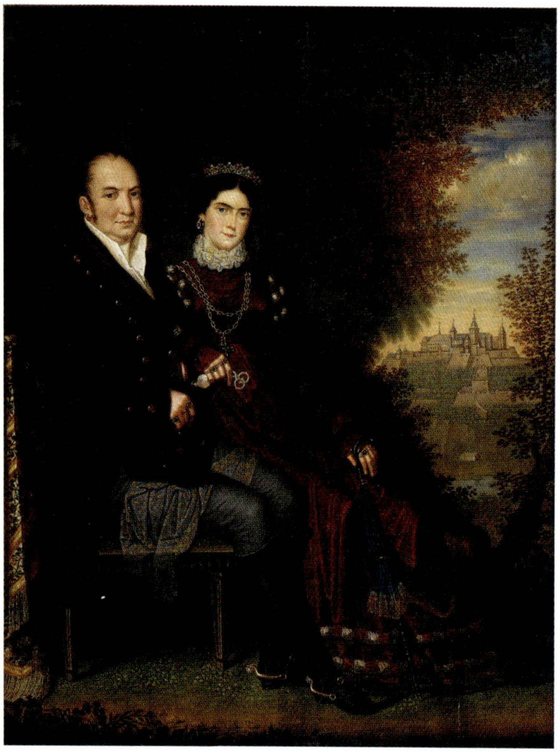

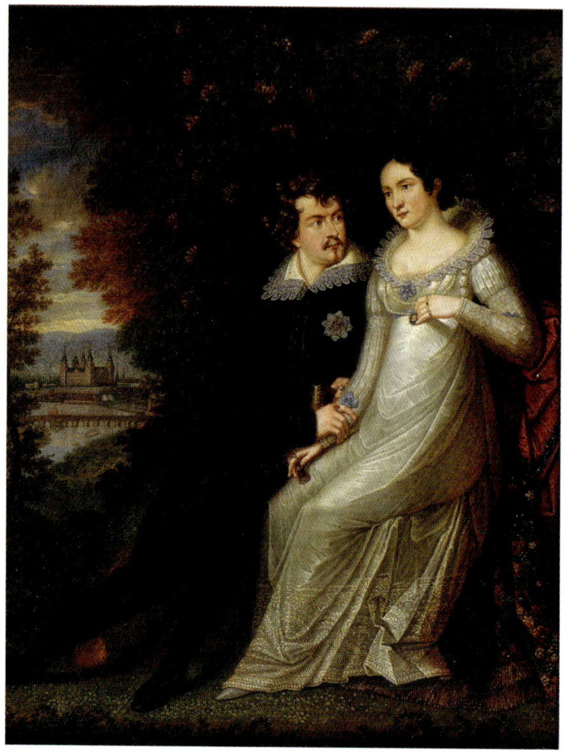

Das Kronprinzenpaar sitzt unter einer Geißblattlaube, die sich zur linken Bildseite lichtet und den Blick auf Schloss Aschaffenburg, die Residenz des Kronprinzen freigibt. Die Kronprinzessin trägt ein weißes Atlaskleid mit Spitzenkragen und kleinen, blauen Schleifen, das der Mode der Zeit entsprechend weit ausgeschnitten, unter der Brust geschnürt, in fließenden Bahnen ihre Konturen sichtbar werden lässt. In der Hand hält sie eine Bildnisminiatur ihres Mannes. Dieser sitzt zu ihrer Rechten, den Blick auf sie gerichtet und ihre Hand umschließend. Der Kronprinz trägt die schwarze »altdeutsche« Tracht eines Hubertusritters mit großem Bruststern und weißem Spitzenkragen. Ist die Geißblattlaube zunächst ein deutlicher Verweis auf das Hochzeitsbild von Rubens, können die beiden Doppelbildnisse auch in propagandistischer Intention bei F. T. Berg in Auftrag gegeben worden sein. Die signifikanten Stadtansichten der Würzburger Veste und des Aschaffenburger Schlosses könnten dann die Verbundenheit des Königshauses zu den neu hinzugekommenen Regionen des Königreichs belegen. Auch dieses Doppelbildnis ist auf der Rückseite bezeichnet: »Kronprinz Ludwig und Theresia«. EvH

49 Porträt König Otto von Griechenland in griechischer Tracht

Joseph Bernhardt, nach Joseph Stieler, München, nach 1832

Öl auf Leinwand, H 72,5 B 58,5 cm

Wittelsbacher Ausgleichsfonds München, B I a 326

Das griechische Königtum der Wittelsbacher kam auf der Basis einer nationalrevolutionären Erhebung zustande. Nach Beendigung des griechischen Freiheitskampfes gegen die Türken, suchten die Sieger einen geeigneten Thronkandidaten. Die regierenden Familien der drei Schutzmächte England, Frankreich und Russland hatten dabei ihre Mitglieder ausgeschlossen. So fiel die Wahl 1832 auf den jungen Prinzen Otto, den zweiten Sohn König Ludwigs I., der als Philhellene schon früh für den Befreiungskampf der Griechen eingetreten war. Auf einer englischen Fregatte reiste Otto im Winter 1832/33 in die provisorische Hauptstadt Nauplia auf dem Peloponnes. 1834 wurde der Regierungssitz nach Athen verlegt. Für den noch minderjährigen Otto regierte bis 1835 ein Regentschaftsrat. Dieser schuf die administrativen Grundlagen des modernen Griechenlands, da das entvölkerte und heruntergewirtschaftete Land keine Verwaltung mehr besaß. König Otto gelang es, mit einer funktionierenden Verwaltung, der Schulpflicht, dem Militärdienst und einem Rechtssystem kulturelle und politische Grundlagen für einen funktionierenden Staat zu schaffen. Allerdings belasteten Klientelsystem und ausländische Darlehen die Staatsfinanzen. Darüber hinaus empfand man die Bayern als Fremde und die Abhängigkeit des jungen Königreichs von den ausländischen »Schutzmächten« als problematisch. 1843 kam es zu einer Militärrevolte, die dem absolutistisch denkenden König das Versprechen der 1844 sanktionierten Verfassung abzwang. In den folgenden Jahren etablierte sich eine frühe Form von Parlamentarismus.

Dynastische Schwierigkeiten warf die Kinderlosigkeit des Königspaares auf, zumal die Verfassung von 1844 einen griechisch-orthodoxen Thronfolger verlangte, die Brüder Ottos aber sich weigerten, zu konvertieren. Schließlich kam es 1862 zum Sturz Ottos; mit seinem Nachfolger Georg I. (1845–1913) ging die Thronfolge an das Haus Schleswig-Holstein-Sonderborg. Zurück in Bayern bezogen Otto und Amalie mit ihrem etwa 50 Personen umfassenden griechischen Hofstaat die fürstbischöfliche Residenz in Bamberg.

Auf dem Gemälde ist Otto in griechischer Tracht dargestellt. Das Königspaar, das die nationale Identität mit einer romantisch-verklärenden Antikenverehrung förderte und perfekt griechisch sprach, versuchte, eine »Nationaltracht« durchzusetzen. König Otto und seine Garde traten in einer Abwandlung der Festlandstracht auf. Dazu gehörte der Fustanella, der knielange weiße Männerrock. Königin Amalie trug eine »Frauentracht«, die aus Kleidungselementen verschiedener Regionen mit frei erfundenen Zutaten zusammengestellt war. Auch in Bamberg waren sie und ihr Hofstaat in griechische Trachten gekleidet. Abends konversierte man zwei Stunden lang ausschließlich auf Griechisch. LL

50 Porträt Königin Amalia von Griechenland, geborene Herzogin von Oldenburg

Joseph Bernhardt, nach Joseph Stieler, München, 1836/37

Öl auf Leinwand, H 74 B 58,5 cm

Wittelsbacher Ausgleichsfonds München, B I a 225

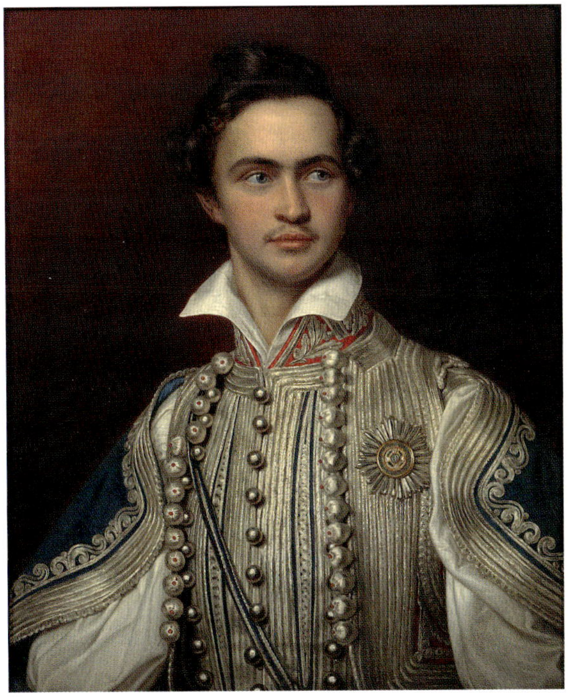

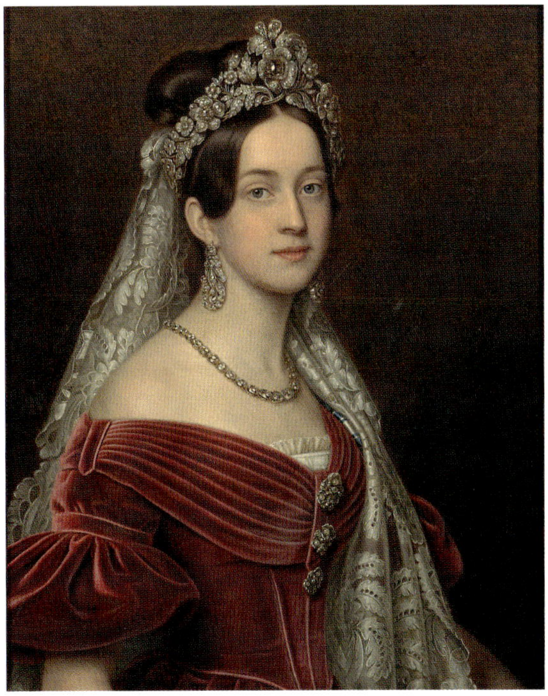

Ebenbürtigkeit, Konfessionsfragen, europäisches Prestige und außenpolitische Interessen spielten bei Familienverbindungen wie der Verheiratung der Kinder die wichtigste Rolle, als nach dem Ende der napoleonischen Herrschaft wieder Normalität an den europäischen Höfen einkehrte. Die Vermählung seines Sohnes Otto, der als schwierig, entscheidungsschwach und schwerblütig galt, war Ludwig I. ein besonderes Anliegen. Er hoffte, damit Ottos Persönlichkeit für seine große Aufgabe in Griechenland zu festigen. Gedacht war dabei an eine protestantische Prinzessin, weil man hier keine Einwände gegen die zugesagte orthodoxe Taufe des erhofften Nachwuchses erwartete. Otto, der in Begleitung seiner Mutter auf Brautschau ging, fand schließlich in Herzogin Amalia von Oldenburg die geeignete Kandidatin. Das Paar heiratete 1836 in Oldenburg.

Über diese Hochzeit war Zar Nikolaus I. hocherfreut, da die Braut mit dem Zarenhaus verwandt war. Als Königin engagierte Amalia sich sozial, interessierte sich für die moderne Landwirtschaft und vertrat Otto als Regentin während seiner Abwesenheit. Ihren kleinen griechischen Hofstaat in Bamberg führte sie nach dem Tod ihres Mannes im Juli 1867 bis zu ihrem eigenen im Mai 1875.

Beide Porträts, rückseitig mit einem Aufkleber versehen, der Künstler und Dargestellte mit ihren Titeln benennt, wurden von dem Münchner Maler Joseph Bernhardt angefertigt. Er war ein Schüler Joseph Karl Stielers, der, 1820 von König Ludwig I. zum Hofmaler ernannt, von 1827 bis 1850 die Porträts der Schönheitsgalerie in Schloss Nymphenburg anfertigte. Bernhardt war ein wichtiger Vertreter der Biedermeiermalerei, die er mit seinem von französischen Vorbildern beeinflussten Porträtstil entscheidend veränderte. Zu seinen Auftraggebern gehörten neben Otto auch König Ludwig I. und König Ludwig II. sowie Prinzregent Luitpold. Kennzeichnend für seine Werke sind die Verwendung satter, naturalistisch wirkender Farben und eine detailreiche Ausführung. Das Ende des Biedermeier wurde mit der Revolution von 1848 eingeleitet, bis es schließlich ganz aus der Mode kam. Bernhardt war als Bildnismaler nicht mehr gefragt und trat 1865 die Stelle des Schlossverwalters im unterfränkischen Aschaffenburg an. LL

51 Die bayerische Königsfamilie im Jahr 1860

Postkarte, 1910, nach einem Foto von Joseph Albert
H 8,4 B 13,5 cm
Haus der Bayerischen Geschichte Augsburg, bapo 4910
Reproduktion

Die Postkarte zeigt »Die königliche Familie im Jahr 1860«. Kronprinz Ludwig, Königin Marie, König Maximilian II. und der zweitgeborene Prinz Otto posieren wie auf einer Bühne vermutlich im Atelier des königlichen Hoffotografen Joseph Albert. Die Postkarte wurde nach der fotografischen Vorlage um 1910 beim Verleger Joseph Paul Böhm in München publiziert.

Das neue Medium Fotografie änderte im 19. Jahrhundert die Wahrnehmung der Königsfamilie in der Bevölkerung. Durch die Fotografie nahm eine viel breitere Öffentlichkeit auch am Alltag des Monarchen teil. Während die gemalten Porträts der Herrscher bis in die 1840er Jahre noch überwiegend repräsentativen Charakter hatten, zeigten die fotografischen Porträts den König auch im Kreise seiner Familie oder bei der Jagd und ähnlichen Freizeitbeschäftigungen. Die weite Verbreitung dieser familiären Fotoporträts trug dazu bei, eine emotionale Bindung zwischen Königshaus und Untertanen zu schaffen. Der 1857 zum Hoffotografen ernannte Joseph Albert wurde mit zahlreichen Auszeichnungen und Orden geehrt. Von Zar Alexander III. erhielt er 1866 den Titel eines Kaiserlich Russischen Hof-Photographen. Schon sehr früh arbeitete er mit einem von Justus von Liebig entwickelten Vergrößerungsapparat und entwickelte selbst das sogenannte Schnelldruckverfahren, den Lichtdruck, mit dem Fotografien wesentlich schneller kopiert werden konnten als dies mithilfe

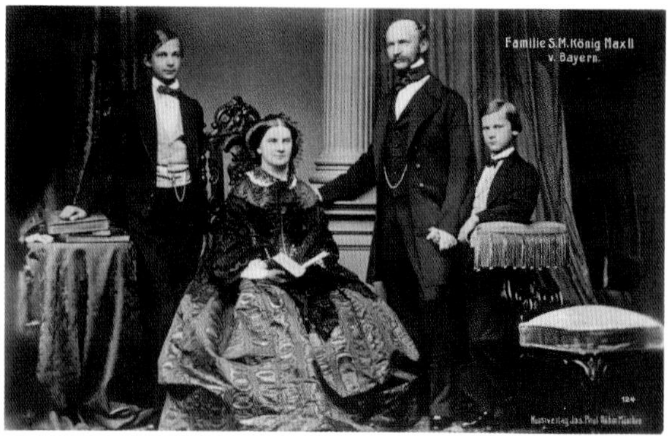

des Negativs möglich war. Ab 1870 setzte er sich auch intensiv mit der frühen Farbfotografie auseinander. SuSa

52 König Ludwig II. von Bayern

Fotografie, Joseph Albert, München, 1865

H 27 B 23 cm

Bayerisches Hauptstaatsarchiv München, Geheimes Hausarchiv, Wittelsbacher Bildersammlung König Ludwig II. 17/18

Reproduktion

Während die ersten Daguerreotypien noch sehr kostspielige Einzelstücke waren, wurden die Fotografien ab Mitte des 19. Jahrhunderts durch die Erfindung des nassen Kollodiumverfahrens günstiger und auch für eine breitere Öffentlichkeit erschwinglich. Zunehmend kam es in Mode, Fotos, sogenannte Visitenkartenbilder, von sich zu verschenken. Joseph Albert war häufig Gast bei König Maximilian II. und seiner Familie und auch unter König Ludwig II. als Fotograf am königlichen Hof tätig. Ludwig II. wollte sich seinen Untertanen so vorteilhaft wie möglich präsentieren, und tat dies neben den offiziellen Staatsporträts in Öl vor allem mittels der Porträtfotografie. In den Tagen, die auf seine Erhebung zum König folgten, wurden Tausende von seinen Fotoporträts verkauft und in den Schaufenstern der Geschäfte ausgestellt. Auch Wagner hatte seinen zukünftigen Mäzen zuerst auf einem Foto in einem Münchner Schaufenster gesehen.

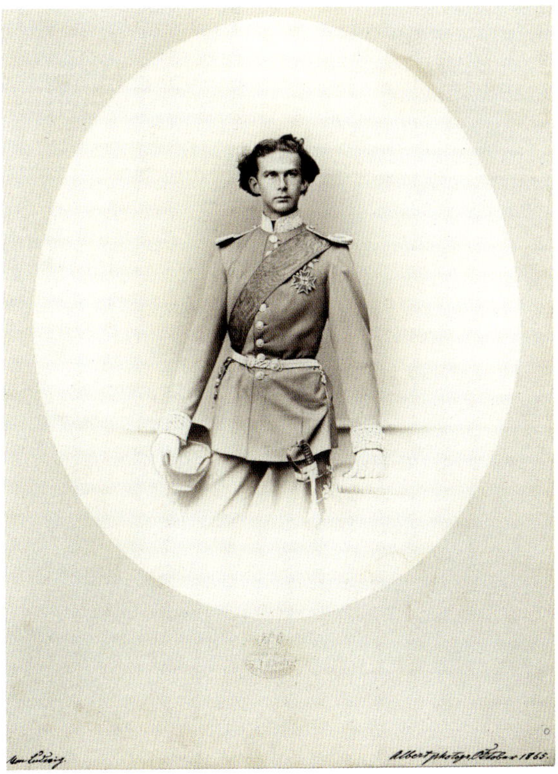

In den ersten Regierungsjahren König Ludwigs II. entstanden zahlreiche Aufnahmen, die ihn nicht nur in Uniform oder als Großmeister des Königlich Bayerischen Hausritterordens vom Heiligen Georg zeigten, sondern auch in privater Atmosphäre allein, im Kreis der Familie oder mit Freunden. Auf diesem Foto trägt der junge König die bayerische Generalsuniform. Als Regent war er auch oberster Kriegsherr, eine Aufgabe, die Ludwig II. mit seinem verträumten, musischen Naturell ablehnte. Ludwig II. trat sein Amt in politisch schwierigen Zeiten an und vertraute bereits 1866 seinem Freund Wagner erste Rückzugsgedanken an. Da sich der Zustand seines Bruders jedoch zusehends verschlechterte, verwarf er diese Gedanken und blieb bis zu seinem Tod 1886 König von Bayern. SuSa

53 Prinz Otto von Bayern, Bruder König Ludwigs II.

Fotopostkarte, nach einer Fotografie von Franz Hanfstaengl, München, um 1866

H 15,2 B 9 cm

Bayerisches Hauptstaatsarchiv München, Geheimes Hausarchiv, Wittelsbacher Bildersammlung König Otto 16/17 b

Reproduktion

Die Fotografie zeigt Prinz Otto als etwa 18-jährigen jungen Mann in Uniform mit ernstem Gesichtsausdruck und in die Ferne gerichtetem Blick. Otto war als nachgeborener Bruder Ludwigs II. zum Militärdienst ausgebildet worden und musste an den Kriegen von 1866 und 1870/71 teilnehmen. Als Kind war er im Gegensatz zu seinem Bruder eher von unbekümmerter und fröhlicher Natur gewesen. Die Kriege hinterließen jedoch tiefe Spuren in seiner Psyche. Schließlich wurde er zunächst in Schloss Nymphenburg, dann in Schloss Fürstenried bei München von der Außenwelt abgeschirmt und psychiatrisch betreut. Behandelt wurde er von dem renommierten

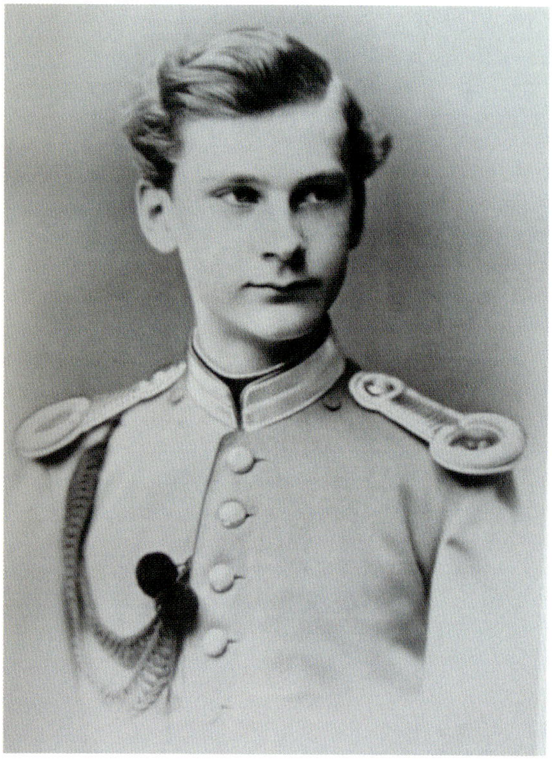

Psychiater Bernhard von Gudden, der 1886 auch Ludwig II. für geisteskrank erklärte. Prinz Otto war nach dem Tod des Bruders am 13. Juni 1886 dessen eigentlicher Nachfolger als König. Da er seit 1876 unter ärztlicher Aufsicht stand und regierungsunfähig war, wurde sein Onkel Luitpold als Prinzregent mit den Amtsgeschäften betraut. Erst Luitpolds Sohn Ludwig erwirkte eine Verfassungsänderung, durch die er 1913 zum König proklamiert werden konnte, obwohl Otto noch lebte. Franz Hanfstaengl war, als er 1852 zu fotografieren begann, bereits ein berühmter Lithograph. Er machte sich die neue Technik schnell zu eigen und schuf Fotografien von höchster technischer und künstlerischer Qualität: individuell gestaltete Porträts berühmter Persönlichkeiten, eine Reihe von Münchner Ansichten sowie eine der ersten Fotoreportagen vom Aufbau des Glaspalastes 1854 in München. Sein Ruf als ausgezeichneter Fotograf veranlasste die Leipziger »Illustrierte Zeitung« 1858 zu dem Satz, dass ein »einigermaßen hervorragender Fremder«, der nach München reist und sich nicht von Hanfstaengl fotografieren lässt, überhaupt nicht in München gewesen ist. SuSa

54 König Ludwig II. von Bayern mit seiner Verlobten Herzogin Sophie Charlotte in Bayern

Fotopostkarte, nach einer Fotografie von Joseph Albert, München, 30. Januar 1867
H 18 B 13 cm
Bayerisches Hauptstaatsarchiv München, Geheimes Hausarchiv, Wittelsbacher Bildersammlung Ludwig II. 25/28
Reproduktion

Das Foto von Joseph Albert zeigt Ludwig II. in bürgerlicher Kleidung. An seinem rechten Arm hat sich seine Braut Sophie eingehakt, die er kaum zu bemerken scheint. Sophie lächelt den Betrachter freundlich an, Ludwigs Blick verliert sich in der Ferne. Sie waren sich 1866 nähergekommen, als der König öfter in Possenhofen zu Besuch war. Sophie war die jüngste Schwester von Elisabeth, der Kaiserin von Österreich, und teilte Ludwigs Leidenschaft für Wagner. Sophies Mutter Ludovika hatte für dieses Verhältnis kein Verständnis und untersagte, da der König keine Heiratsabsichten äußerte, den beiden jeden Briefkontakt. Sophie schien sich jedoch in ihren

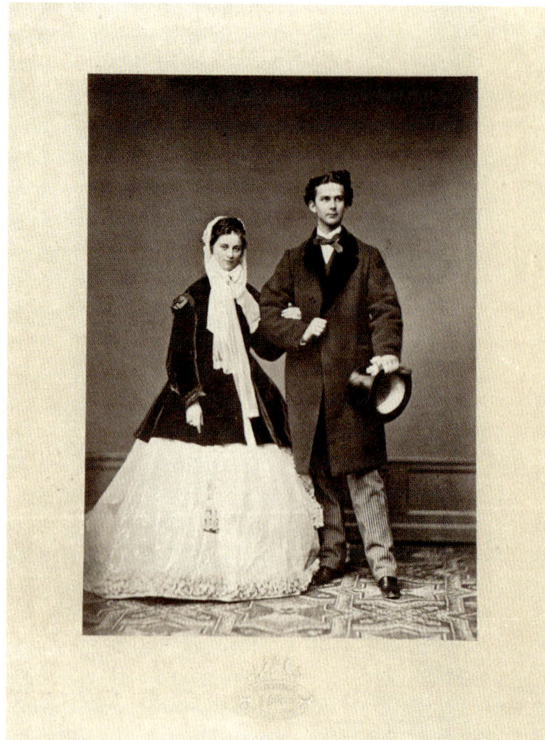

Großcousin verliebt zu haben und litt unter der Situation. Ludwig war berührt, seine Freundin so unglücklich zu sehen, und hielt um ihre Hand an. Den Hochzeitstermin ließ er mehrmals verschieben, bis er im Oktober 1867 seiner Braut schließlich gestand, dass »treue, innige Bruderliebe« in ihm wurzele, nicht aber »die Liebe, die zur Vereinigung in der Ehe erforderlich ist«. Schon kurz nach Aufhebung der Verlobung verliebte sich Sophie in den jungen Edgar Hanfstaengl, den Sohn des Fotografen Franz Hanfstaengl, wurde aber letztendlich mit Herzog Ferdinand von Alençon verheiratet, mit dem sie auch nicht glücklich wurde. 1881 trat sie in Paris in den Dritten Orden der Dominikaner ein, ein Laienorden, der sich karitativen Werken widmet. Als auf einem Wohltätigkeitsbazar in Paris 1897 ein Feuer ausbrach, rettete sie vielen Menschen das Leben, während sie selbst in den Flammen den Tod fand. SuSa

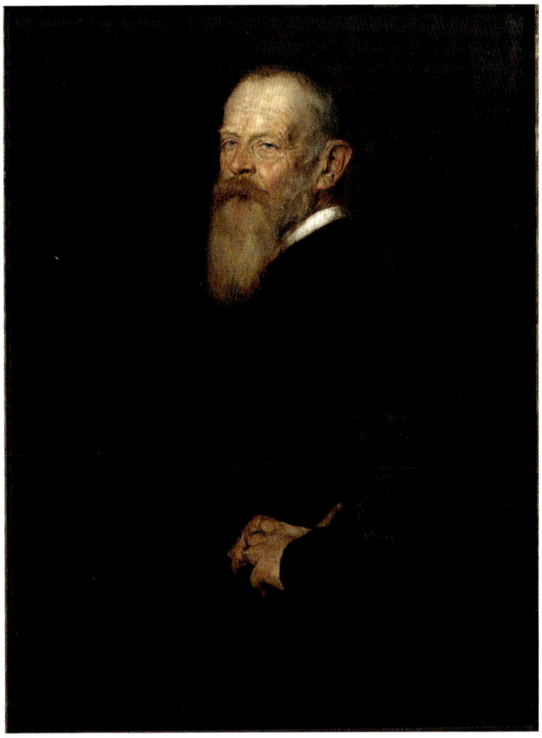

55 Porträt Prinzregent Luitpold von Bayern

Franz von Lenbach, München, 1890

Öl auf Leinwand, H 100 B 75 cm

Wittelsbacher Ausgleichsfonds München, B I a 216

Prinzregent Luitpold (1821–1912) war das fünfte Kind König Ludwigs I. Nach der Entmündigung und dem Tod König Ludwigs II. übernahm er die Regentschaft in Vertretung für Otto, den regierungsunfähigen Bruder Ludwigs II.

Lenbach zeigt ihn barhäuptig in dunkler, ziviler Kleidung. Auffällig ist die Lichtführung, die die fein gezeichnete Gesichtspartie, besonders die Stirn, den langen Bart und den weißen Kragen, in nahezu fotografischer Genauigkeit zeigen. Die linke Hand auf die Hüfte, die rechte auf einen Stock gestützt, blickt er über den Betrachter hinweg aus dem Bild. Die in dunklem Braun gehaltene Farbpalette des Porträts erinnert an Rembrandt, den Lenbach als den Bildnismaler der Kunstgeschichte am meisten schätzte. Eine fast identische, etwas kleinere Fassung dieses Gemäldes, das für die vom Künstler angelegte Galerie berühmter Zeitgenossen in Lenbachs Atelierräumen gedacht gewesen sein könnte, befindet sich heute in der Städtischen Galerie im Lenbachhaus in München.

Franz von Lenbach (1836–1904) hat die Könige Ludwig I., Ludwig II. sowie die Familie des Kronprinzen und späteren Königs Ludwig III. porträtiert; den Prinzregenten malte Lenbach auch als Jäger, als welcher der volkstümliche Prinzregent in der Öffentlichkeit am ehesten bekannt war. Lenbach war einer der bekanntesten Porträtisten seiner Zeit. Bei ihm ließen sich fast alle berühmten Zeitgenossen aus den regierenden Häusern Europas, der Kirche, aber auch aus Politik, Wirtschaft, Kunst und Wissenschaft porträtieren. Das bekannteste ist wohl das Porträt des Reichskanzlers Otto von Bismarck von 1890, dessen Kopien in Amtsstuben und Privathaushalten hingen.

Das Neue an der Porträtkunst Lenbachs beschrieb sein Zeitgenosse Friedrich Pecht mit »dem fast photographischen Auge, (das) die Persönlichkeit schmucklos nüchtern aber mit dem stärksten Lebensgefühl« wiedergab. Ohne die zu diesem Zeitpunkt schon hoch entwickelte Fotografie wäre die Arbeit Lenbachs nicht denkbar. So konnte er sein Modell von mehreren Seiten und in unterschiedlichen Posen fotografieren und dann in Skizzen die beste Position für das auszuführende Bildnis wählen. Auch das hier gezeigt Porträt wurde über einer gepausten Vorlage gemalt. EvH

56 König Ludwig III. von Bayern am Schreibtisch in Schloss Wildenwart
Fotografie, 1920
H 13,6, B 18,4 cm
Bayerisches Hauptstaatsarchiv München, Geheimes Hausarchiv, Wittelsbacher Bildersammlung König Ludwig III. 100/108 b
Reproduktion

Das Foto zeigt König Ludwig III. am Schreibtisch seines Arbeitszimmers in Schloss Wildenwart am Chiemsee. Das Schloss kam 1862 in den Besitz der Familie, als es von Herzog Franz V. von Modena, Erzherzog von Österreich-Este und seiner Frau Adelgunde von Bayern gekauft wurde und schließlich an König Ludwig III. und seine Familie gelangte. Ludwig war der älteste Sohn des Prinzregenten Luitpold und nur ein halbes Jahr älter als sein Cousin König Ludwig II. Nach dem Tod seines Vaters am 12. Dezember 1912 übernahm er im Alter von 67 Jahren als neuer Prinzregent die Regierungsgeschäfte, auf die er sich während der 27 Jahre dauernden Regierung seines Vaters ausführlich hatte vorbereiten können. Formell war nach wie vor Otto I., der psychisch kranke Bruder Ludwigs II., bayerischer König. Die bayerische Regierung und einzelne Persönlichkeiten des politischen Lebens wollten aber einen regierungsfähigen König. Und so trat schließlich die ausführlich diskutierte Verfassungsänderung zur Absetzung Ottos I. in Kraft und Ludwig wurde am 5. November 1913 zum neuen König von Bayern proklamiert. Die kurze Regierungszeit Ludwigs III. war durch den Ersten Weltkrieg geprägt. Dem letzten bayerischen König gelang es nicht, die Krise der Monarchie und die kriegsbedingten wirtschaftlichen Probleme und sozialen Spannungen zu lösen. Noch am 7. November 1918 wurde der königlichen Familie anlässlich der Friedensdemonstration auf der Münchner Theresienwiese ans Herz gelegt, die Residenzstadt zu verlassen. Der König floh mit seiner Gemahlin nach Schloss Anif bei Salzburg. Dort entband er zwar all seine Soldaten und Beamten vom Treueeid, dankte aber nicht ab. Er kehrte erst als Leichnam 1921 zusammen mit seiner bereits 1919 verstorbenen Frau wieder nach München zurück, wo beide mit königlichen Ehren in der Familiengruft der Frauenkirche beigesetzt wurden. SuSa

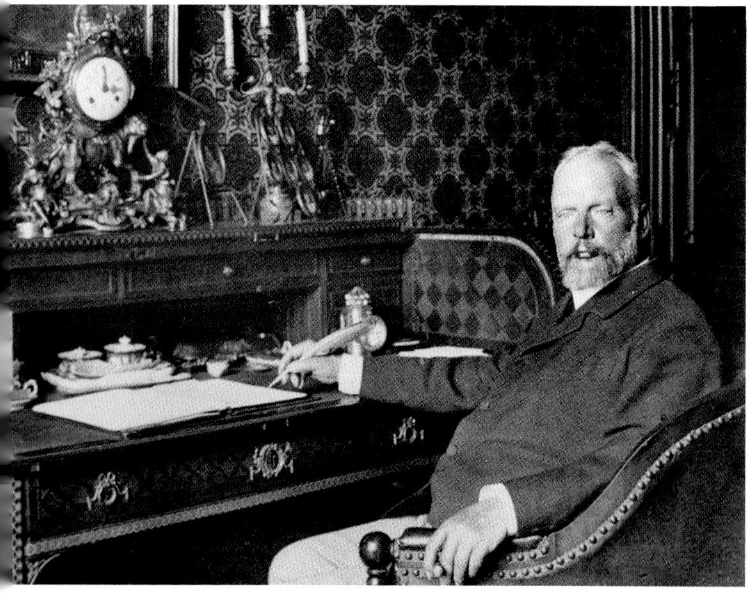

57 Königin Marie Therese von Bayern mit ihren Kindern im Jahre 1888
Fotografie, Fotoatelier Joseph Albert, München, 4. April 1888
H 11,2 B 16,3 cm
Bayerisches Hauptstaatsarchiv München, Geheimes Hausarchiv, Wittelsbacher Bildersammlung Königin Marie Therese 8/8 b
Reproduktion

Das Foto zeigt Erzherzogin Marie Therese im Alter von 39 Jahren mit elf ihrer 13 Kinder; dies sind von links nach rechts: Prinz Rupprecht (1869–1955), der Erstgeborene und somit spätere Kronprinz, Prinzessin Adelgunde (1870–1958), spätere Fürstin von Hohenzollern, Prinzessin Maria (1872–1954), spätere Herzogin von Kalabrien, Prinz Karl (1874–1927), Prinz Franz (1875–1957), später verheiratet mit Prinzessin Isabella von Croy, Prinzessin Mathilde (1877–1906), spätere Prinzessin von Sachsen-Coburg-Gotha, Prinz Wolfgang (1879–1895), Prinzessin Hildegard (1881–1948), Prinzessin Wiltrud (1884–1975), spätere Herzogin von Urach, Prinzessin Helmtrud (1886–1977) und Prinzessin

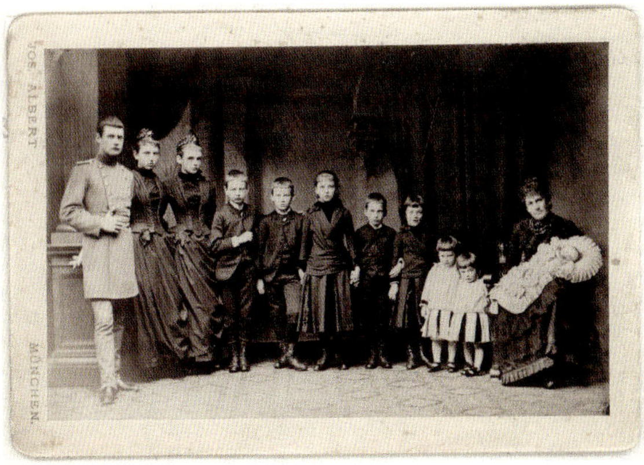

Dietlinde (1888–1889), die bereits ein Jahr nach der Geburt starb. Die am 19. März 1883 geborene Prinzessin Notburga lebte nur fünf Tage. Die jüngste Tochter, Prinzessin Gundelinde (1891–1983), spätere Gräfin von Preysing-Lichtenegg, war zur Zeit der Aufnahme noch nicht geboren.
Marie Therese von Österreich-Este lernte Prinz Ludwig von Bayern, den ältesten Sohn des Prinzregenten Luitpold, mit 19 Jahren kennen. In ihrer über 50 Jahre währenden glücklichen Ehe brachte sie 13 Kinder zur Welt, von denen zehn das Erwachsenenalter erreichten. Mit der Königsproklamation ihres Mannes am 13. November 1913 wurde die Habsburgerin Marie Therese im Alter von 64 Jahren Königin von Bayern. Marie Therese war weitgehend unpolitisch. Sie zog sich lieber in die Natur zurück und beschäftigte sich mit Botanik und Mineralogie, zeichnete und musizierte gern und unternahm große Wanderungen. Sie kümmerte sich nicht nur um ihre eigenen Kinder, sondern setzte sich in verschiedenen wohltätigen Vereinen vor allem für Frauen und Kinder ein und war ab 1889 Leiterin des Bayerischen Roten Kreuzes. Während des Ersten Weltkrieges war sie aktiv in der Kriegsfürsorge, besuchte Lazarette und Hospitäler, richtete in den Nibelungensälen der Residenz eine Kriegsnähstube ein und schickte zusätzliche Nahrungsmittel an die Soldaten ins Feld. Das Foto entstand im Atelier des königlichen Hoffotografen Joseph Albert, der 1888 schon zwei Jahre tot war. Nach Alberts Tod 1886 führte seine Witwe Pauline Albert den Betrieb weiter. SuSa

58 Vier Generationen in Erbfolge: Prinzregent Luitpold, der spätere König Ludwig III., Kronprinz Rupprecht, Erbprinz Luitpold
Fotografie, vor 12.12.1912
H 39,7 B 29,8 cm
Bayerisches Hauptstaatsarchiv München, Geheimes Hausarchiv, Wittelsbacher Bildersammlung König Ludwig III. 154/168
Reproduktion

In den vier Generationen der Wittelsbacher vereinen sich das 19. und das 20. Jahrhundert. Im Stuhl sitzt Prinzregent Luitpold (1821–1912), in der Mitte stehend sein Sohn und zukünftiger König Ludwig III. von Bayern (1845–1921), links in Uniform wiederum dessen Sohn und zukünftiger Kronprinz Rupprecht (1869–1955). Das Kind, das seine Hände auf das Knie des Prinzregenten gelegt hat, ist Prinz Luitpold (1901–1914), der älteste Sohn von Rupprecht und seiner ersten Gemahlin Marie Gabriele. Während sein Vater an der Front

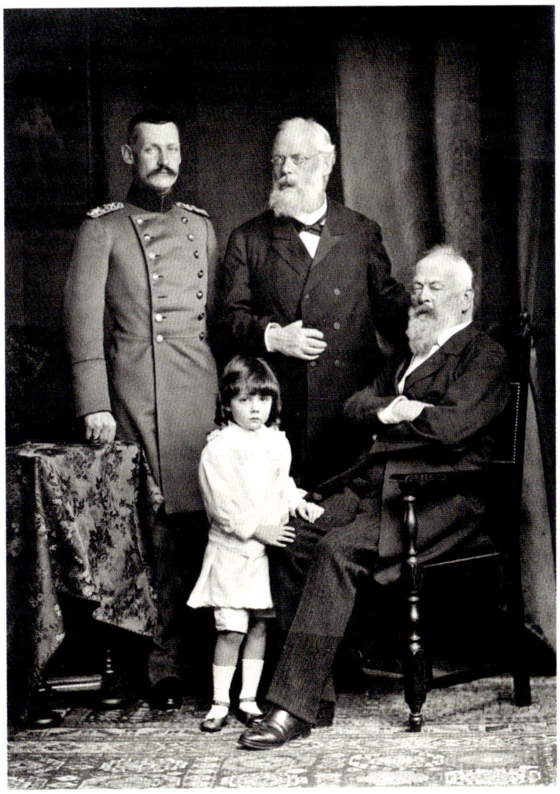

stand, erkrankte er 1914 plötzlich an Kinderlähmung und starb wenige Tage darauf. Auf dem Foto dürfte er vier bis fünf Jahre alt sein. Sein Urgroßvater Luitpold hatte zu dieser Zeit bereits zwanzig Jahre Regierung als Prinzregent hinter sich. Nachdem ihm die Bevölkerung anfänglich wegen der ungeklärten Todesumstände seines Neffen, König Ludwig II., mit Misstrauen begegnet war, wurde ihm zur Zeit der Aufnahme dank seiner leutseligen und volkstümlichen Art wieder Vertrauen entgegengebracht. Nach Luitpolds Tod übernahm sein ältester Sohn Ludwig, der neben ihm steht, die Regierung, zunächst als Prinzregent und ab November 1913 als letzter König Bayerns. Während die beiden Ältesten bürgerliche Kleidung tragen, womit sie auch ihre Interessen und Charaktere zum Ausdruck bringen, trägt der militärisch versierte Kronprinz Rupprecht Uniform. Er hatte als Oberbefehlshaber der 6. deutschen Armee an der Front bald begriffen, dass es sinnvoller wäre, auf einen Verständigungsfrieden hinzuarbeiten. Sein Vater, König Ludwig III., hingegen hoffte noch lange, bei einem Sieg das Elsass der Pfalz angliedern zu können. Letztendlich wurde sein militärischer Optimismus ihm und der Monarchie zum Verhängnis. Kronprinz Rupprecht blieb in Bayern weiterhin eine geschätzte Persönlichkeit. SuSa

59 Deckelpokal »Tellus Bavariae« zum 100-jährigen Jubiläum des Königreichs Bayern 1906

Fritz von Miller (Entwurf), Fritz Schmidt, Julius Schneider, München, 1906
Bronze, vergoldet, Edelsteine, Marmor,
H 81 B 39 T 39 cm
Wittelsbacher Ausgleichsfonds München, S II a 167

Auf der Schale mit Schriftband GOTT UND-MEIN VOLK-JANUAR MDCCCVI -GERECHT-BEHARRLICH-IN TREUE FEST und bekrönten Medaillons mit den Porträts der sechs bayerischen Regenten »MAXIMILIAN JOSEPH I.«, »LUDWIG I.«, »MAXIMILIAN II.«, »LUDWIG II.«, »OTTO BAV.REX« und »PRINZ-REGT.LUITPOLD« liegt ein flachgewölbter Deckel mit der ziselierten Karte des bayerischen Territoriums. Sechs Bügelspangen lassen eine Madonna mit Kind quasi über diesem Erdteil schweben, dem Typus einer Weltallschale folgend. Am Schaft finden sich die in Emaille ausgeführten Wappen von 27 oberbayerischen Städten, am Fuß das bayerische Staatswappen, zwei Rautenwappen und das Münchner Stadtwappen. Der Pokal steht auf einer Fußplatte mit Umschrift. Der Landrat von Oberbayern widmete den Deckelpokal »Prinz Luitpold von Bayern dem vielgeliebten« zum 100-jährigen Jubiläum des Königreichs am 1. Januar 1906. Sinnbilder für die Regentschaft, wie der Pelikan, der sich aufopfernd die Brust aufreißt, um seine Jungen zu nähren, schmücken die Ecken, vier Löwen bilden die Standfüße. Durch die zusätzliche Postamentplatte aus Marmor mit Zephirbüsten wird dieser Deckelpokal exponiert und zum Schaustück erhoben. Die Ausführung dieses Pokals lag bei Fritz Schmidt und Julius Schneider. Fritz von Miller, der von 1868 bis 1912 auch an der Königlichen Kunstgewerbeschule unterrichtete, entwarf eine Vielzahl von Ehrengaben und Tischaufsätzen, darunter auch den Willkomm-Pokal des deutschen Reichsstages, der auf der Weltausstellung in Paris 1900 ausgestellt war. »Das glücklichste Jahrhundert bayerischer Geschichte 1806–1906« betitelte der Historiker und Archivar Sigmund von Riezler (1843–1927) seine Jubiläumsschrift zu einem Fest, das kaum eines war. Zum einen waren Preußen und der deutsche Kaiser gegen die Betonung der Eigenständigkeit eines Teilstaats des deutschen Kaiserreichs durch entsprechende Feierlichkeiten. Zum anderen verzichtete Bayern auf ein zentrales Nationalfest mit dem Hinweis auf den schwerkranken König Otto, feierte sich jedoch in den einzelnen Landesteilen. Die Bayerische Landes-Gewerbe-, Industrie- und Kunstausstellung in Nürnberg 1906 wurde zur Jubiläumsausstellung der »Centenar-Feier« gekürt, Kreisausstellungen folgten. Außerhalb Bayerns wurden diese dynastischen Feiern kritisch kommentiert und als Überrest der Zersplitterung des Reiches durch die Fürsten in der frühen Neuzeit gedeutet. Dieser gefühlte Separatismus wurde durch den Pomp bei den Kaisertagen ausgeglichen, als Kaiser Wilhelm II. in München weilte, und ebenfalls bei der Grundsteinlegung des Deutschen Museums am 13. November 1906. FRD

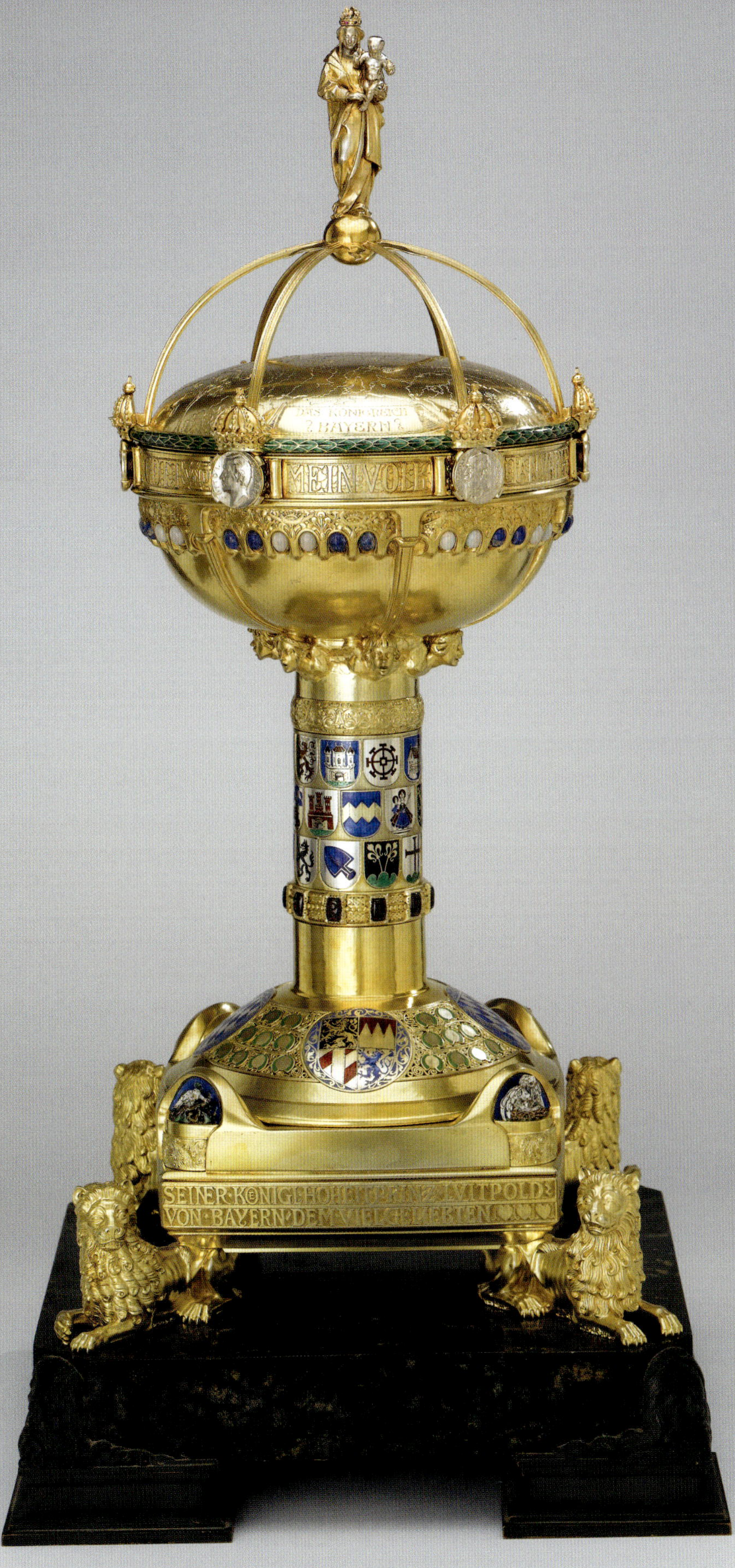
BAYERN
MEIN VOLK
SEINER·KÖNIGL·HOHEIT·PRINZ·LUITPOLD
VON·BAYERN·DEM·VIELGELIEBTEN

KÖNIGLICHE KUNST- UND BAUPOLITIK

Bayern verdankt seinen Ruhm weniger militärischen Erfolgen als der Förderung von Kunst und Kultur. Ganz besonders gilt dies auch für das Jahrhundert der bayerischen Könige. Dabei spielte neben dem Wunsch nach Repräsentation und majestätischer Prachtentfaltung sicher auch der ästhetische Gestaltungswille eine gewichtige Rolle.

Die von Max I. Joseph gegründete Akademie der Künste zog Künstler aus ganz Europa an. Der bedeutendste Kunst- und Kulturpolitiker unter den Wittelsbacher Königen war Ludwig I. Laut Christian Daniel Rauch, einem der angesehensten Bildhauer seiner Zeit, war für Ludwig Kunst »nicht Dessert, sondern Rindfleisch«, also essentiell. Unter seiner Regentschaft wurde Bayern im 19. Jahrhundert zum führenden Kunst- und Kulturstaat in Deutschland. München wurde zur Kunststadt schlechthin. Ludwig I. pflegte als Kunstsammler intensive Kontakte zu Künstlern und eröffnete mit der Neuen Pinakothek das weltweit erste Museum für zeitgenössische Kunst. König Maximilians II. Vorliebe galt vor allem bayerischer Kunst und Kultur sowie dem traditionellen Handwerk. Ludwig II. schuf mit seinen Schlössern Meisterwerke des Historismus; der penible und anspruchsvolle König verhalf dem bayerischen Kunstgewerbe damit zu großem fachlichen und finanziellen Gewinn.

Alle bayerischen Könige wussten um die identitätsstiftende Kraft von Kunst und Kultur und nutzten diese, um die Einheit des Landes und das monarchische System zu sichern. Sie boten Künstlern aus allen Bereichen ein attraktives Arbeitsumfeld, sodass Thomas Mann noch Jahrzehnte später feststellen konnte: »Die Kunst blüht, die Kunst ist an der Herrschaft.« EvH

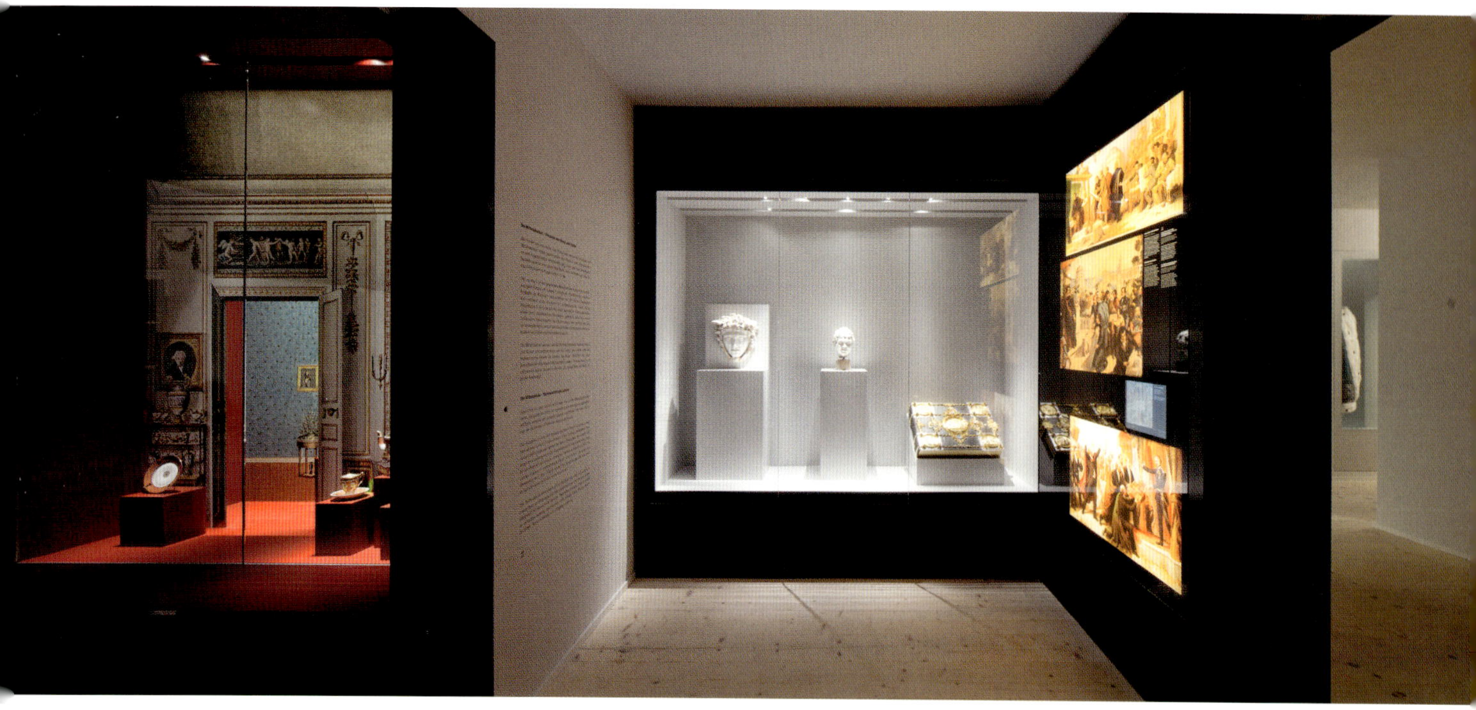

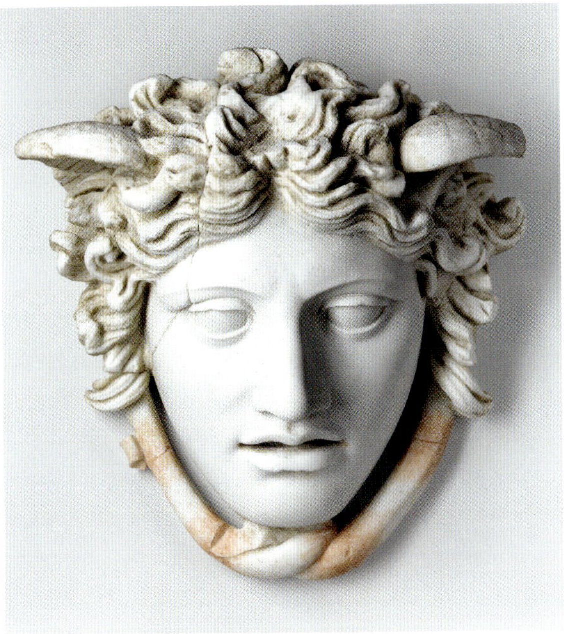

60 Haupt der Medusa
Kopie aus der römischen Kaiserzeit (1.–3. Jh. n. Chr.), nach Phidias, um 440 v. Chr.
Marmor, H 36 cm
Staatliche Antikensammlungen München, Glyptothek, 252 WAF
Reproduktion

Ludwig war 18 Jahre alt, als 1804 die Begegnung mit Antonio Canovas (1757–1822) Figur der Göttin Hebe in Venedig den Kunstsinn in ihm weckte – er begann antike Skulpturen und andere Kunstgegenstände zu sammeln. Zwei Repliken von Originalen aus der Münchner Glyptothek stehen beispielhaft für seine Sammelleidenschaft: das Medusenhaupt aus der Sammlung Rondanini und ein Sartyrkopf aus der Sammlung Albani, damals wie heute bedeutende Stücke der Sammlung. Goethe hatte sich ebenfalls einen Gipsabguss des Medusenhaupts beschafft. In der »Italienischen Reise« notiert er im April 1788: »… ein guter alter Abguß der Medusa Rondanini; ein wundersames Werk, das, den Zwiespalt zwischen Tod und Leben, zwischen Schmerz und Wollust ausdrückend, einen unnennbaren Reiz wie irgendein anderes Problem über uns ausübt.«

Im Gegensatz zu früheren Darstellungen wird hier die Medusa auf den ersten Blick als Schönheit dargestellt. Der Bildhauer hat ihrem Gesicht jedoch auch etwas Abweisendes, Maskenhaftes gegeben. Zwei Schlangenleiber verknoten sich unter ihrem Kinn, deren Häupter sich unter den Flügeln über Medusas Stirn winden. Die Schlangenköpfe und die Schwänze sind abgebrochen.

Im spätklassischen Griechenland galt die Medusa als eine Schönheit, die sich auf eine Affäre mit Poseidon einließ. Athene kam ihr auf die Schliche und verwandelte sie und ihre Schwestern in dämonische Gorgonen, auf deren hässlichen Häuptern sich Schlangen wanden. Der Blick der Medusa versteinerte jeden, der ihr in die Augen sah. Perseus gelang es, ihr den Kopf abzuschlagen, doch die Wirkung ihres Blickes blieb bestehen. Dies nutzte Athene und trug den Kopf zum Schutz auf ihrem Brustschild.

Die Medusa Rondanini ist eine römische Kopie des griechischen Originals von Phidias (um 500–430 v. Chr.). Seine monumentale Athene mit dem Medusen-geschmückten Schild stand einst auf dem Parthenon in Athen.

In seiner Kronprinzenzeit erwarb Ludwig so herausragende Stücke wie den Barberinischen Faun und die Ägineten. Eine wichtige Rolle beim Kauf von antiken Kunstwerken spielte der Würzburger Maler, Bildhauer und Kunstsammler Martin von Wagner (1777–1858). Ludwig hatte ihn 1810 beauftragt, in Rom und Griechenland den Kunstmarkt zu beobachten und nur die »vortrefflichsten« und »außergewöhnlich schönen« Stücke bei Kunsthändlern und -sammlern zu kaufen. Wagner konnte das Medusenhaupt 1811 nach langen Verhandlungen schließlich erstehen.

Auch der Bau eines geeigneten Gebäudes für die Sammlung fällt noch in diese Zeit: Sein Lieblingsarchitekt Leo von Klenze (1784–1864) baute von 1816 bis 1830 die Münchner Glyptothek, die Ludwig gänzlich aus seinen eigenen Mitteln finanzierte. Klenze schuf damit einen der ersten reinen Museumsbauten, einen Bau, der durch seine klassizistische Fassade und auch die Gestaltung der Innenräume seinen Sinn und Zweck sehr gut widerspiegelte, nämlich Ludwigs Sammlung antiker Skulpturen zu bewahren und sie der Öffentlichkeit zu präsentieren. SuSa

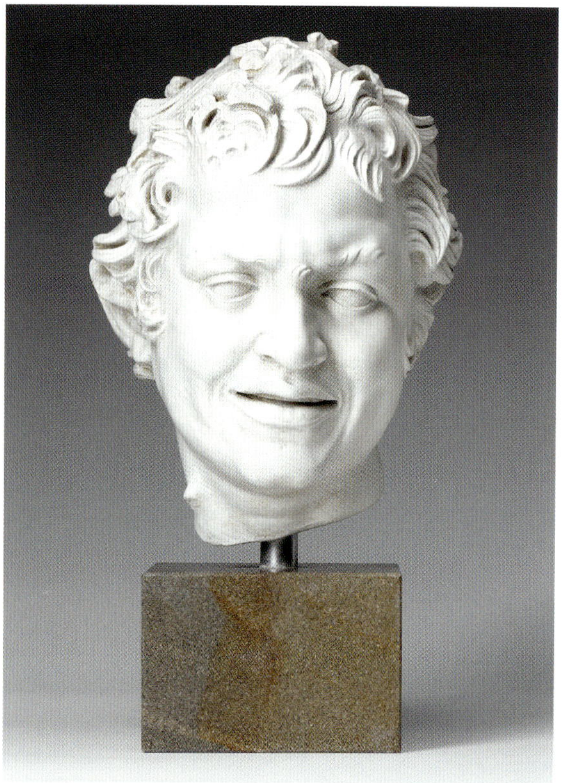

61 Kopf eines Satyr

Kopie aus der römischen Kaiserzeit (1.–3. Jh. n.Chr.), nach einer römischen Skulptur, um 100 v.Chr.
Marmor, H 25 cm
Staatliche Antikensammlungen München, Glyptothek, 222 WAF
Reproduktion

Der ausgestellte Satyr hat derbe Züge, spitze Ohren unter lockigem Haar und er lächelt etwas höhnisch. Der römische Bildhauer hat eine Bronzeplastik kopiert und dabei versucht, alle fein gearbeiteten Details seiner metallenen Vorlage möglichst genau auf den Marmor zu übertragen. Er arbeitete die einzelnen Haarlocken, die deutlichen Lippenränder und Augenlider fein heraus. Um dem bronzenen Vorbild mit seinen Oberflächenreflexen möglichst nahe zu kommen, polierte der Künstler die Marmoroberfläche. Das Original hat grüne Flecken im Gesicht, die von oxidierter Bronze herrühren, mit der der Kopf unter der Erde in Berührung kam. Daher trägt er auch den Namen »fauno colla macchia«, der Faun mit dem Fleck.

Satyrn waren Begleiter des Dionysos, die viel Wein tranken und den Frauen nachstellten; sie verkörperten die Lüsternheit. Als Mischwesen werden sie meist hässlich, mit groben Gesichtszügen und tierischen Körperteilen, wie Ohren und Schweif von Pferd oder Esel, dargestellt. Oft werden sie auch mit den Faunen gleichgesetzt.

Gefunden beim Grabmal der Cecilia Metella an der Via Appia Antica in Rom, kam der Satyrkopf in die Sammlung Albani. Von dort gelangte er durch Napoleon nach Paris, wo er viel bewundert wurde. Nach dem Fall Napoleons fiel die Sammlung wieder dem Hause Albani zu; Kardinal Albani scheute jedoch die Kosten für den Rücktransport und ließ seine berühmte Sammlung in Paris versteigern. So erwarb der Kronprinz im Dezember 1815 den Kopf für stattliche 25 000 Gulden neben weiteren herausragenden Skulpturen für seine Sammlung. SuSa

62 Prunkkassette für das König-Ludwig-I.-Album

Peter Herwegen, Ferdinand von Miller, Johann von Halbig, Max von Widnmann, August von Kreling, München, 1850
Holz, leinenbespannt, Messingbeschläge Silber vergoldet, Emaille, H 50 B 62 T 13 cm (stehend)
Wittelsbacher Ausgleichsfonds München, F I 5

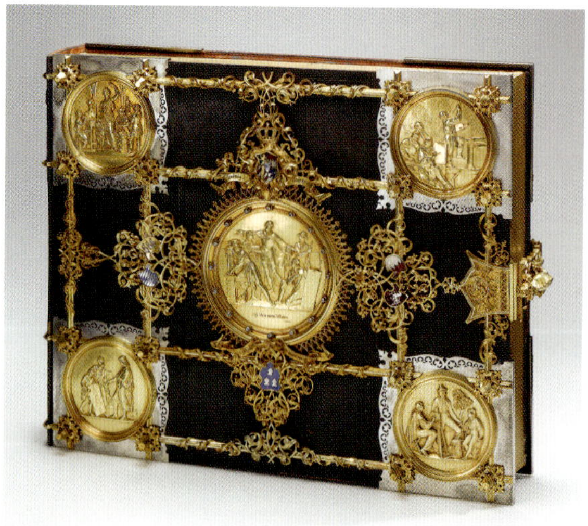

Zwei Jahre nach seiner Abdankung wurde König Ludwig I. 1850 die Prunkkassette mit dem Album anlässlich der Feierlichkeiten zur Enthüllung der Bavaria von zahlreichen Künstlern und Handwerkern als Dank für die königliche Förderung der Künste überreicht. Das Ereignis wurde von Wilhelm von Kaulbach (1805–1874) in einem der Fresken für die Fassade der Neuen Pinakothek umgesetzt. Die Vorstudie dazu hängt zusammen mit den anderen Entwürfen für den Freskenzyklus zur Kunstpolitik König Ludwigs I. heute in der Neuen Pinakothek in München. Das Album wurde von zahlreichen Künstlern bestückt. Diese Arbeiten werden heute in der Staatlichen Graphischen Sammlung München aufbewahrt.

Die aufwändig geschmückte Kassette mit der Widmungsinschrift »die deutschen Künstler ano domini mdcccl« zeigt auf dem Deckel in vier Eckmedaillons fein ausgearbeitete Szenen aus Bildhauerei, Gießerei und Architektur und aus zwei Gattungen der Malerei, der Wand- und Tafelmalerei. Alle sind bezeichnet mit dem Namen des Künstlers, der die jeweilige Szene entworfen und modelliert hat. Im Zentrum des Deckels ist das Medaillon gesetzt, das König Ludwig I. im Kreis von Künstlern zeigt: Die Widmungsinschrift zitiert einen Ausspruch des Königs: »Ich leb in eurem Wirken / Ludwig«. Auf dem Deckel der Prunkkassette finden sich über dem zentralen Medaillon das bekrönte Staatswappen des Königreich Bayerns und darunter das Wappen der Maler. Das fränkische Wappen und das Welfenross sowie die bayerischen Rauten und die Staufer-Löwen ergänzen das heraldische Bildprogramm. Als Exponat mit der Nummer 865 wurde die Kassette auf der Industrieausstellung 1854 in München gezeigt.

EvH, FRD

63 Künstler Münchens im Vereine mit der Bürgerschaft überreichen König Ludwig I. die Prunkkassette mit dem König-Ludwig-I.-Album

Wilhelm von Kaulbach, München, 1853
Öl auf Leinwand, H 73,3 B 177,6
Bayerische Staatsgemäldesammlungen München, Neue Pinakothek, WAF 418
Reproduktion

Dargestellt ist der Moment, in dem die versammelten Künstler und Handwerker zusammen mit Vertretern der Bürgerschaft dem König die Kassette überreichen. Viele der anwe-

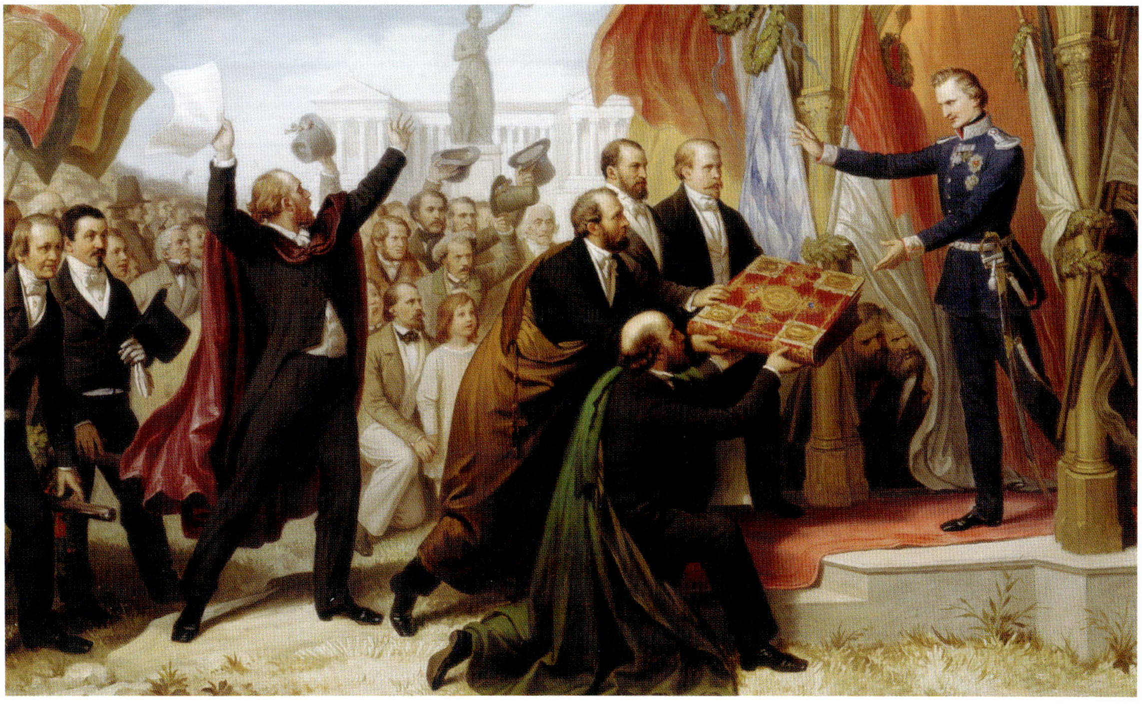

senden Gäste und beteiligten Künstler sind porträthaft wiedergegeben: Vertreter des Festkomitees, die Maler August von Kreling, Schwiegersohn Kaulbachs, und Ferdinand Petzl sowie der Inspektor der Erzgießerei-Anstalt Ferdinand von Miller und kniend der Maler Peter Herwegen. Der Festredner im Bildzentrum, der Maler und Kunstschriftsteller Anton Teichlein (1820–1879), trägt in ausladend bewegter Geste das Lobgedicht auf den König vor. In der linken Bildhälfte wird der zum Album gehörende Schrein von Schlossermeister Haller und Tischlermeister Glink als Vertretern der Handwerkerschaft gebracht.

In der jubelnden Menge der zu Füßen der Bavaria versammelten Festgäste sind bedeutende Persönlichkeiten der Münchner Gesellschaft wie der Geheime Rat Friedrich Wilhelm von Thiersch oder der von König Maximilian II. nach München geholte Chemiker Justus von Liebig zu erkennen.

Der Kaulbachzyklus umfasste ursprünglich 19 Gemälde, von denen heute noch 15 in der Neuen Pinakothek in München zu besichtigen sind. Beauftragt als Entwürfe für Wandbilder, die die neuere Entwicklung der Kunst zeigen sollten, wurden die Skizzen von Christoph Friedrich Nilson (1811–1879) in Freskotechnik auf die Fassade des neuen Museums übertragen. Da aufgrund der Witterungsbedingungen diese schon bald bis zur Unkenntlichkeit verblasst waren, wurden die Ölskizzen mit Erläuterungstafeln im Museum gezeigt. EvH

64 Teile des Kaffeeservice »Empire Nr. 958« mit Dekor 1785

Porzellanmanufaktur Nymphenburg, Rudolf Diewock (Entwurf und Ausführung), München, ab 1928

Porzellan, bemalt, graviert, vergoldet, H 25 cm (Kaffeekanne), H 20 cm (Milchkanne), H 14 cm (Zuckerdose), H 11 D 7,7 cm (Kaffeetasse), D 14,5 cm (Untertasse)

Porzellanmanufaktur Nymphenburg

Die ausgewogene Formensprache der klassischen Antike setzte in der Hochblüte des Rokoko Maßstäbe für die künstlerischen Arbeiten im späten 18. Jahrhundert. Erste Ausgrabungen in Pompeji hatten die Entstehung eines neuen Stils gefördert, der die Formen nach griechischem oder römischem Vorbild als »à la grèque« oder »nach Antique Art« bezeichnete. Nach 1800 verbreitete er sich als »Style Empire« in ganz Europa. Unter der Leitung Friedrich von Gärtners entstanden nach 1822 in der Porzellanmanufaktur Nymphenburg genaue Kopien von antiken Gefäßen.

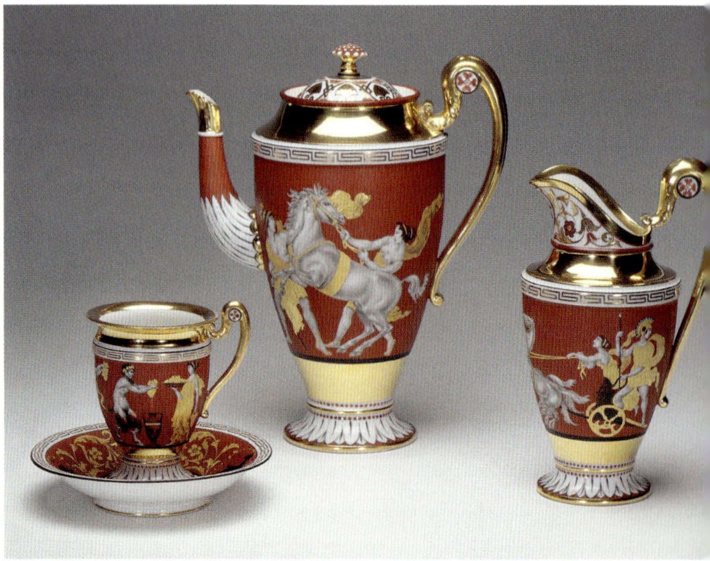

Rudolf Diewock schuf mit dem von ihm entworfenen Kaffeeservice »Empire Nr. 958« ein seltenes Beispiel für den Neoklassizismus der späten 1920er Jahre. Nach der Serviceform »antik«, die in den Preiscourants der 1830er Jahre zu finden ist, war es als Service »Empire Nr. 958« ab 1913 wieder im Programm der Porzellanmanufaktur. Der umlaufende Dekor besteht aus einem pompejianisch-roten Fond mit ausgesprengten »römischen Figuren« in Grautönen, Schwarz und graviertem Gold, begleitet von üppiger Goldbemalung. Als Vorlagen verwendete Diewock Originale der Antike und Entwürfe des Empire.

Diewock besaß eine Vorliebe für starke, reine Fonddekore, die in den Porzellandekoren des Art déco äußerst populär wurden. LL

65 Schlafzimmer der Königin Karoline von Bayern aus dem Wittelsbacher Album

Wilhelm Rehlen, München, 1820

Aquarell und Gouache, H 17,7 B 26,9 cm

Wittelsbacher Ausgleichsfonds München, B II 146/5

Reproduktion

Die Wittelsbacher Könige waren nicht nur Förderer der Künste, sie stellten ihre umfangreichen Kunstsammlungen in Museen auch der Öffentlichkeit zur Verfügung. Die der Familie vorbehaltenen Räume in der Münchner Residenz wurden ebenfalls mit erlesenen Werken der Kunst und des Kunstgewerbes ausgestattet, die mit persönlichen Gebrauchsgegenständen zusammengestellt einen Eindruck vom Leben der Königsfamilie vermitteln. Über die Einrichtung der Räume im Königsbau der Residenz gibt unter anderem das Wittelsbacher Album Auskunft.

Es umfasst heute 30 aquarellierte Ansichten von Räumen der Münchner Residenz und Schloss Nymphenburg sowie Außenansichten. Wiedergegeben sind weiter Räume des während der Regierungszeit von König Ludwig I. entstandenen Königsbaus, des Leuchtenberg-Palais und der Bamberger Residenz.

Die Aquarelle stammen aus der Zeit zwischen 1820 und 1865 und wurden von den Malern Joseph Ernst von Bandel (1800–1876), Wilhelm Rehlen (1795–1831), Georg Ziebland (1800–1873) und Franz Xaver Nachtmann (1799–1846) angefertigt. 1821 erhielt König Max I. Joseph das gebundene, in dunkelblaues Maroquinleder eingeschlagene Album mit 20 Blättern von Königin Karoline zum Geburtstag, die anderen Blätter wurden später hinzugefügt. Die ersten Aquarelle zeigen die Hofgartenzimmer der Münchner Residenz: die Räume Karolines, die Gemächer Max I. Josephs und die der Prinzessinnen Sophie und Marie. In diesen von Empire und Biedermeier geprägten Räumen mit privater, geradezu bürgerlich anmutender Atmosphäre hielt sich die Familie vornehmlich auf.

In »Guckkasten«-Perspektive, die sich im frühen 19. Jahrhundert großer Beliebtheit erfreute, sind drei Wände eines Raumes zu sehen, die den Anspruch einer objektiven Wiedergabe erfüllen sollen.

Die Hofgartenzimmer wurden ab 1799 unter der Leitung des französischen Architekten Charles Pierre Puille (1731–1805)

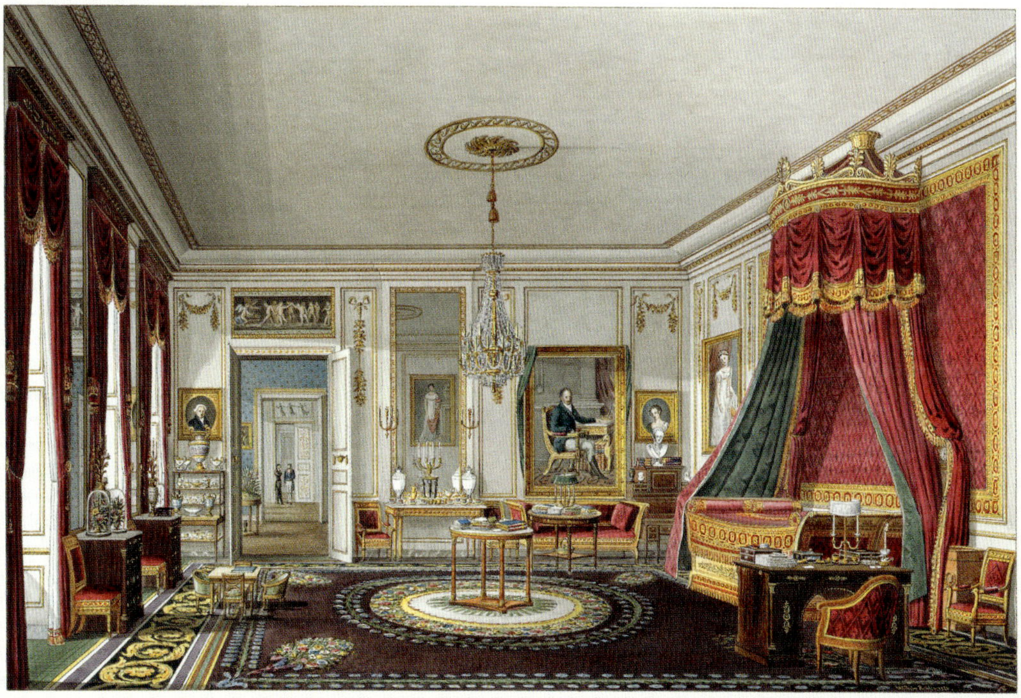

Schlafzimmer der Königin, in München.

umgestaltet und um 1803 mit einer Louis-Seize-Einrichtung ausgestattet. Karoline, die Wert auf eine moderne Einrichtung legte, hatte bei ihrem Einzug in die Münchner Residenz die altmodische Einrichtung von Kurfürst Karl Theodor bemängelt und auf eine Ausstattung im Empire-Stil gedrängt.

Die Guckkasten-Perspektive der Vorlage Rehlens aufnehmend, wurde für die Ausstellung ein Diorama gebaut, das einen dreidimensionalen Einblick vom Schlafzimmer der Königin in die privaten Wohnbereiche um 1820 erlaubt. Der Betrachter befindet sich an der Flügeltür des Schlafzimmers und blickt in die dahinterliegenden Räume, den Thronsaal und den anschließenden Salon. Im Hintergrund stehen zwei Herren in Frack und Uniform, die sich durch ihre ungezwungene Haltung als Angehörige der Familie oder des Hofes ausweisen. Auf den Konsoltischen neben dem Türrahmen und unter dem Trumeauspiegel stehen Vasen und Serviceteile aufgereiht. Im Vordergrund nachlässig gestapelte Bücher zeigen die Belesenheit und Bildung der Königin.

Der kleine Einblick zeigt höfische Wohnkultur zu Beginn des 19. Jahrhunderts mit den fließenden Übergängen repräsentativer und privater Raumnutzung durch die Königin. Die Verwendung des Schlafraums als Wohnzimmer entsprach ganz der herrschenden Pariser Mode. LL

66 Prinzessin Auguste Amalie von Bayern, spätere Herzogin von Leuchtenberg

Franziska Schöpfer, München, 1803
Bleistift, Aquarell auf Pergament, H 47 B 38,5 cm
Wittelsbacher Ausgleichsfonds München, B II 57
Reproduktion

Das Aquarell der Hofmalerin Franziska Schöpfer (1763–1836) zeigt die junge Auguste Amalie (1788–1851) vor der Pagodenburg im Schlosspark von Nymphenburg. Die Prinzessin steht in einem Empire-Kleid in der linken Bildhälfte vor knorrigen Bäumen und schaut den Betrachter freundlich an. In ihrer linken Hand trägt sie an einem blauen Band ihren Hut, in den sie Blumen gelegt hat. Hinter ihr sieht man im Schatten die Pagodenburg des Nymphenburger Schlossparks. Im Baumstamm am linken Bildrand steht mit Bleistift geschrieben: Princesse / Auguste / 1803. Am Gewandsaum

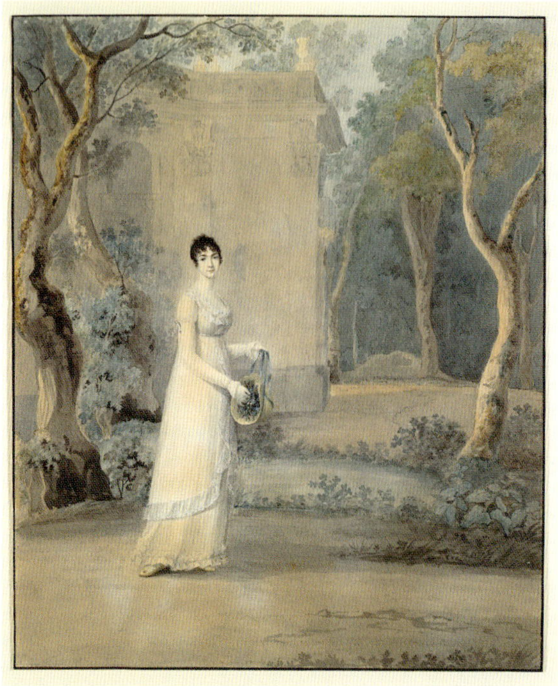

über Augustes linker Fußspitze signierte die Künstlerin mit »Schöpfer fecit 1803«.

Die junge Prinzessin ist auf dem Aquarell 15 Jahre alt. Die romantische Darstellung steht im Kontrast zur familiären und politischen Situation der Zeit: Mutter und Schwester starben früh, während der Koalitionskriege war sie mit ihrem Vater Max Joseph ständig auf der Flucht. Im Exil in Ansbach bekam sie mit Karoline von Baden eine neue Mutter und zog schließlich im Frühjahr 1799 mit Vater und Stiefmutter nach München. Sie galt als eine der schönsten Prinzessinnen ihrer Zeit. Napoleon wählte sie 1806 als Braut für seinen Stiefsohn Eugène de Beauharnais (1781–1824) und machte ihre Heirat zur Bedingung für Max Josephs Ernennung zum ersten König des neuen Königreichs Bayern. SuSa

67 Deckelpokal der Stadt Regensburg

Christoph Daniel Henselmann und Ferdinand Hans Henselmann (Hänselmann), Regensburg, 1830
Silber, gegossen, ziseliert, vergoldet,
H 46,5 D 18 cm (Fuß)
Wittelsbacher Ausgleichsfonds München, S I 63

Der Deckelpokal stammt aus der Werkstatt des Regensburger Silberschmieds Christian Daniel Henselmann und seines Sohnes Ferdinand Hans. Er gilt mit seiner klassizistischen Grundform, dem gotisierenden Dekor mit neu erfundenen Details als frühes Beispiel des Stilpluralismus: die Formensprache der klassischen Antike blieb weiter im Fokus der Künstler, wurde aber ergänzt um die Formen späterer Epochen. Die Kuppa zeigt die Devise des Königs »GERECHT« und »BEHARRLICH« mit Waage und Schwert sowie den Turm in den Wellen, verbunden mit der Widmung: »SEINEM VATER LUDWIG das getreue Regensburg« auf dem unteren Rand. Das Innere des Pokaldeckels schmückt eine runde Plakette mit der Ansicht Regensburg aus dem 16. Jahrhundert.
Signiert mit »Verfertigt von C.D. und F. Henselmann Gold- und Silberarbeiter zu Regensburg im Jahre 1830«.

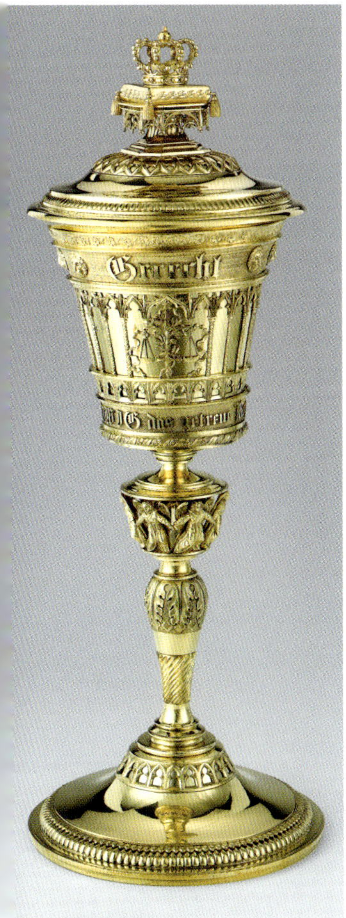

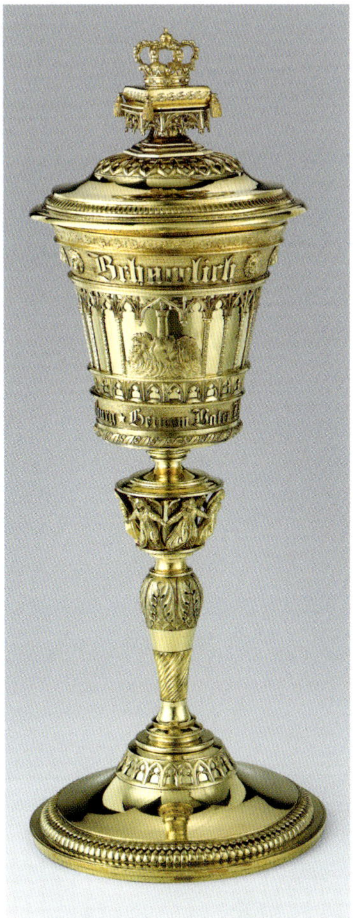

»Ich werde ihn gut aufbewahren«, hat König Ludwig I. angeblich gesagt, als ihm der Regensburger Bürgermeister Sigmund von Eggelkraut den mit Wein gefüllten Deckelpokal überreichte. In seiner Rede erinnerte Eggelkraut an den Einzug Kaiser Ludwigs des Bayern in die Stadt nach der Schlacht von Mühldorf im September 1322. Der dreitägige Besuch Regensburgs vom 16. bis 19. Oktober 1830 anlässlich der Grundsteinlegung der Walhalla bildete den Abschluss einer Reise des Herrscherpaares durch das Königreich.
Die Stadt mit dem beeindruckenden Dom, dessen Regotisierung Ludwig I. bereits 1828 angeordnet hatte, präsentierte sich dem Königspaar ganz mittelalterlich. Das dicht gehaltene Begleitprogramm war von zahlreichen Treuebekundungen für den König und einer großen Begeisterung für die Wittelsbacher Dynastie geprägt. Zwar hatte diese Loyalitätsdemonstration der ehemals freien, zur Kreishauptstadt degradierten Reichsstadt, die seit zwanzig Jahren zum Königreich Bayern gehörte, für Ludwig eine besondere Dimension, aber unter dem Eindruck der Julirevolution in Frankreich, die zur Absetzung der Bourbonen führte, schätzte er die Dauerhaftigkeit der vorgeführten Ergebenheit nicht besonders hoch ein. LL

DIE BAUTEN DER BAYERISCHEN KÖNIGE

68 a–c Postkarten »König Ludwig I. mit München – Siegestor«, »König Maximilian II. mit München – Maximilianeum«, »König Ludwig II. mit Neuschwanstein«

Autotypien, nach Aquarellen von E. A. Donadini,
Verlag Theodor Stephanie, Dresden, 1906
H 14 B 9 cm
Haus der Bayerischen Geschichte Augsburg, bapo 1288 und 1340
Privatbesitz
Reproduktionen

Die bayerischen Könige formten nicht nur ihre Residenzstadt München mit großartigen Plätzen, Gebäuden und Gartenanlagen neu, sie prägten ganz Bayern mit ihren Bauten. Jeder Regent pflegte dabei seinen eigenen, unverwechselbaren

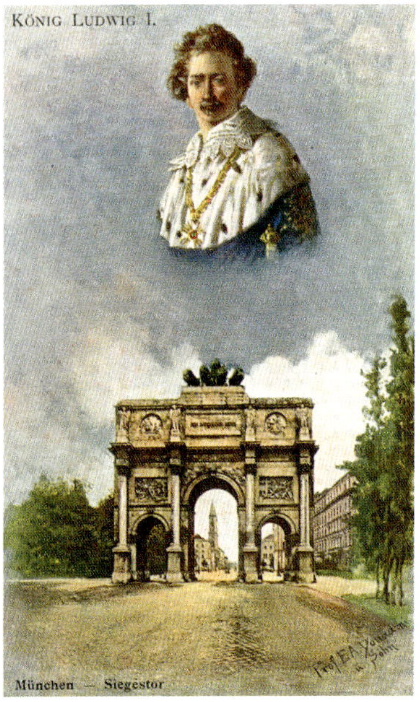

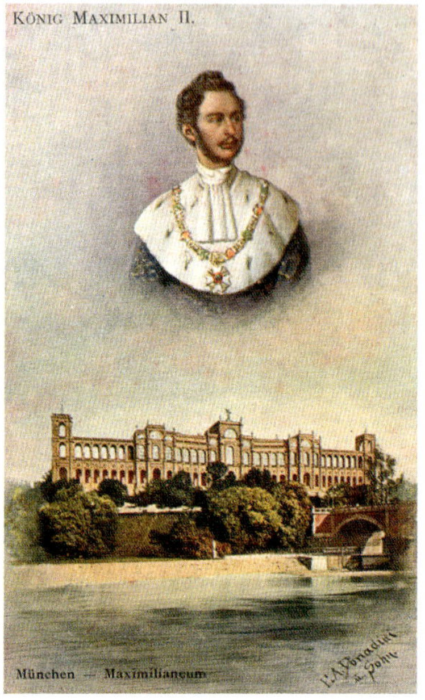

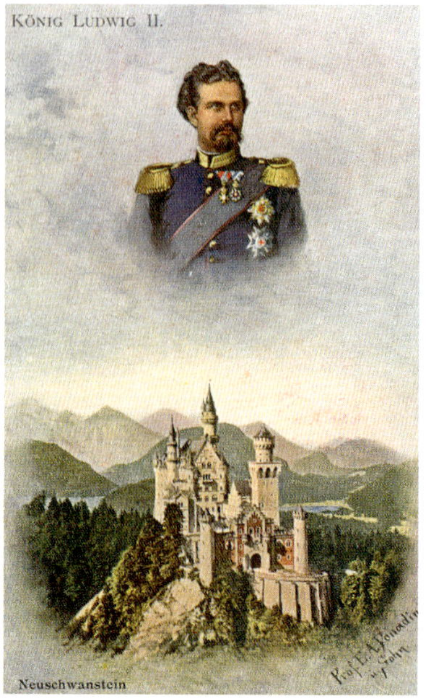

Stil. Diese Postkarten, vermutlich aus einer Serie, zeigen in glorifizierender Absicht Porträtbüsten der Könige in Uniform oder Thronornat in den Wolken schwebend über ihren prominenten Bauten.

Die Neugestaltung Münchens begann mit der Niederlegung der Wälle, der Nivellieung der Glacis und Bastionen im Bereich des Odeonsplatzes und im Verlauf des heutigen Altstadtrings. 1805 wurden Max I. Joseph die ersten Konzeptionen für die Maxvorstadt vorgelegt. Ab 1812 lag die Verantwortung für die städtebaulichen Planungen bei seinem Sohn Ludwig. Der Verehrer des antiken Hellas' wollte seine Hauptstadt in ein Isar-Athen verwandeln. Die strenge Formensprache des Klassizismus lässt sich heute noch auf dem Königsplatz oder in der Ludwigstraße in München bewundern.

Mit der Maximilianstraße schuf Maximilian II. eine neue Prachtstraße, die nach den Vorstellungen des Königs mit ihrer »natur- und zeitgemäßen, volks- und volkseigentümlichen (...) Baukunst« die Stadt mit ihrer ländlichen Umgebung verbinden sollte. Das Maximilianeum auf dem gegenüberliegenden Isarufer bildet den weithin sichtbaren Abschluss dieses ehrgeizigen städtebaulichen Projekts.

Neben der bis heute bestehenden Stiftung zur Förderung junger Abiturienten aus allen Teilen des Landes beherbergte das Maximilianeum die Historische Galerie, die Hauptmomente der Weltgeschichte darstellt. Sie ergänzt das Bildprogramm des bayerischen Nationalmuseums, das der König ebenfalls an seiner Straße errichten ließ. Der leitende Gedanke dieses Kunstprogramms entsprach dem Bildungsideal der damaligen Zeit: Kunst dient nicht allein der »Ausbildung der Kunst«, sondern auch der »Bildung des Volkes«; sie vermittelt die Geschichte, die »Erzieherin des Menschengeschlechts«. Heute ist das Maximilianeum der Sitz des bayerischen Landtags.

Außerhalb der Residenzstadt hat sich kein König so markant verewigt wie König Ludwig II. Weltberühmt sind seine Schlösser Linderhof, Neuschwanstein und Herrenchiemsee. EvH

69 Deutsche Burgenromantik
Diorama von Ort und Schloss Hohenschwangau mit Alpsee und Schwansee

um 1875
Gouache und Öl auf Kork und Pappmaché,
H 143,5 B 185 cm (Rahmenmaß), H 112 B 154 cm (Bildmaß)
Wittelsbacher Ausgleichsfonds München, B II 258
Derzeit nicht ausgestellt.

Das Diorama schmückte die Wohnräume König Ludwigs II. im alten Schloss Herrenchiemsee während der Bauzeit des neuen Schlosses.
Als Kronprinz Maximilian die Burg 1829 auf einer seiner Wanderungen entdeckte, war sie baufällig und die Umgebung verwildert. Trotz des schlechten Bauzustandes und des unangemessenen Preises hielt Maximilian an seinem Plan fest, Hohenschwangau zum romantischen Sommersitz zu machen.
Er beauftragte den Architektur- und Theatermaler Domenico Quaglio mit dem Umbau der ursprünglich im 12. Jahrhundert errichteten Burg zu einem Schloss. Quaglio gestaltete die Fassade mit Türmchen und das Innere des Gebäudes im neugotischen Stil.
Maximilian ließ außerdem die Berghänge aufforsten und einen mediterranen Schlossgarten konzipieren, der mit der umliegenden Landschaft korrespondieren sollte. Um das Schloss herum wurden drei Brunnen angelegt. Später bekam das Hauptgebäude der Symmetrie wegen einen vierten Turm. Erst als König ließ er 1854 den Erweiterungsbau, den sogenannten Kavalier- beziehungsweise Prinzenbau, errichten.
Der Rückgriff auf das Mittelalter mit deutlicher Anlehnung an die Gotik hat seinen Ursprung im England des 18. Jahrhunderts, von wo sich dieser Stil in ganz Europa ausbreitete. Schloss Hohenschwangau ist sicher eines der prägnantesten Beispiele, das die neugotischen Formen von der Fassade bis zu den Details der Innenausstattung wie Lampen und Möbeln zeigt. Ein aufwändiges Bildprogramm offenbart den historischen Bezug; es ist den Sagenhelden und den großen Herrschergeschlechtern des Mittelalters gewidmet, auf deren Tradition sich König Maximilian II. und sein Haus zur Legitimation des Herrschaftsanspruchs beriefen.
Hohenschwangau muss im Kontext der Rheinromantik gesehen werden, die vom Ende des 18. bis ins späte 19. Jahrhundert dauerte und in allen Kunstgattungen ihren Ausdruck fand. Im Fokus der kulturgeschichtlichen Epoche stand die sagenumwobene Geschichte des Rheintals mit seinen Felsen, Burgruinen und Wäldern. Das Flusstal wurde neben den Alpen zum Reiseziel von Künstlern, Architekten und Literaten,

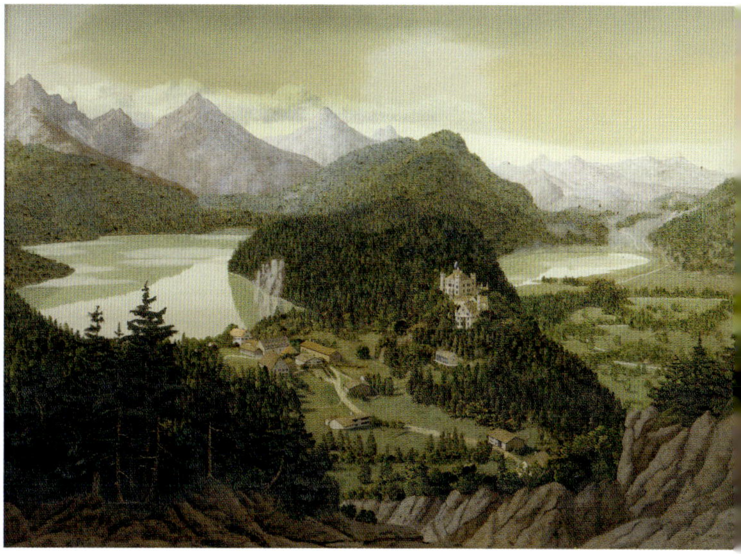

von Mitgliedern des Hochadels und der regierenden Häuser. Burg Rheinstein ist die erste der verfallenen oder zerstörten Rheinburgen, die wieder aufgebaut wurde. Der preußische Baumeister Karl Friedrich Schinkel hatte die Ruine auf einer Reise 1816 entdeckt und seine Entwürfe für einen romantisierten Wiederaufbau der Burg Prinz Friedrich von Preußen vorgelegt, der daraufhin 1823 die Burg erwarb und sie um- und ausbauen ließ. Mit dem Abschluss der Arbeiten im Jahr 1829 erhielt die als Vaitzburg oder Fautsburg im frühen 14. Jahrhundert errichtete und erstmals 1323 erwähnte Burg den heute geläufigen Namen Rheinstein.
Sein Vetter, der preußische König Friedrich Wilhelm IV., ließ in den Jahren 1826 bis 1830 die Burg Stolzenfels als Sommersitz ausbauen. Die Burg geht ähnlich wie Schloss Hohenschwangau auf einen Vorgängerbau aus dem 13. Jahrhundert zurück, den der Trierer Erzbischof als kurtrierische Zollburg von 1242 bis 1259 errichtet hatte. Unter Mitwirkung Karl Friedrich Schinkels und Friedrich August Stülers entstand bis 1842 das heutige Schloss. Unverkennbar sind auch hier die Einflüsse der englischen Neugotik.
Die Umgebung des Schlosses gestaltete der Gartenarchitekt Peter Joseph Lenné, der auch für den Landschaftsgarten hinter Schloss Hohenschwangau Pläne entworfen hatte. EvH

KÖNIGE IM TECHNISCHEN ZEITALTER – MAXIMILIAN II. UND LUDWIG II.

Zwei technische Errungenschaften prägten das 19. Jahrhundert: Die Nutzung von Dampfmaschinen und die breite Anwendung von Elektrizität. Im bayerischen Königreich, das agrarisch geprägt ist, entwickeln sich ab der Mitte des 19. Jahrhunderts Industriezentren wie z. B. in Nürnberg und Augsburg, vom Königshaus werden Leistungen mit Medaillen prämiert und Industrielle für besondere Leistungen in den Adelstand erhoben.

München wird nicht zuletzt durch die königliche Förderung der technischen Entwicklung zu einer Großstadt; viele versuchen ihr Glück in der Stadt, es entstehen neue Quartiere für die Taglöhner und Arbeiter, die mit armseliger Ausstattung vor den Toren der Stadt liegen und im Kontrast zu den Villenvierteln stehen, die in der Prinzregentenzeit von der bürgerlichen Gesellschaft errichtet werden. Die Einwohnerzahl Münchens verfünffacht sich durch Zuwanderung und Eingemeindungen ab 1848 bis Ende des Jahrhunderts von 100 000 auf ca. 499 000 Einwohner.

König Maximilian II. holte führende Forscher und Gelehrte an die Ludwig-Maximilians-Universität und etablierte München als hochrangigen Wissenschaftsstandort. Um den Ruf Münchens als Wirtschaftszentrum zu festigen, ließ er den Glaspalast errichten, in dem 1854 die Erste Allgemeine Deutsche Industrieausstellung stattfand. Mit der Eröffnung der Polytechnischen Schule 1868 (heute Technische Universität München) setzte sein Sohn König Ludwig II. diese Politik fort. Er wusste die technischen Neuheiten bereits praktisch zu nutzen: In seinen Schlössern finden sich Stahlträger und mo-

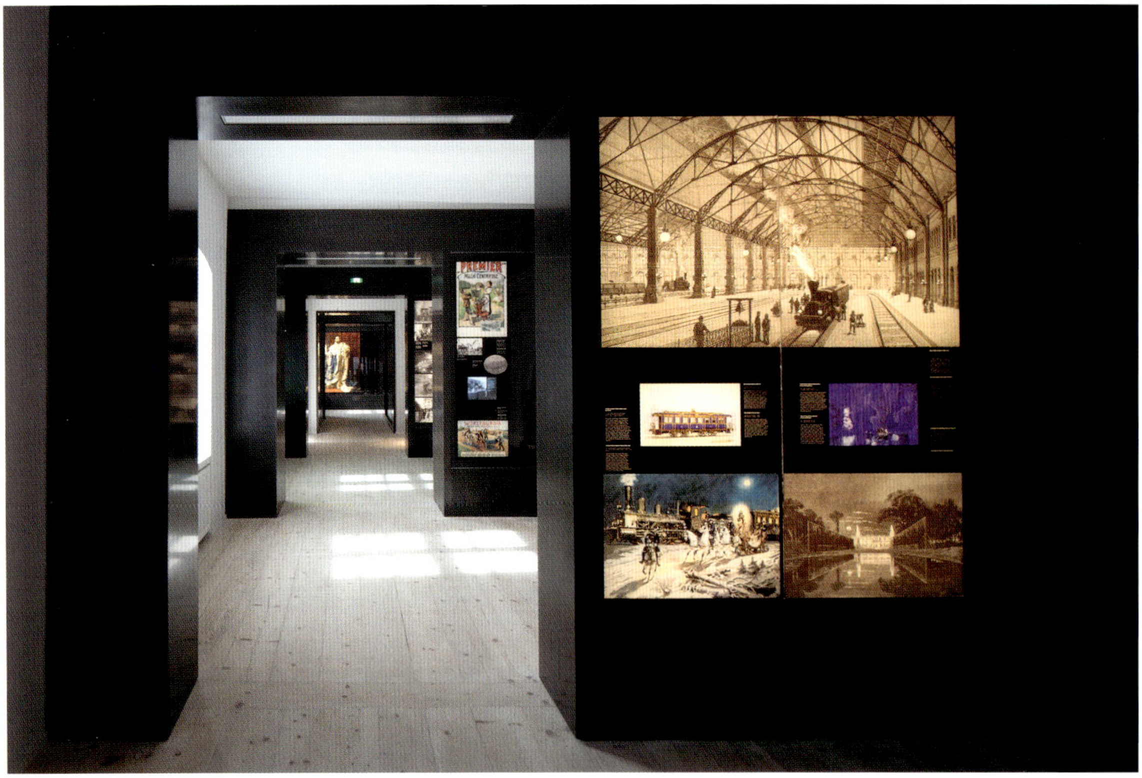

derne Heizungsanlagen, elektrische Beleuchtung und Telefon, in Linderhof entsteht das erste bayerische Elektrizitätswerk. Ludwigs II. Traum von einer Seilbahn über den Alpsee wäre allerdings erst wenige Jahre nach seinem Tod realisierbar gewesen. EvH

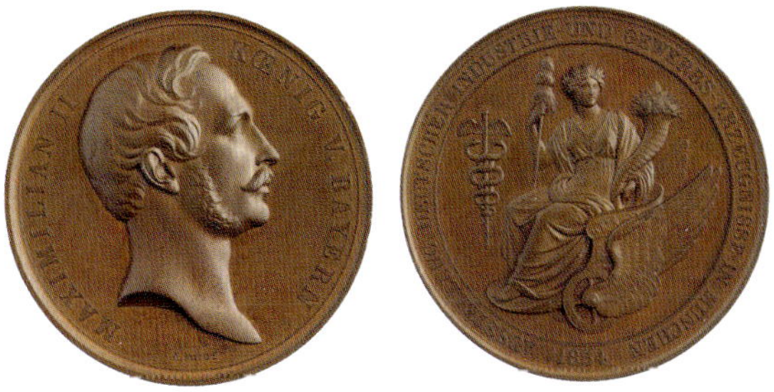

70 Große Medaille zur Industrieausstellung in München

Carl Friedrich Voigt, Wilhelm von Kaulbach (Entwurf), München, 1854
Bronze, D 6,7 cm
Wittelsbacher Ausgleichsfonds München, P VII 7

Medaille mit Profil König Maximilians II. als Medaillenstifter und Initiator der »Ausstellung deutscher Industrie- und Gewerbserzeugnisse in München 1854«. Das Revers zeigt nach dem Entwurf von Wilhelm von Kaulbach (1805–1874), Direktor der königlichen Akademie der Bildenden Künste, eine weibliche Figur auf einem Wagen mit Flügelrädern (»Sinnbild der Dampfkraft«), in der Linken Füllhorn, in der Rechten Spinnrocken haltend, daneben Merkurstab. Diese Komposition stellt eine Allegorie auf die triumphierende Industrie dar. Die kleinere »Denkmünze« (D: 5,6 cm) zeigt an dieser Stelle einen geflügelten Genius mit Kranz und Siegespalme.

Der Medailleur, Graveur, Edelstein- und Stempelschneider Carl Friedrich Voigt wurde 1829 als Leitender Graveur und Medailleur an das Bayerische Hauptmünzamt (bis 1855) berufen. Er schnitt die Stempel für viele bayerische Münzen, Geschichtstaler und eine Vielzahl von Medaillen für das Haus Wittelsbach.

Diese Ausstellung war ein großer Schritt Bayerns weg vom Agrarland und ein Schritt Münchens hin zum internationalen Messestandort. Schon durch die Zahl der Aussteller (6753) war man der kurz vorher beendeten »Industrieausstellung aller Nationen« in New York durchaus ebenbürtig. Trotz der schweren Choleraepidemie verzeichnete die Ausstellung zwischen 17. Juli und 18. Oktober 1854 insgesamt 196 994 Besucher.

Sie ging zwar mit einem Minus von etwa 200 000 Gulden zu Ende, jedoch war mit dem Glaspalast ein Ausstellungsgebäude geschaffen worden, das bis zu seiner Zerstörung durch einen Brand 1931 Raum und Platz für die nunmehr legendären Kunstausstellungen bot. FRD

71 Glaspokal mit Ansicht des Glaspalasts

1854/1872
Glas, Rubinglas, H 19,1 D 8,2 cm
Privatbesitz

Achtelmaß-Glas in Form eines Kelches. Kuppa aus Kupferrubinglas auf klarsichtigem Fuß. Geritzt und geschliffen ist

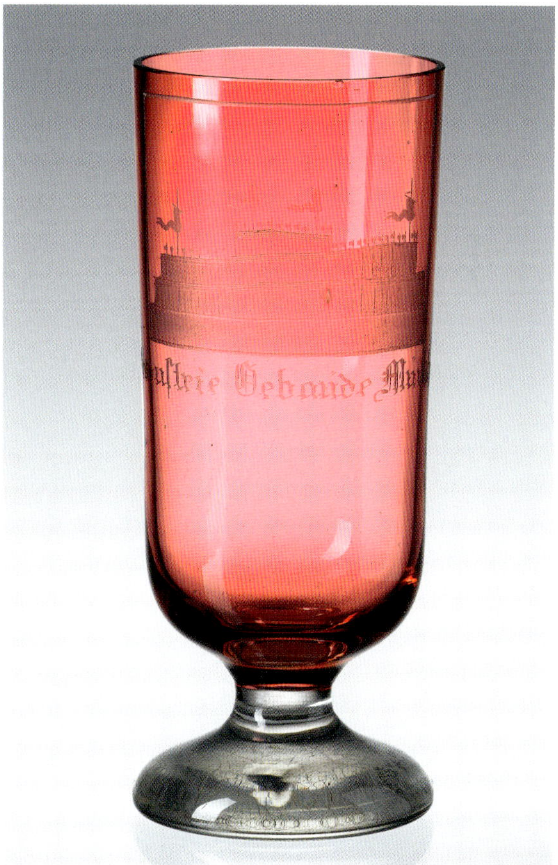

eine gerahmte Ansicht des fahnendekorierten Bauwerks, bezeichnet mit »Industrie Gebaüde [sic] München« entsprechend der seitenverkehrten Vorlage des bekannten Stahlstiches des Münchner Verlages Poppel und Kurz.
Zur Erinnerung an den Bau des Glaspalastes und die erste Industrie-Ausstellung wurden 1854 ein Vereinsdoppeltaler und zwei Gedenkmedaillen von Martin Sebald (1807–1889) geprägt. Im ergänzenden Gegensatz hierzu steht die unternehmerische Idee eines Glasbläsers oder Gastronomen, durch diesen kunsthandwerklichen Pokal ein allgemeines Andenken beziehungsweise touristisches Erinnerungsstück zu schaffen. FRD

72 Längendurchschnitt durch den Glaspalast in München

Tafeln zum Industrie-Ausstellungs-Bericht in München 1854, Blatt V, »Längendurchschnitt«
H 26,5 B 62 cm
Reproduktion
Wittelsbacher Ausgleichsfonds München, Familienbibliothek, Prinz Luitpold C.C. 29

Anlässlich der Ersten Allgemeinen Deutschen Industrieausstellung 1854 ließ Maximilian II. auf dem Areal des Alten Botanischen Gartens ein Ausstellungsgebäude durch den Architekten August von Voit (1801–1870) errichten. Nach dem Vorbild des in London zur Weltausstellung 1851 nach den Plänen von Joseph Paxton (1801–1865) gebauten »Crystal Palace«, entstand der nur aus Glasplatten und filigranen Stahlträgern errichtete »Glaspalast«.
August von Voit war Schüler des Architekten Friedrich von Gärtner (1792–1847), dessen Lehrstuhl er als sein Nachfolger in den Jahren 1840 bis 1847 innehatte. Seine Münchner Hauptwerke (Neue Pinakothek, Residenz-Wintergarten, Liebig-Laboratorium, Glaspalast, bei dessen Ausführung er eng mit Ludwig Werder [1808–1885] zusammenarbeitete, und Botanisches Museum mit Gewächshäusern) sind aus dem Stadtbild verschwunden. Als einzige Schöpfung Voits in München hat sich ein Brunnen erhalten, den er für den Glaspalast entworfen hatte. Dieser Brunnen steht seit 1973 auf dem Weißenburger Platz im Stadtteil Haidhausen.
Voit entwickelte einen neuen, wegweisenden Stil des Ingenieurbaus mit klarer Formensprache. Das ästhetische Erscheinungsbild von Fassade und Innenraum war bestimmt durch offen erkennbare Funktion und Konstruktion. Die außerordentlich kurze Planungs- und Bauzeit von nur neun Monaten, durch den Eröffnungstermin am 15. Juli 1854 vorgegeben, schloss die Errichtung eines fünfschiffigen Ausstellungsgebäudes in traditioneller Bauweise und Gestaltung aus. Angesichts des geplanten Bauvolumens waren die hierfür erforderlichen Mengen von Holz und Ziegelsteinen so kurzfristig nicht verfügbar. Voit entschied sich in Anlehnung an den Crystal Palace in London für eine vorgefertigte, ge-

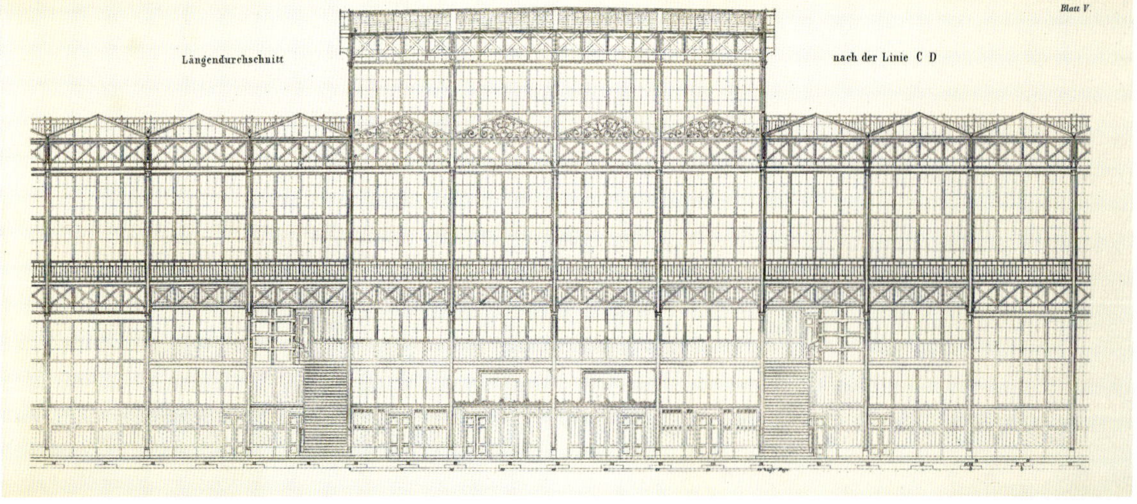

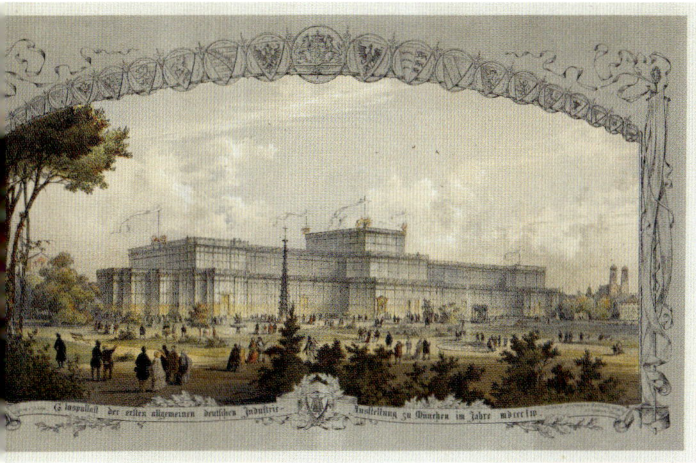

Abb. 18 Außenansicht des Glaspalasts. »Glaspallast der ersten allgemeinen deutschen Industrie-Ausstellung zu München im Jahre mdcccliv. v.d.Natur gez : gestochen u.i.Farbendruk ausgefüh(rt) v.P.Herwegen i München«, Peter Herwegen, 1854 (?)

normte Glas-Eisen-Konstruktion in Rasterbauweise. Die innovative Verwendung von Gusseisen und Glas hatte er auf der Grundlage der Vorarbeiten des Civil-Ingenieurs Franz Jakob Kreuter (1813–1889) bereits beim Bau des Wintergartens für König Maximilian II. erprobt.
Bauausführende Firma war das Nürnberger Unternehmen Cramer-Klett, das in Süddeutschland damals führend auf dem Gebiet der Eisenkonstruktion war und bereits eine Reihe derartiger Projekte (Großhesseloher Brücke, Wintergarten Maximilians II.) errichtet hatte. Innerhalb von nur sechs Monaten wurde der Palast aus genormten Teilen (mit einem Gesamtgewicht von über 1700 Tonnen) erstellt.
Das auf einem symmetrischen Grundriss errichtete Gebäude hatte ein bis zwei Stockwerke, war 237 Meter lang, bis zu 25 Meter hoch und bis zu 67 Meter breit.
König Maximilian II. entschied sich nach der Industrieausstellung für den Fortbestand des Glaspalasts. Der multifunktional nutzbare Glaspalast entwickelte sich zum Mittelpunkt des kulturellen, wirtschaftlichen und gesellschaftlichen Leben Münchens. Hervorzuheben ist die »Erste Deutsche Elektrotechnische Ausstellung« im Jahr 1882, die Oskar von Miller (1855–1934) organisierte. Mit dieser Ausstellung begann die »Popularisierung der modernen Elektro-Technik«. Das gleichzeitig durchgeführte Experiment einer Fernübertragung von Strom über eine Distanz von 57 Kilometern von Miesbach in den Glaspalast legte den Grundstein für eine dezentrale Energieversorgung und die damit verbundene wirtschaftliche Entwicklung Bayerns.
Die Kunstausstellungen, die ab 1889 jährlich hier stattfanden, begründeten den Ruf Münchens als »Stadt der Kunst«, der Glaspalast wurde ein Wahrzeichen der Stadt.
Am frühen Morgen des 6. Juni 1931 stand der Glaspalast in Flammen. 3000 Kunstwerke wurden vernichtet, darunter sämtliche 110 Gemälde der Ausstellung deutscher Romantiker. Die Brandursache – Selbstentzündung von Putzmaterial oder Brandstiftung – konnte auch gerichtlich nicht geklärt werden. FRD

73 Tischuhr König Ludwigs II. von Bayern

Frankreich, 1867 (?)
Metall gebräunt, feuervergoldet,
H 64 B 33 T 21,5 cm (Glas)
Wittelsbacher Ausgleichsfonds München, M X b 62

Nach dem Grundschema neugotischer Kapellen wie der Otto-Kapelle in Kiefersfelden (1834–36; Joseph Daniel Ohlmüller) variiert diese Tischuhr auf dreistufigem Unterbau die freie und reiche Dekoration mit feuervergoldeten Elementen. Die den dreiteiligen Eingang flankierenden Mauerpfeiler sind als überdimensionierte, von Heiligenreliefs umstandene Säulen aufgefasst, die mit tabernakelartigen Aufsätzen und Fialen bekrönt sind. Im Zusammenspiel mit zwei Türmchenaufsätzen an der Rückseite wird auf dieser Ebene eine Perspektivwirkung erzielt. Der plastisch ausgeführte Dachreiter enthält eine beweglich aufgehängte Glocke, deren Seil zum Uhrwerk reicht und wohl als Schlagwerk diente. Das für Kathedralen typische große Radfenster ist als Fensterrosette zugleich das Zifferblatt. Die Zeiger sind gebläut.
Die Rückwand hat eine mit einer nachträglich fixierten, blauen Glasscheibe verschlossene, rechteckige Öffnung, die vermuten lässt, dass das Kircheninnere durch blaues Licht erleuchtet werden sollte. Der dreistufige Holzsockel mit Marketerie an der Vorderseite ist für einen Glassturz genutet.
König Ludwig II. soll diese Fassadenuhr von der Pariser Weltausstellung 1867 mitgebracht haben.

Das Biedermeier kannte die Bilderuhren, wo in die gemalte Ansicht einer Fassade eine »echte« Uhr eingebaut wurde; diese Tischuhren sind ins Dreidimensionale gesteigert und transportieren die Kirchenuhr in die Salons und Wohnzimmer. In Schloss Hohenschwangau befanden sich drei weitere Fassadenuhren: Eine nach dem Vorbild von Notre Dame in Amiens, eine zweite nach dem Vorbild der Maria-Hilf-Kirche

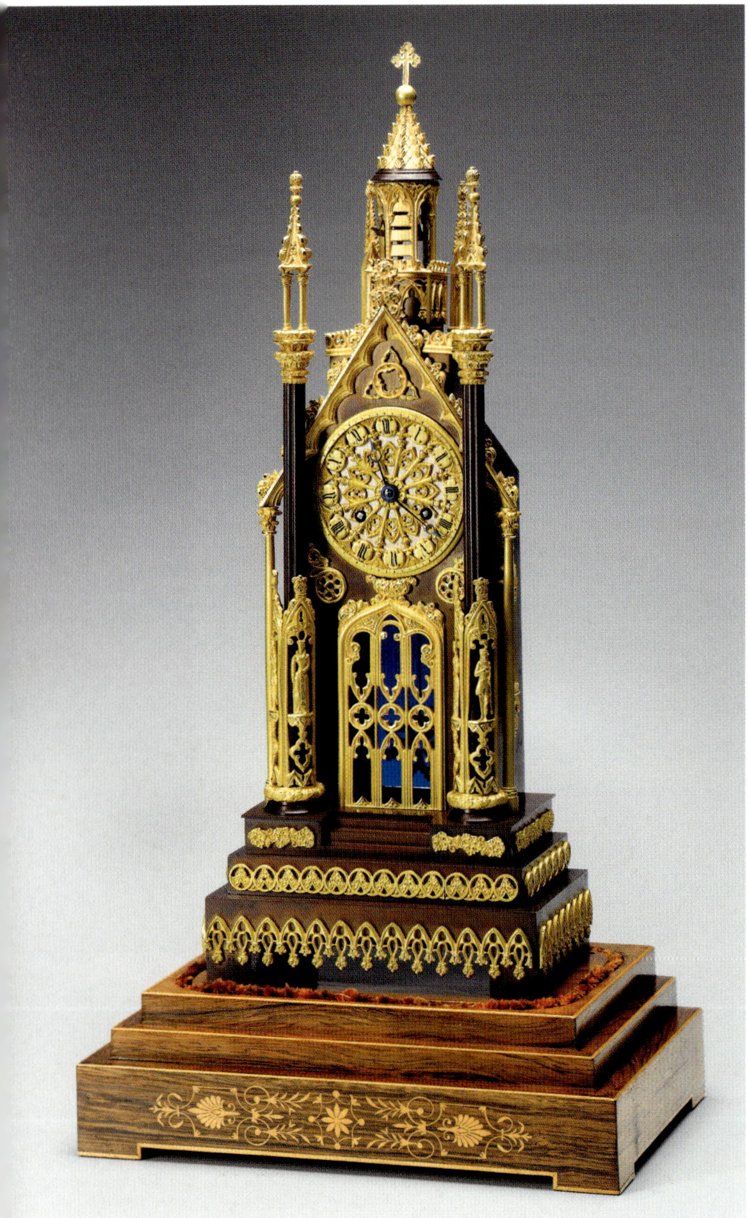

in München-Au, die dritte – sie wurde 1976 gestohlen – verwendete verschiedene Portal- und Fassadenelemente. FRD

74 Tafelaufsatz »Turm bei Kaub«: »Bayern und Pfalz – Gott erhalts«

Monogrammist K. H., 1891

Messing versilbert, Wappen emailliert, Malachit, H 66,5 D 38 cm

Wittelsbacher Ausgleichsfonds München, S II a 166

Prinzregent Luitpold war aufgrund seiner Volksnähe und Toleranz in der Bevölkerung sehr beliebt. Dies zeigt sich auch an den zahlreichen Geschenken, die er als Prinzregent von 1891 bis 1911 gesellschaftsübergreifend zu seinen runden Geburtstagen erhielt. Mit drei Jubiläen kamen 157 solcher Ehrengeschenke zusammen, die zugleich für ein Florieren des Münchner Kunstgewerbes sorgten. Der Prinzregent kann damit als einer der meistbeschenkten Monarchen seiner Zeit gesehen werden.

Das Geschenk der pfälzischen Landräte zum siebzigsten Geburtstag des Prinzregenten ist eine Nachbildung des Turms zu Kaub. Auf prachtvolle Weise sollte er die Verbundenheit der Pfälzer mit dem Prinzregenten und Bayern darstellen.

1277 hatte Pfalzgraf Ludwig II. Kaub erworben, das bis 1803 zur Kurpfalz gehörte. Der Turm wurde als Zollburg »Pfalzgrafenstein« im Rhein errichtet und mit einer Wehranlage versehen. Der Tischaufsatz lehnt sich in der Ausführung an historische Darstellungen dieses Turms an. Den Sockel bildet ein Quaderbau, auf dessen Zinnen Soldaten mit Fanfaren stehen.

Im Sockel präsentieren in Nischen an den vier Schauseiten allegorische Szenen von Handel, Industrie, Bergbau und Landwirtschaft die wirtschaftliche Bedeutung der Pfalz.

Darüber erhebt sich der Rundturm, der durch ein kapitellartiges Band mit der Widmungsinschrift »SR: KGL: HOHEIT DEM PRINZ-REGENTEN – DIE KREISVERTRETUNG DER PFALZ« in zwei Geschosse gegliedert ist. Im oberen Bereich, den allegorischen Szenen zugeordnet, rahmen Ädikulen historisierende Bildnisse von vier Wittelsbachern der Pfälzer Linien: Ruprecht III. als Stammvater der pfälzischen Linien, Ottheinrich, der wegen seiner Sammlung und der Bibliothek im Hei-

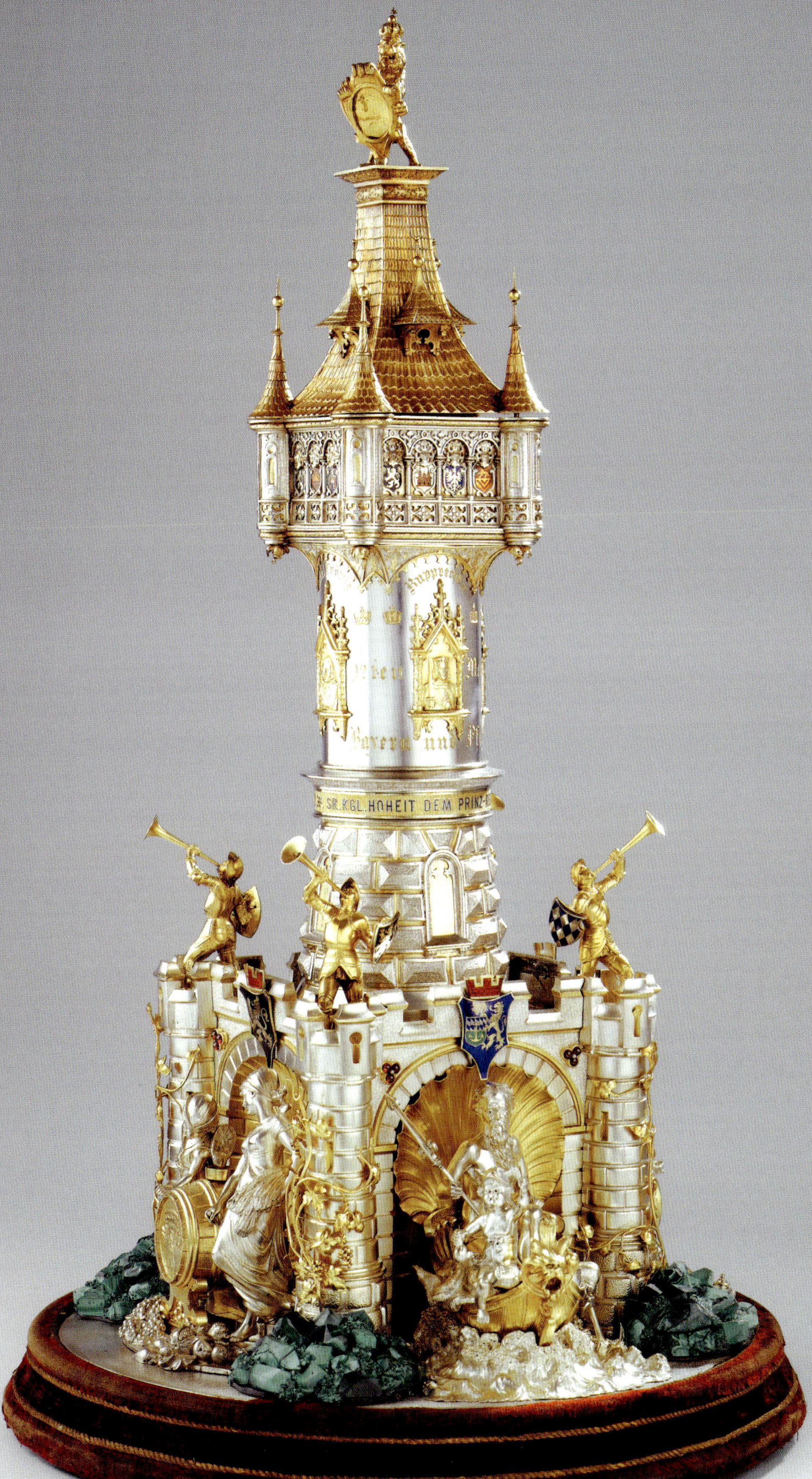
SR. KGL. HOHEIT DEM PRINZ

delberger Schloss als einer der bedeutendsten deutschen Renaissancefürsten galt, Karl Ludwig von der Pfalz, Sohn des Winterkönigs, der die unter seinem Vater verlorene Kurwürde für die Pfalz zurückerhielt, und Max I. Joseph aus der Linie Pfalz-Zweibrücken, als dem ersten bayerischen König. Der Turm wird bekrönt von einem Dachaufsatz, der mit Wappen pfälzischer Städte geschmückt ist. Auf dem Dach steht der goldene Pfälzer Löwe, der das bayerische Wappen mit den weiß-blauen Rauten (heute nicht mehr erhalten) hält.

Nicht nur die historische Verbundenheit der Pfalz mit dem Königreich Bayern und seinen Herrschern ist ein programmatischer Aspekt des figuralen Schmucks. Mit den vier Allegorien von Handel, Industrie, Bergbau und Landwirtschaft, dargestellt in kleinen Szenen, zeigt sich die Pfalz selbstbewusst als lebendiger, moderner Wirtschaftsstandort im Königreich.

Kurfürst Rupprecht III. von der Pfalz und von 1400 bis 1410 römisch-deutscher König ist der Allegorie des Handels zugeordnet, personifiziert durch den in einem schwer beladenen Boot fahrenden Flussgott Rhein. Über der Szene ist das Wappen von Ludwigshafen angebracht, das – 1843 von Ludwig I. gegründet – als Handels- und Hafenplatz zu einer schnell wachsenden Stadt mit florierender Wirtschaft wurde. Bereits in den 1890er Jahren war deswegen ein neuer Hafen erforderlich, der 1898 nach dem Prinzregenten benannt wurde.

Die Allegorie der Industrie wird durch eine arbeitende Dampfmaschine dargestellt, eine der zentralen Erfindungen des Jahrhunderts, ohne die die Industrialisierung nicht möglich gewesen wäre. Daneben steht ein Schmied mit Hammer und Amboss, um den handwerklichen Aspekt des Maschinenbaus darzustellen. Die kunsthandwerkliche Seite der Schmiedekunst personifiziert ein Lehrling, der eine Silberkanne ziseliert. Der Szene zugeordnet ist das Porträt Ottheinrichs mit dem Wappen Kaiserslauterns, das im 19. Jahrhundert durch seine günstige Verkehrslage an der Eisenbahnstrecke von Ludwigshafen in das Kohlerevier an der Saar zu einem bedeutenden Industriestandort geworden war.

Der Bergbau ist dem Wappen von Zweibrücken und dem Porträt des ersten bayerischen Königs Max I. Joseph aus der Linie Pfalz-Zweibrücken zugeordnet. Die Städtewappen im Obergeschoss des Turmes verweisen auf Städte in der westlichen Pfalz, wo die produktiven Kohlegruben lagen. Ein Bergmann in typischer Kleidung, eine voll beladene Lore aus dem Bergwerk schiebend, personifiziert diesen Industriezweig. Ihm beigestellt ist ein Knappe, der Licht (den sogenannten »Frosch«) und einen Schlegel hält.

Die Landwirtschaft wird Kurfürst Karl I. Ludwig von der Pfalz und dem Wappen Neustadts zugeordnet.

Dank des milden Klimas waren Weinbau und Landwirtschaft in der Pfalz sehr ertragreich. Ein junger Winzer füllt ein Fass mit der Aufschrift »Wein Pfalz«, eine Ährenleserin legt ihre Getreidegarben zu den Trauben und Feldfrüchten zu ihren Füßen. EvH

75 Schloss Linderhof: Ansicht der Grotte (Venusgrotte) in blauer Beleuchtung
Heinrich Breling, 1881
Aquarell, H 23 B 33 cm
Wittelsbacher Ausgleichsfonds München, B VIII 18
Reproduktion

Ludwig II. ist der bayerische König, der alle zur Verfügung stehenden technischen Mittel nutzte, um seine Traumwelten gebaute Wirklichkeit werden zu lassen.

Die Venusgrotte im Park von Schloss Lindenhof wurde 1875 bis 1877 unter Leitung des Bühnenbildners und »Landschaftsplastikers« August Dirigl errichtet. Sie teilt sich in drei Räume, zwei Nebengrotten und eine Hauptgrotte, welche je nach Beleuchtung in die Blaue Grotte von Capri oder die Venusgrotte im Hörselberg aus dem »Tannhäuser« verwandelt werden kann. Da der König die Grotte mit Szenen aus dem »Tannhäuser« ausgemalt wünschte, wurden die Künstler angewiesen, die Neuinszenierung der Wagner-Oper in Wien zu besuchen.

Die Außenhaut der Grotte besteht aus einer Eisenkonstruktion, deren Zwischenwände mit imprägnierter Leinwand bespannt wurden. Sie wurden mit dem gleichen Zementgemisch bespritzt, aus dem auch die künstlich geschaffenen Tropfsteine bestehen.

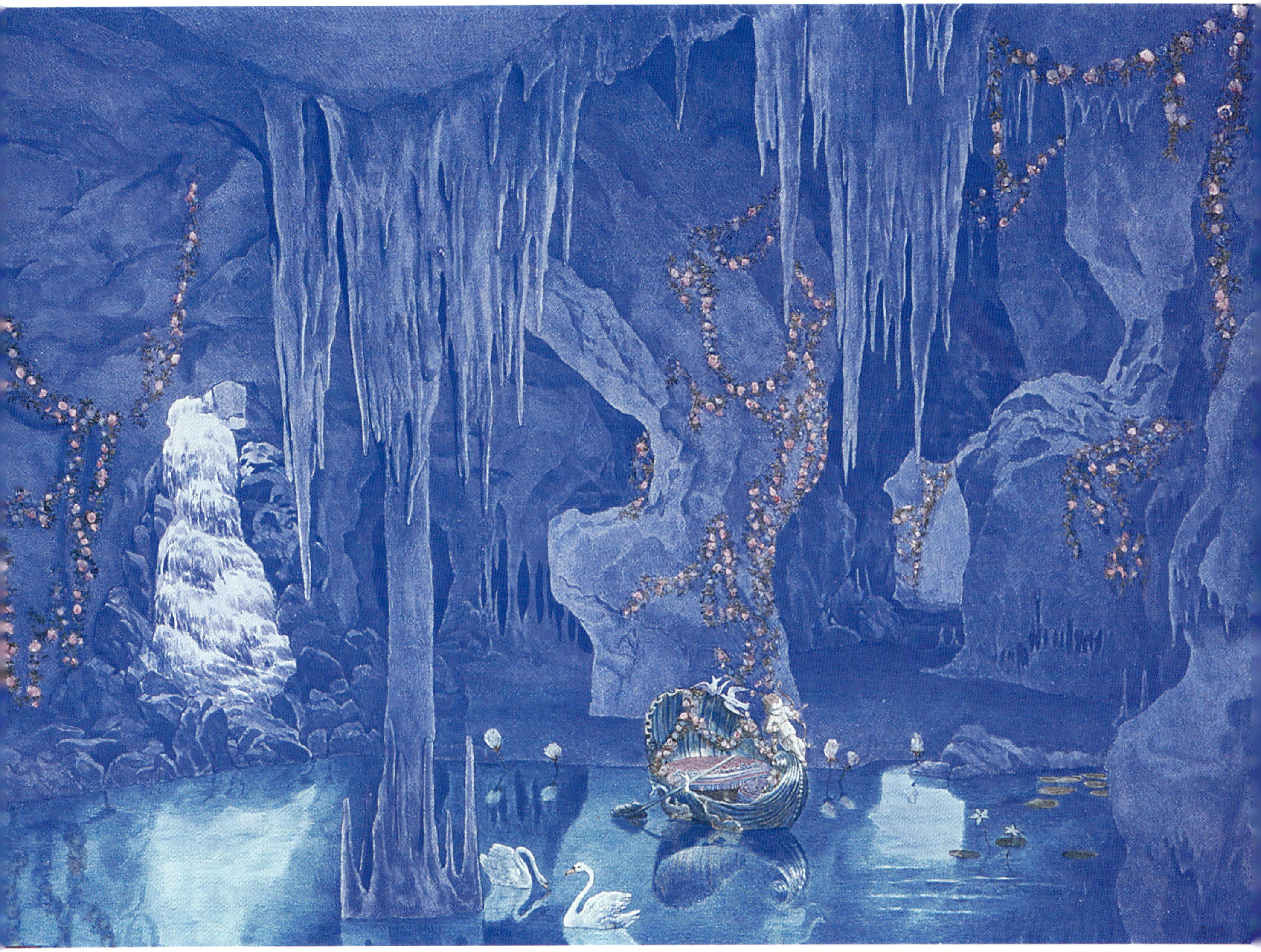

Sieben elektrisch befeuerte Öfen heizten die Grotte, deren See der König auch als Bad zu benutzen wünschte. Ein elektrisch betriebener Wasserfall, ein Regenbogen-Projektions-Apparat und eine Wellenmaschine ergänzten die technischen Einbauten, um die Illusion für den König perfekt zu machen, wenn er sich auf dem künstlichen See in einem muschelförmigen Kahn herumrudern ließ.

Als technische Besonderheit galt die damals eingebaute elektrische Beleuchtungsanlage, deren 24 Dynamomaschinen als erstes bayerisches Elektrizitätswerk gelten. Für ihren Antrieb sorgte eine Dampfmaschine in einem eigens gebauten Maschinenhaus. Schwierigkeiten ergaben sich bei dem Versuch, das Blau der Grotte von Capri genauestens nachzuempfinden, was dem König besonders wichtig war. Der Wunsch des Königs nach einem blaueren Blau war damals ein Ansporn für die noch junge Farbenindustrie und bescherte der Badischen Anilin- und Sodafabrik (BASF) in Ludwigshafen vier Jahre nach Ludwigs Tod (1886) ein Patent des Kaiserlichen Patentamtes zur Herstellung künstlichen Indigos, dem Jeansblau. EvH

MONARCHIE UND GESELLSCHAFT

Neben den politischen Reformen sind vor allem revolutionäre technische Erfindungen entscheidend für die gesellschaftliche Entwicklung im 19. Jahrhundert. Bayern war noch agrarisch strukturiert, besaß aber schon einige industrielle Zentren.

Die Aufstände von 1848 hatten die Situation der Arbeiter auch ins Bewusstsein des Monarchen gerückt. In München führten die Unruhen, die sich an der Politik und Person des Königs entzündeten, zum Thronverzicht Ludwigs I. Mit Zugeständnissen an die Märzbewegung gelang es seinem Sohn, Maximilian II., das Bündnis zwischen Thron und Volk wiederherzustellen. Mit zahlreichen Einzelmaßnahmen versuchte er, die Armut und ihre Folgen zu lindern. Bei seinem Tod hinterließ er seinem Sohn und Nachfolger eine nach innen stabile Monarchie.

Ludwig II. verbesserte mit einer ganzen Reihe von Gesetzen die Lage der gesellschaftlichen Unterschichten und gab damit kräftige Impulse für die weitere wirtschaftliche Entwicklung.

Die Entmündigung und der ungeklärte Tod Ludwigs II. 1886 waren Ursache für Vorbehalte gegenüber seinem Nachfolger, Prinzregent Luitpold. Der Prinzregent verstand es jedoch, alle Anfeindungen zu überwinden und das Ansehen der Wittelsbacher zu stabilisieren. Die Anerkennung und Wertschätzung, die Luitpold schließlich in der Bevölkerung genoss, drückt sich auch in den zahlreichen Geschenken der verschiedenen gesellschaftlichen Gruppen aus.

Letztlich waren Monarchie und Monarch aus dem politischen System und der Gesellschaft nicht wegzudenken. EvH

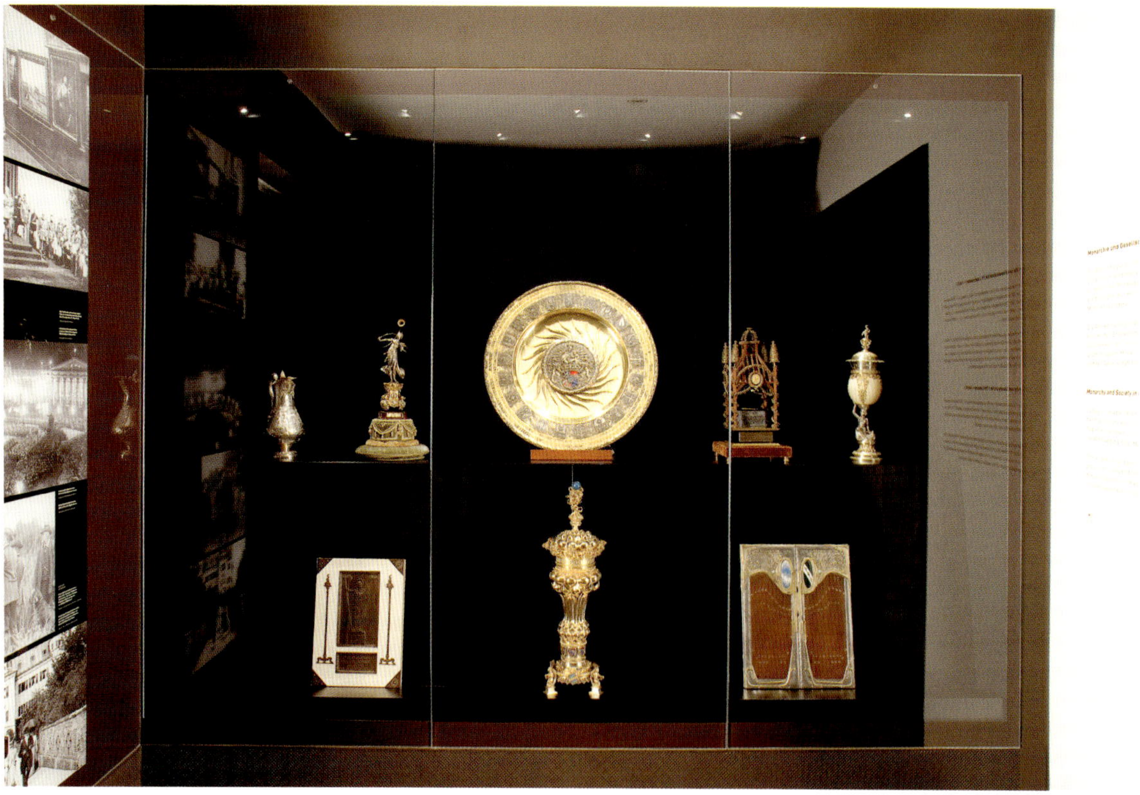

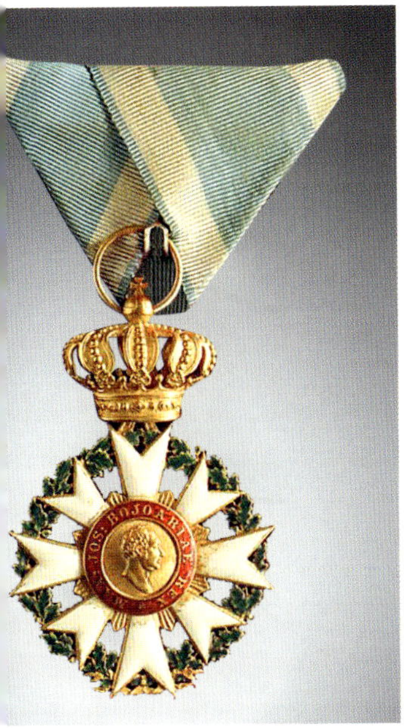

76 Komturkreuz des Verdienstordens der Bayerischen Krone

1808/1918

Gold, Emaille, H 5,8 B 4 cm

Wittelsbacher Ausgleichsfonds München, O II 24

Achtarmiges, sechzehnspitziges, weiß emailliertes und mit einem Eichenkranz umgebenes Kreuz mit einem Medaillon im Zentrum. Darauf eine goldene Krone auf weiß-blauem Rautenfeld, umgeben von einem golden umbordeten roten Reif mit der Inschrift »VIRTUS ET HONOS« (Tugend und Ehre), auf der Rückseite das Bild des Stifters Max I. Joseph mit der Umschrift »MAX«[imilianus] »JOS«[ephus] BOJARIAE REX (Maximilian Josef Bayerns König).

Der »Civil-Verdienstorden der Bayerischen Krone« wurde am 19. März 1808 als Pendant zum Militär-Max-Joseph-Orden gestiftet und zunächst mit drei Stufen (Großkreuz, Komtur und Ritter) verliehen, ab 1855 auch mit der Stufe des Großkomturs. Die bereits bestehende Zivilverdienstmedaille in Silber oder Gold wurde dem Orden als vierte Klasse angegliedert.

Mit der Verleihung war der persönliche Adelstitel verbunden; erst wenn zwei Vorfahren in direkter Linie bereits Träger dieses Ordens oder des Militär-Max-Joseph-Ordens waren, wurde der erbliche Adelstitel verliehen. Die Träger durften ihrem Namen mit dem Zusatz »Ritter von…« ergänzen.

Bis 1914 wurde der Orden über 3369 Mal Literaten, Dichtern, Malern, Architekten, Industriellen, hohen Geistlichen, Technikern, Wissenschaftlern und Hochschulprofessoren verliehen. Es wurde jedoch stets darauf geachtet, dass der Betreffende auch in der Lage war, ein standesgemäßes Leben zu führen. Das schloss die Verleihung dieses Ordens an »einfache Bürger« von vornherein aus. FRD

77 Wappenblatt der Adelsmatrikel für Theodor Ritter von Cramer-Klett

Carl Seliger (?), München, 1854

Deckfarben auf Karton, H 45 B 31 cm

Bayerisches Hauptstaatsarchiv München, Adelsmatrikel Freiherren C 14

Reproduktion

Der in Nürnberg geborene Theodor Cramer (1817–1884) kam nach Besuch der Wiener Handelsakademie und einer Banklehre in Prag nach München und hörte Vorlesungen von Friedrich Wilhelm Lessing. 1841 ging er in die Schweiz, wo er für eine Genfer Bank Italien und Frankreich bereiste. Bald jedoch kehrte er wieder nach Nürnberg zurück, gründete einen Verlag und übernahm 1844 die Redaktion des »Nürnberger Kuriers«.

Die Heirat mit der Fabrikantentochter Emilie Klett führte zur einschneidenden Wende. Er nannte sich nun Cramer-Klett und übernahm die Leitung der bisher eher konservativ arbei-

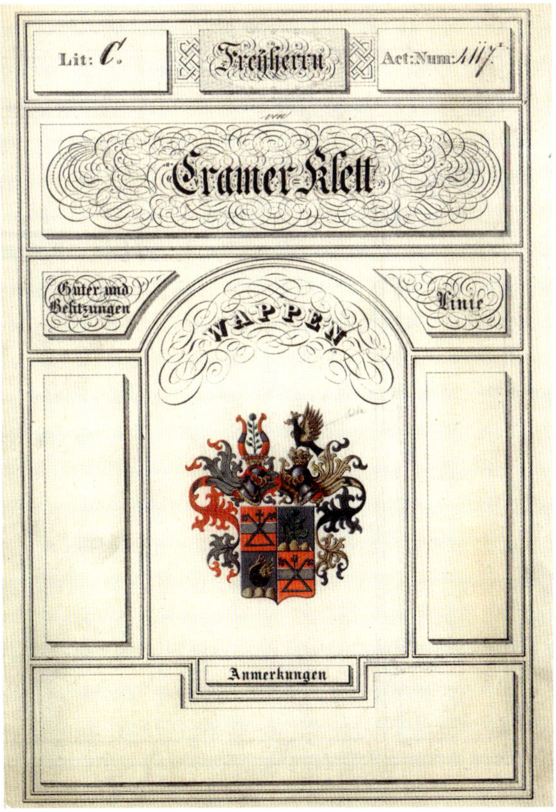

tenden Fabrik seines Schwiegervaters. In wenigen Jahren strukturierte er den Betrieb in Richtung »Eisenbahnbedarf« um: Räder, Eisenbahnwaggons, Dampfmaschinen und Brückenbau. Zwischen 1868 und 1872 gründete er ein Dutzend Kapitalgesellschaften im Banken- und Versicherungswesen und war 1880 an der Gründung der Münchner Rückversicherung beteiligt. Als pflichtbewusster patriarchalischer Unternehmer richtete er 1869 eine Krankenunterstützungskasse ein, ließ Werkswohnungen und eine Schule bauen.

Mit dem Bau des prestigeträchtigen Glaspalastes in München war für Theodor Cramer-Klett der persönliche Adelstitel verbunden. Ob seines prosperierenden Unternehmens und seiner weitreichenden, auch für das Land Bayern förderlichen Kontakte verlieh ihm König Ludwig II. 1876 »in Anerkennung der Verdienste, welche er sich um die bayerische Industrie und um die Arbeiterverhältnisse Nürnbergs erworben hat« den Freiherren-Stand und damit den erblichen Adelstitel. Als Voraussetzung dafür hatte Cramer-Klett Schloss und Gut Hohenaschau im Chiemgau 1875 erworben.

Das viergeteilte Wappen mit freiherrlich bekrönten Spangenhelmen enthält neben der überkommenen heraldischen Motivsprache ein besonderes, im 19. Jahrhundert modernes Element: das geflügelte Rad, das Sinnbild für die Eisenbahn.

Anfangs beschäftigte das Reichsheroldenamt die Kanzellisten Hiazinth Freiherr von Muggenthal und Carl Seliger als Wappenmaler. Seliger war auch 1812 Kanzellist und Wappenmaler beim Königlich Bayerischen Hausritterorden vom Heiligen Georg und nach Anstellungen beim Finanzministerium (1819) und in der Verwaltung des Obermainkreises in Bayreuth (1824) bis in die 1840er Jahre als selbständiger Wappenmaler in München tätig.

Das junge Königreich Bayern erfasste, dem Adelsedikt vom 28. Juli 1808 folgend, die gesamtbayerische Aristokratie. Diese hatte ihren Titelanspruch zu belegen, denn die Titelführung war nun von stichhaltigen Nachweisen abhängig und konnte nur durch eine »königliche Konzession erlangt werden«. Nurmehr in den Adelsmatrikeln aufgeführte Personen bzw. Geschlechter wurden im Königreich Bayern amtlich als adelig anerkannt. Bayern war der erste deutsche Staat, der ein öffentliches Verzeichnis aller Adeligen in seiner Gesamtheit führte. Die ehemaligen reichsunmittelbaren Standesherren empfanden diese Bürokratie oft als demütigend. Die Aufnahme in die Adelsmatrikel war nicht kostenfrei: untitulierte Adelige zahlten 15, Ritter 25, Freiherrn 45, Grafen 60 und Fürsten 100 Gulden. Entsprechend der »Adelsmatrikelverordnung« vom 22. Mai 1812 schloss die endgültige Frist am 1. Januar 1813. Die Erstellung der Adelsmatrikel oblag dem eigens geschaffenen und bis 1918 bestehenden Reichsheroldenamt. Karl Heinrich, seit 1808 Ritter von Lang, übernahm 1812 dieses Amt und wurde sehr angefeindet, als im K. B. Regierungsblatt 1813 zu lesen war, dass der »fernere Fortgebrauch des adeligen Prädikates in so lange als unterbrochen« zu gelten habe, bis eine Immatrikulierung stattgefunden hat.

Das Bayerische Hauptstaatsarchiv in München verwahrt noch 3490 Matrikelbögen, davon etwa ein Drittel dem Personaladel der »Ritter von …« zugehörig. Aus der Tätigkeit Karl Heinrich Ritters von Lang (1764–1835) entstand das 1815 in Druck erschienene »Adelsbuch des Königreichs Baiern«.
FRD

SOZIALE FRAGE UND INDUSTRIALISIERUNG

78 Arbeiterinnen im Nürnberger Werk der Elektrizitäts-Aktiengesellschaft vorm. Schuckert & Co., Nürnberg

Fotografie, um 1900
H 28 B 21,5 cm
Siemens Corporate Archives München, EB IV 2025
Reproduktion

Die Industrialisierung hatte neben dem technischen Fortschritt in Landwirtschaft und Handwerk auch ihre Schattenseiten. Das Anwachsen der Arbeiterschaft auf der einen Seite und der Wandel der Arbeitsbereiche durch die verstärkte Mechanisierung brachten große soziale Probleme mit sich, die zu einer Verelendung weiter Teile der Bevölkerung führten. Die Arbeitsbedingungen in den Fabriken waren hart, bei Erwerbsausfall, etwa durch Krankheit, blieb vielen nur die Bettelei. Die zunehmende Landflucht führte in den rasch wach-

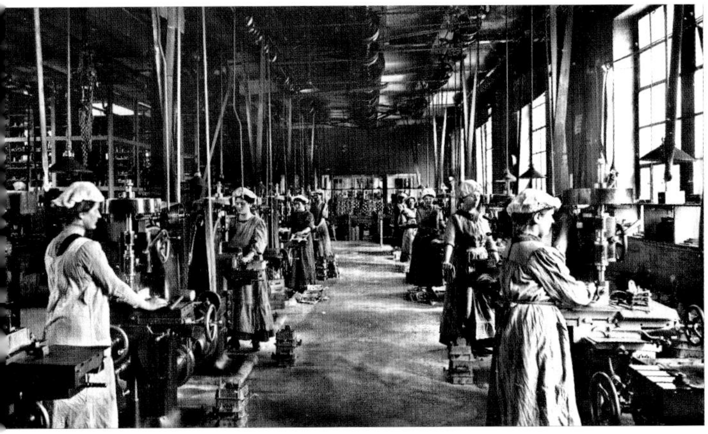

senden Städten zu Wohnungsnot, die hygienischen Bedingungen waren miserabel.

Die Unruhen um 1848 waren für König Maximilian II. der entscheidende Anstoß. Mit einer Verfassungsreform trug er der veränderten Situation Rechnung. Wesentliche Neuerungen waren das Wahlrecht für alle männlichen Bayern, weitgehende Pressefreiheit und die Stärkung des gewählten Parlaments.

Nach dem Tod seines Vaters nahm Ludwig II. die Sozialgesetzgebung in Angriff. Mit klaren Rahmenbedingungen – er führte Gewerbefreiheit und Freizügigkeit ein, sorgte für Sicherheitskontrollen in den Fabriken – gab er den Anstoß für die weitere wirtschaftliche Entwicklung. Noch in der Planungsphase von Neuschwanstein initiierte er den »Krankenunterstützungsverein Schwangau am kgl. Burgbau«, der bis heute als Kranken-Tagegeldversicherung besteht. Jeder beim Burgbau beschäftigte Arbeiter erhielt nach einem Arbeitsunfall einen Gulden pro Krankheitstag, was in den Anfangsjahren mehr als der durchschnittliche Tagesverdienst war. Das Krankentagegeld wurde 100 Tage lange gewährt. Die jährliche Unterstützung des Vereins durch den König betrug 150 bis 200 Gulden.

Staatliche Fürsorge wurde auch gesetzlich verankert: Das von König Ludwig II. und dem sich anschließenden Ministerrat erlassene »Gesetz über die öffentliche Armen- und Krankenpflege« vom 29. April 1869 war das erste dieser Art in ganz Europa. Es sollte nach Artikel 1 »hilfsbedürftige Personen unterstützen« und »der Verarmung entgegen wirken«. Die ministerialen Erläuterungen beschnitten bei der Ausführung jedoch die königlichen Großzügigkeit zugunsten der Staatskasse, dass nur »Gewährung des zur Erhaltung des Lebens und der Gesundheit Unentbehrlichen« möglich sei.

Im Deutschen Reich wurde die Krankenversicherung erst 1883 und die Unfallversicherung 1884 eingeführt – 17 Jahre nach dem Schwangauer Verein. Der Schwangauer Krankenunterstützungsverein war das Vorbild für viele Kranken-, Arbeiter- und Burschenvereine, die neben der Geselligkeit auch die Unterstützung der Mitglieder im Krankheitsfalle in ihren Statuten fixierten. EvH, FRD

PRINZREGENT LUITPOLD

Luitpold kam 1821 in Würzburg zur Welt und war mit seinem freundlichen Wesen der Lieblingssohn von Ludwig I. Die Erziehung war anspruchsvoll, zielte auf die Vermittlung aller »erforderlichen Kenntnisse, auf daß er, sollte er einstmals auf den Thron gelangen, wohl dazu vorbereitet« ist und mündete in eine erfolgreiche Militärlaufbahn.

Am 9. Juni 1886 kamen der Ministerratsvorsitzende Johann Freiherr von Lutz und Prinz Luitpold überein, König Ludwig II. aufgrund eines ärztlichen Gutachtens für regierungsunfähig zu erklären. Am nächsten Tag übernahm Luitpold die Regentschaft. Der Bruder König Ludwigs II., Otto, wurde nach dem Tod Ludwigs als König proklamiert, wenngleich er die Regierungsgeschäfte aus gesundheitlichen Gründen nicht übernehmen konnte. Dies beschränkte die Stellung Luitpolds auf die eines Regenten.

Als Prinzregent stand Luitpold von 1886 bis zu seinem Tod 1912 an der Spitze des Königreichs und regierte damit länger als seine monarchischen Vorgänger und sein Nachfolger, König Ludwig III. Die Regierungszeit Luitpolds waren Jahre des Friedens, des wirtschaftlichen Fortschritts und der kulturellen Blüte, des »Fin de siècle« an der Schwelle zum Weltkrieg. Sympathisch, bürgerlich, väterlich wirkte Luitpold mit seinem volksnahen Regierungsstil. Dabei sah sich der Prinzregent anfangs mit politischer Stagnation, Monarchiekritik und – nicht zuletzt durch die Vorgänge bei der Entmachtung König Ludwigs II. – einem Prestigeverlust des Hauses Wittelsbach konfrontiert.

Es gelang dem Prinzregenten, die öffentliche Meinung für sich zu gewinnen und das politische Klima zu stabilisieren. Als Kunstmäzen reihte er sich in die Tradition des Hauses Wittelsbach ein, das mit Natur und Heimat verbundene Bild des königlichen Jägers machte den Regenten in den ländlichen Gebieten populär. Besondere Gelegenheiten zur positiven Darstellung des Regenten boten die Feiern zum 70., 80. und 90. Geburtstag. Sie symbolisierten Stabilität und Beständigkeit vor dem Hintergrund rasanter gesellschaftlicher Veränderungen. Die Feierstunden und Festakte basierten auf der Verarbeitung antiker Stoffe und Motive für Huldigungsoden, -märsche und Deklamationen. Sie sollten die Liebe zum Landesvater und die Treue zwischen Fürst und Volk gesellschaftsübergreifend demonstrieren.

Kostbar gearbeitete Glückwunschadressen wurden von Religionsgemeinschaften und Handwerkervereinigungen, der Notariatskammer, der Akademie, der Künstlergenossenschaft oder dem Kunstverein überreicht. Auch die bayerischen Ministerien, Landräte aus allen Teilen des Königreichs, Lehrervereinigungen und Vereine bemühten sich landesweit um eine außergewöhnliche Gestaltung der Geschenke. Sie zeigen die große Anerkennung und Wertschätzung, die der Prinzregent »in der guten alten Zeit« in der gesamten Bevölkerung genoss. LL

79 Ehrengabe des Bayerischen Kunstgewerbe-Vereins zum 70. Geburtstag des Prinzregenten Luitpold

Theodor II. Heiden, Georg Pezold (Entwurf und Modell), München, 1891

Silber, getrieben, gegossen, geätzt, graviert, ziseliert, teilweise vergoldet, Emaille, Rubine, Smaragde, Lapislazuli, Perlen, Marmor. Untersatz mit grünem Samtüberzug, weißen Seidenborten und Bommeln,

H 47,5 cm, H 34 cm (Figur)

Wittelsbacher Ausgleichsfonds München, S I 106

Die Münchner Goldschmiedekunst besitzt eine lange Tradition und erreichte während des 19. Jahrhunderts eine Blütezeit. Wichtige Impulse erhielt das Kunsthandwerk insbesondere während der Regierungszeit König Ludwigs II. und des Prinzregenten Luitpold. Zu seinem 70. Geburtstag am 12. März 1891 erhielt der Prinzregent nur das Modell dieser Ehrengabe, die erst im November des gleichen Jahres feierlich überreicht wurde.

Auf einem Untersatz, der mit grünem Samt bezogen ist, ruht ein niedriger Sockel aus rötlichem Marmor. Die Seitenapplikationen an den Eckvorsprüngen sind mit der Widmungsinschrift »Zur 70jaehrigen Geburtstagsfeier – d. bayr. Kunstgewerbe/Verein. München – Dem erhabenen/Protektor – PrinzRegent/Luitpold von Bayern« versehen. Das Postament, das auf vier Kugeln aus Lapislazuli aufliegt, ist reich dekoriert. Man erkennt Widderköpfe, Granatäpfel und Volutenspangen, die mit Smaragden und Rubinen verziert sind. In der Mitte der Vorderseite ist ein »L« aus Rubinen für Luitpold aufgebracht, die Rückseite trägt das bayerische Wappen. Auf den Längsseiten sind die goldenen Jahreszahlen 1821 und 1891 angegeben, umrahmt von grünen Lorbeerkränzen.

Auf diesem Podest steht eine mit einem wehenden Gewand bekleidete Allegorie, die ein Parforcehorn bläst. In der linken Hand hält sie eine Palette mit Hammer und Lorbeerzweig – Attribute, die sie als Sinnbild des Kunstgewerbes ausweisen. Das Geschenk wurde von mehreren Mitgliedern des Vereins – darunter die bedeutenden Münchner Juweliere Paul Merck, Karl Rothmüller und Julius Elchinger – als Gemeinschaftswerk ausgeführt. Der damals erst 26-jährige Bildhauer Georg Pezold (1865–1942) zeichnete für Entwurf und Modell verantwortlich, Theodor II. Heiden (1853–1928) hatte als Obmann der Goldschmiedegilde die Gesamtleitung der Ausführung inne. Weitere Beteiligte waren die Vereinsmitglieder Johann Herzner, Josef Mühlberger, Karl Rothmüller, Julius Elchinger, Paul Merck, Leopold Eberth, Rudolf Hormann und Franz Ronchetti.

Als Leihgabe des Prinzregenten wurde das Kunstwerk im Jahr 1900 auf der Pariser Weltausstellung präsentiert. LL

80 Prunkteller mit Wappen oberbayerischer Städte

Otto Hupp, München, 1891

Silber, teilweise vergoldet, reliefiert, Emaille

D 69 cm

Wittelsbacher Ausgleichsfonds München, S I 58

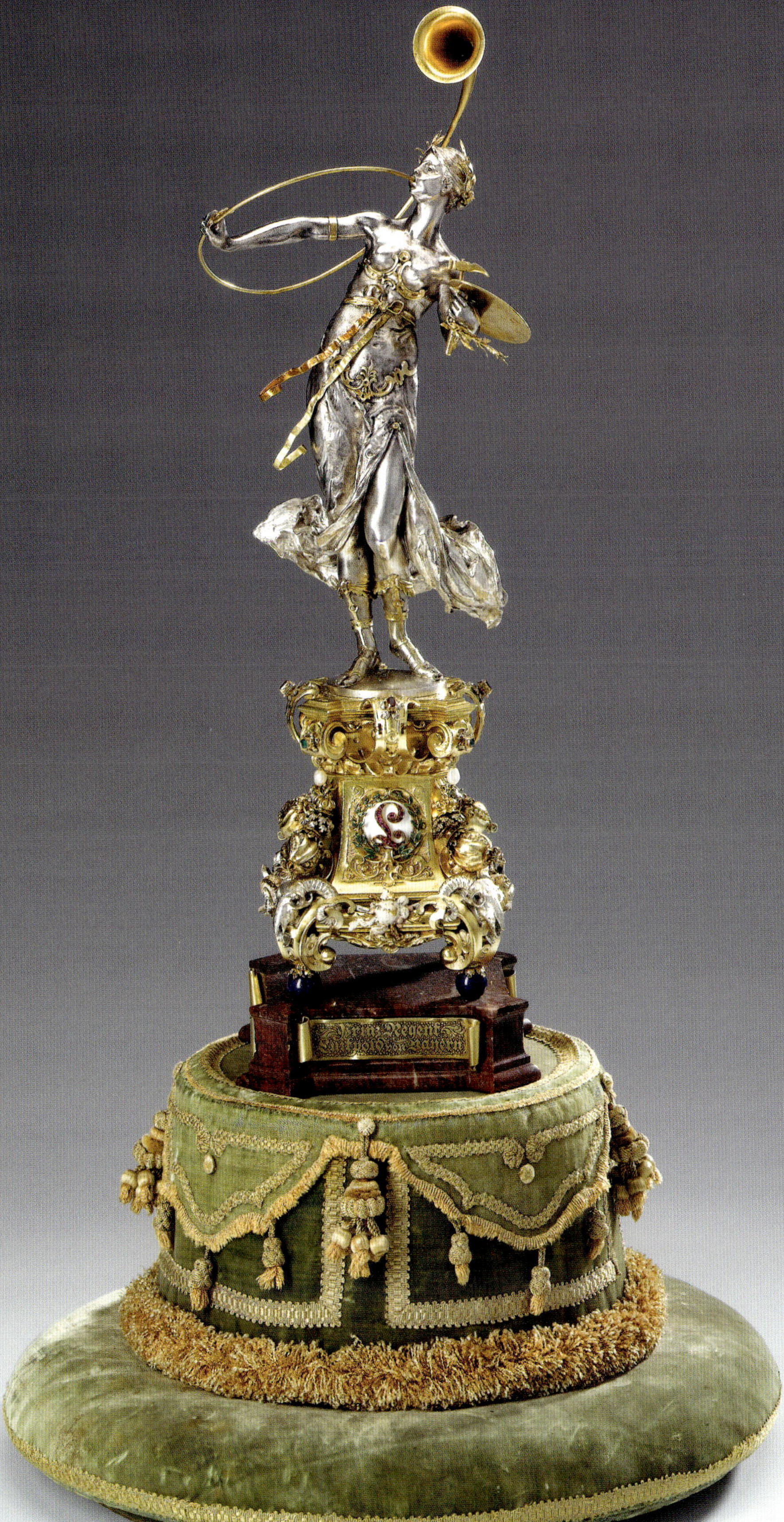

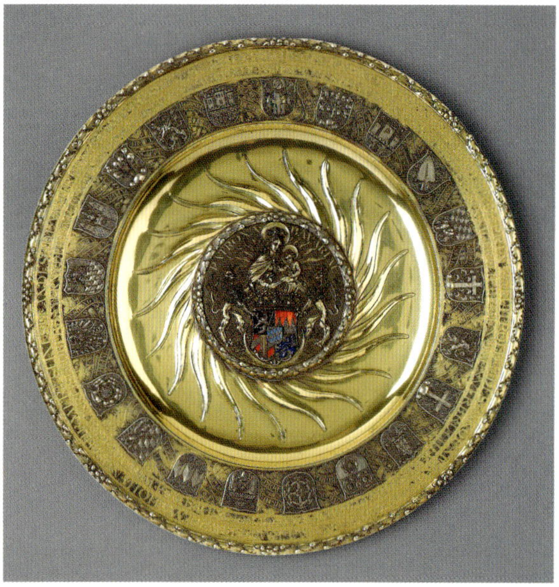

Bei dem in Silber getriebenen und vergoldeten Prunkteller handelt es sich um eine Ehrengabe zum 70. Geburtstag des Prinzregenten Luitpold. In der Mitte des Tellers befindet sich ein von Sonnenstrahlen umrahmtes Relief der Patrona Bavariae, darunter ein emailliertes bayerisches Wappen, das von zwei Löwen gehalten wird. Die Wappen 21 oberbayerischer Städte zieren die Tellerfahne, deren Außenseite umlaufend die Widmung trägt:

»Seiner Königlichen Hoheit Prinz Luitpold, des Königsreichs Bayern Verweser, dem hohen Schirmer seines Landes, dem treuen Vater seines Volkes, in aufrichtiger Dankbarkeit, inniger Liebe und unverbrüchlicher Treue zum 70. Geburtstag gewidmet vom Kreise Oberbayern, der Wiege des erlauchten Königshauses.«

Angefertigt wurde der Prunkteller von dem Heraldiker, Kunstmaler und Graveur Otto Hupp. Er schuf weitere Ehrengaben, unter anderem für Kaiser Franz Joseph I. von Österreich (1830–1916) und Paul von Hindenburg (1847–1934). Hupp wurde für seine künstlerischen Verdienste 1906 von Prinzregent Luitpold zum Professor ernannt und 1911 in Anerkennung einer von ihm geschaffenen Ehrengabe zum 90. Geburtstag des Prinzregenten mit der »Prinzregent-Luitpold-Medaille mit der Krone in Silber« geehrt. Populär wurde er mit seinen gezeichneten Vorlagen zu den Wappen-Sammelbildchen als Reklame für Kaffee HAG, die zu Beginn des Ersten Weltkriegs und vor allem zwischen 1926 und 1939 millionenfach Verbreitung fanden. 1923 entwarf er das Wappen des Freistaats Bayern. Als Vertreter der seriösen Heraldik wandte er sich zur gleichen Zeit entschieden gegen den pseudowissenschaftlichen »Runen-Rummel« und die okkulten Deutungen von Wappenbildern. LL

81 Kanne mit Blütendekor
Monogrammist A. M., München (?), nach 1888
Silber, gegossen, graviert, innen vergoldet, H 33 cm
Wittelsbacher Ausgleichsfonds München, S I 99

Die neobarocke Kanne gehört zu den prachtvollen Geschenken, die Prinzregent Luitpold im Dezember 1901 zu seinem 80. Geburtstag erhielt. Für eine Datierung nach 1888 spricht die Reichsstempelung am Gefäßboden mit dem Feingehalts-

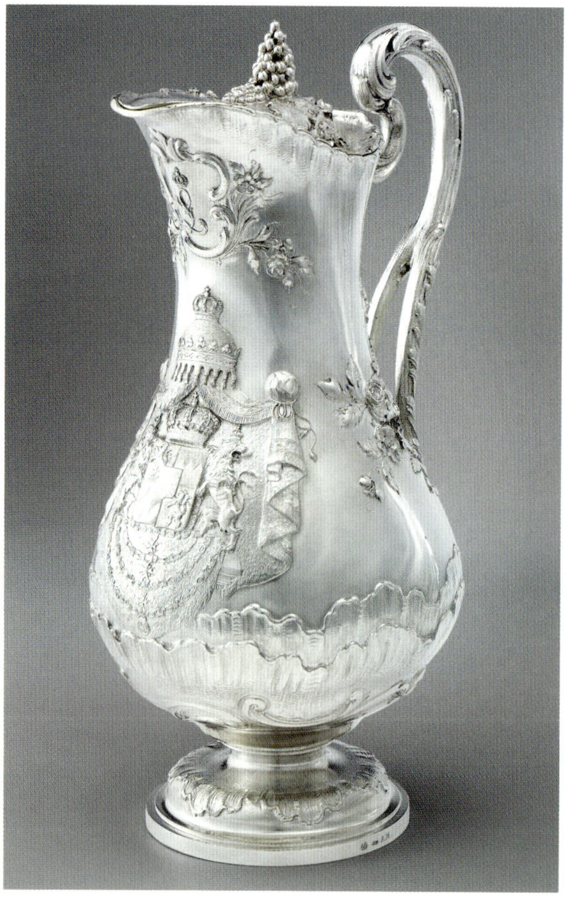

zeichen 800, Halbmond und Krone. Die Gravur »A .M.« bezeichnet den nicht bekannten Künstler.

Die Kanne mit dem königlich-bayerischen Wappen auf einer Hermelindecke ist von besonders repräsentativem Charakter. Die Darstellung der Krone mit dem Monogramm »L« für König Ludwig II. (1845–1886) ist ein historischer Rückgriff auf die versöhnliche Anbindung Luitpolds an das Königtum Ludwigs.

An die Tradition der Wittelsbacher knüpft auch die unter den Wappen angebrachte, dreifache Kollane mit den untereinander angeordneten Hausritterorden vom Heiligen Hubertus, dem Hausritterorden vom Heiligen Georg und dem Militärverdienstorden an. Sie demonstrieren die dynastische Tradition des Hauses Wittelsbach und seine Stellung im europäischen Hochadel.

Vielleicht war die Kanne als Tischgerät in Verwendung, möglicherweise gehörte sie als Wasserbehälter zu einer Handwaschgarnitur. Mit ihrer prachtvollen Gestaltung war sie für die gehobene Präsentation gedacht. LL

82 Straußenei-Pokal

München, 1851/1900

Silber, getrieben, gegossen, vergoldet, Straußenei,

H 52 D 13 cm (Fuß)

Wittelsbacher Ausgleichsfonds München, S I 36

Der einen halben Meter hohe Pokal aus vergoldetem Silber setzt sich aus drei Teilen zusammen. Den untersten Teil bildet eine runde und ornamentierte Sockelplatte mit Kannelüren und einem kräftig profilierten, mit floralem Dekor verzierten Wulst. Darüber sitzt der Schaft, ein zylindrisches Podest mit Blattwerkdekor, abgesetzten Profilen und perlbandumzogener Plinthe, den eine mit Lendentuch und Kopfbedeckung aus Federn bekleidete, weibliche Mohrenfigur krönt. Der linke Arm der Frau ruht neben Buschwerk, während ihre ausgestreckte Rechte mit ihrem Kopfschmuck als Basis für die darüber liegende Straußeneikuppa dient. Diese besteht aus vier sich nach oben verbreiternden, durchbrochenen und ornamentierten Spangen. Gekrönt wird der Pokal von einem silbermontierten Deckel mit hohem Rand, der die Kalotte des Eis umschließt und mit den Motiven einer Straußenjagd verziert ist. Auf der Spitze des Deckels ist die Figur eines Knaben befestigt, der einen Strauß an der Leine führt.

Die Schaft- und Deckelmotivik des Pokals lässt sich bis in die Spätrenaissance zurückverfolgen. Als subtile Korrespondenz zwischen Natur und Kunst waren Straußeneipokale, im 16. Jahrhundert ausnahmslos aus Silber gefertigt, durch die zunehmenden Entdeckungsreisen begehrte Objekte für die europäischen Kunst- und Wunderkammern. Zu den Kunstgegenständen aus exotischen Naturalien, denen magische und heilbringende Wirkung zugesprochen wurde, gehörten

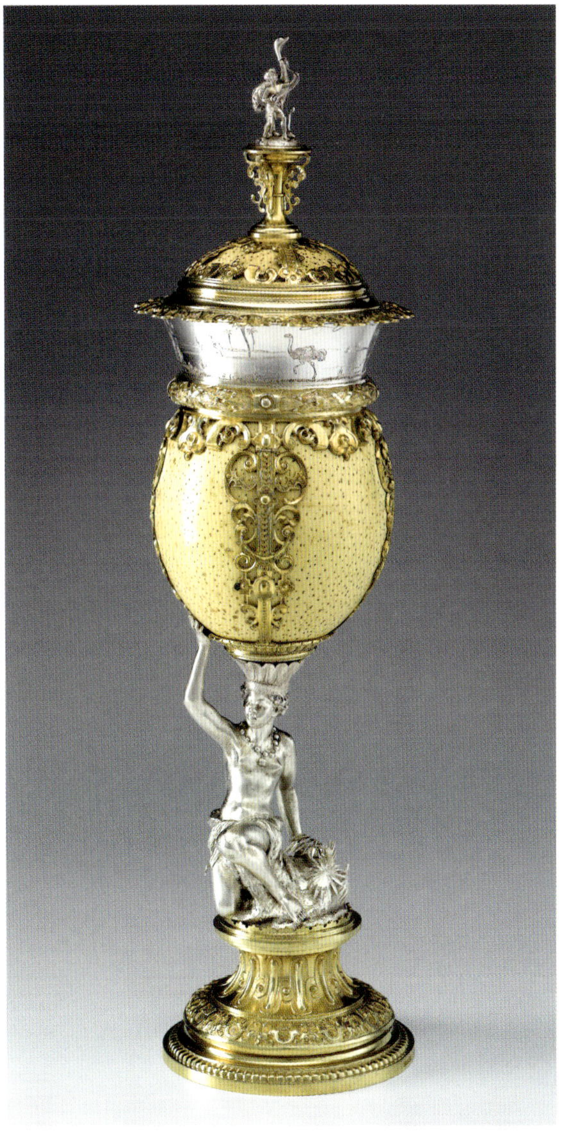

auch Kokosnusspokale, Flaschenkürbisse, Palmblattfächer oder Elfenbeinskulpturen.

Im 19. Jahrhundert, als auf die Renaissance als vermeintlich goldenes Zeitalter bürgerlicher Kultur zurückgegriffen wurde, erfuhr der Typus des Straußeneipokals eine neue Wertschätzung. Die wachsenden Möglichkeiten realer Kommunikation und die Verbreitung wissenschaftlicher Erkenntnisse über fremde Menschen und Länder schufen schließlich für weite Kreise eine idealisierende Exotik, das »Fremdschöne«, als Vorstellung für außereuropäische Kulturen. LL

83 Buckelpokal

Fritz von Miller, München, 1891
Silber, vergoldet, getrieben, ziseliert, Perlen, Halbedelsteine, Lapislazuli, Emaille,
H 69,5 D 20 cm (Fuß)
Wittelsbacher Ausgleichsfonds München, S I 56

Den Buckelpokal mit einem Prunkdeckel, der eine Erdkugel aus Lapislazuli trägt, erhielt der Prinzregent zu seinem 70. Geburtstag. Die Figur der Patrona Bavariae, die auf der Kugel angebracht war, fehlt. Wie die umlaufende Inschrift: »Dem geliebten Vater die dankbaren Kinder 12. März 1891« am Deckel zeigt, stammt der Pokal von den vier Kindern Luitpolds: Ludwig (geb. 1845), Leopold (geb. 1846), Therese (geb. 1850) und Arnulf (geb. 1852).

Der Kelch wird von drei auf Podesten knienden Engeln getragen. In die Podeste ist jeweils rechts »F.v.Miller«, »1891« und »München« eingraviert. Die Engel halten Spruchbänder mit dem Text »Santa Maria« – »Patrona Bavariae« – »ora pro nobis« in den Händen. Dazwischen sind drei Wappen mit der silber-blauen Raute an Ösen befestigt. Der Fuß des Kelchs ist mit einer Blumenranke aus emaillierten Blütenblättern und einem gefassten Halbedelstein umwunden. Darüber sind umlaufend in Emailletechnik sieben Wappen der drei Söhne Luitpolds, ihrer Gattinnen, Erzherzogin Marie Therese von Österreich-Este, Erzherzogin Gisela von Österreich und Prinzessin Therese von und zu Liechtenstein, sowie der Tochter des Prinzregenten, Prinzessin Therese von Bayern, angebracht.

Der Pokal wurde seit 1929 als eines der Prinzregentengeschenke auf Schloss Hohenschwangau ausgestellt. 1974 wurde die ursprünglich die Lapislazuli-Kugel bekrönende Patrona Bavariae während einer Schlossführung gestohlen. Deckelpokale waren Trinkgefäße für besondere Gelegenheiten, die ihre Vorläufer im sakralen Kelch des Mittelalters und der Renaissance haben. Vor allem im 16. und 17. Jahrhundert

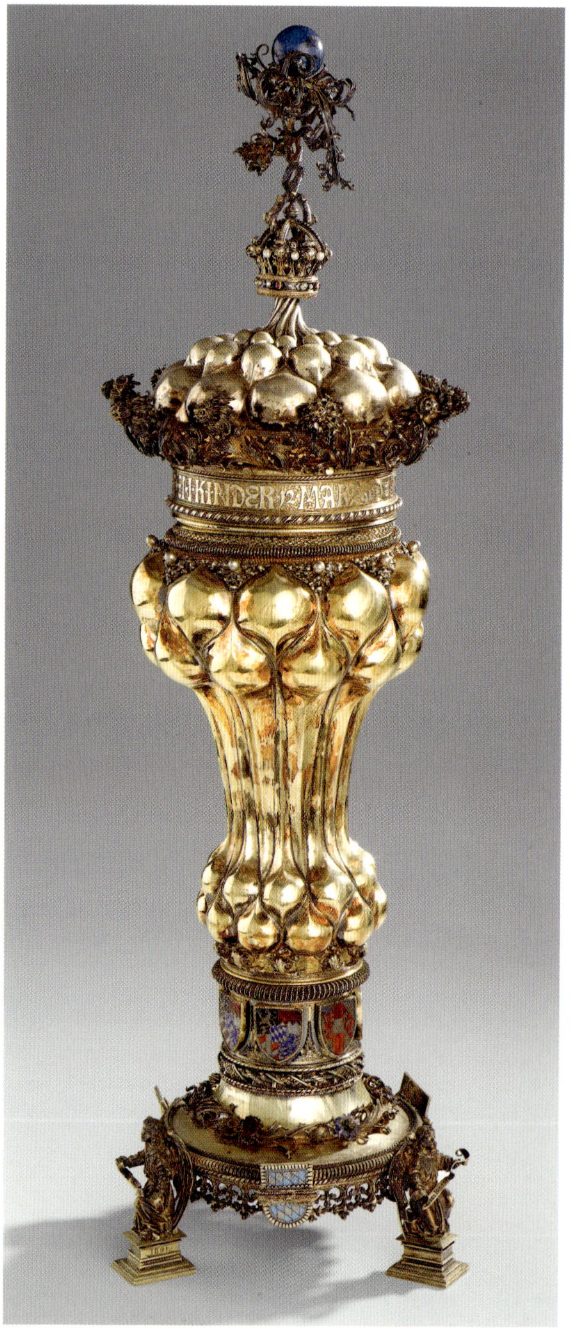

waren Buckelpokale eine weit verbreitete und bekannte Form, die durchwegs aus Silber gefertigt und teilweise vergoldet zur Repräsentation und zum Trinken bei feierlichen Gelegenheiten im öffentlichen und privaten Raum dienten. Das Aufgreifen solch prachtvoller Vorbilder war im Historismus äußerst beliebt.

Angefertigt wurde das Geschenk von dem Goldschmied, Bildhauer und Erzgießer Dr. Ing. h. c. Johann Joseph Fritz von Miller (1840–1921). Er war der älteste Sohn Ferdinand von Millers d. Ä., der die Königlich Bayerische Erzgießerei übernommen hatte. Von seinem Vater zunächst mit den Brüdern Ferdinand d. J. und Ludwig als Nachfolger in der Erzgießerei eingesetzt, wandte er sich jedoch der Goldschmiedekunst zu und wurde zu einem der bedeutendsten Vertreter des Historismus. Von 1868 bis 1912 lehrte er als Professor an der Münchner Kunstgewerbeschule und besaß großen Einfluss auf das Kunsthandwerk seiner Zeit. LL

84 Grußadresse von Ansbach 1906

Hermann Schwabe (u. a.), Nürnberg, 1906

Holz, Silber, Leder, Türkise, H 48,5 B 39 T 3,8 cm

Wittelsbacher Ausgleichsfonds München, Familienbibliothek, Prinzregent Luitpold A.A. 509

Grußadresse anlässlich der hundertjährigen Zugehörigkeit Mittelfrankens zum Königreich Bayern.

Der parkettierte Träger aus Buchenholz in Form eines Triptychons ist mit geprägtem Leder bezogen und mit Silberblechen (teilweise vergoldet) montiert. Frontseitig sind das Wappen von Ansbach und das Rautenwappen in hochovalen Emailleschildern sowie die Jahreszahlen »1806« und »1906« zu sehen. Die Klappdeckel tragen ein vegetabiles Dekor mit unpolierten Türkisen. Das Äußere kann die Inspiration durch die 1899 bis 1904 erschienene Vorlagensammlung »Kunstformen der Natur« von Ernst Haeckel nicht verleugnen.

Im Silberrahmen mit polierten, geschnittenen Türkisen sind die Cadolzburg und das Ansbacher Schloss (jeweils seitlich) dargestellt, mittig das bayerische Staatswappen, flankiert von Stadtwappen aus Mittelfranken. In Kolumnen aufgelistet sind die Namen von 400 Gemeinden und deren Bürgermeister des ehemaligen Fürstentums Ansbach.

Der Nürnberger Hermann Schwabe, der sich 1893 in der »Naturklasse« bei Karl Raupp in der Münchner Kunstakademie einschrieb, malte diesen mehrseitigen »Brief«. Der linke Flügel ist auf dem Trägerholz mit Bleistift bezeichnet: »H. Markert 23-05-06«. Es handelt sich wohl um den Silberschmied, der die Halbmond- und Kaiserkrone als im deutschen Kaiserreich übliche Marken gepunzt sowie die Reinheit des Silbers mit 920 angegeben hat. FRD

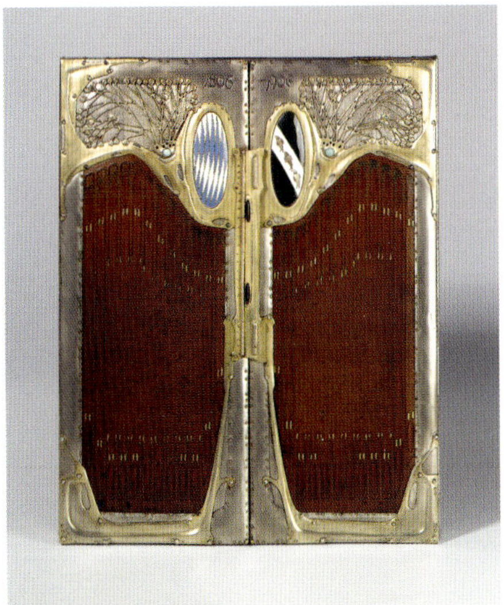

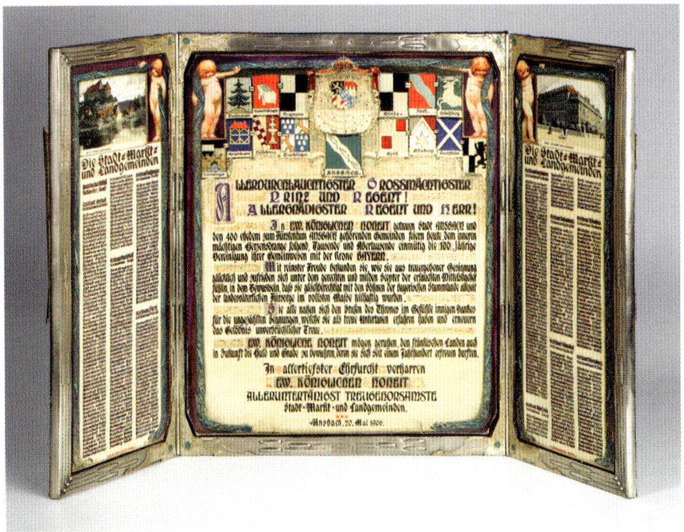

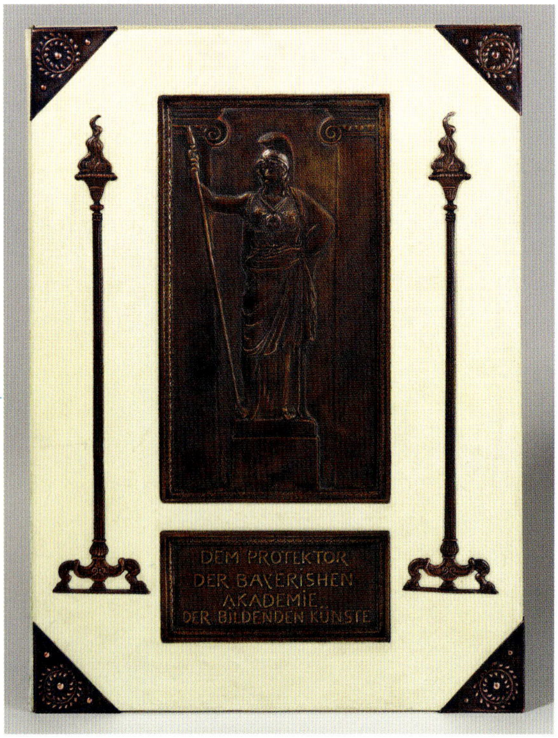

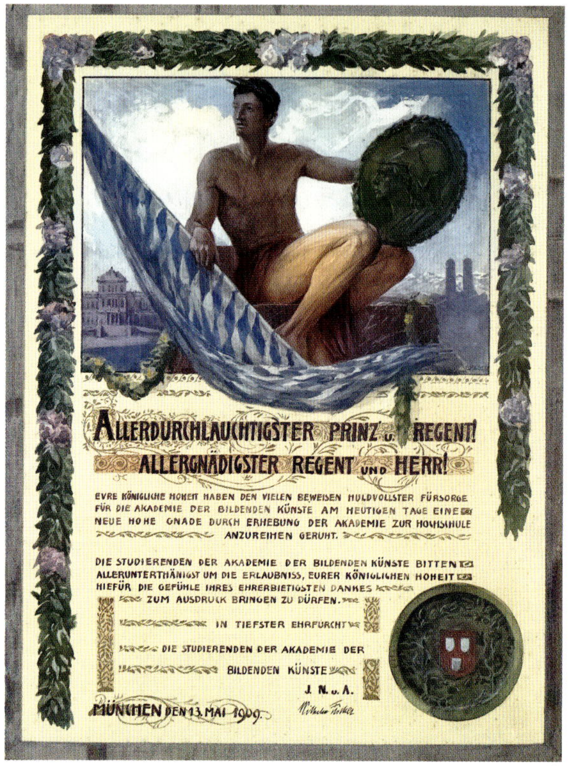
ALLERDURCHLAUCHTIGSTER PRINZ u. REGENT!
ALLERGNÄDIGSTER REGENT UND HERR!

EVRE KÖNIGLICHE HOHEIT HABEN DEN VIELEN BEWEISEN HULDVOLLSTER FÜRSORGE FÜR DIE AKADEMIE DER BILDENDEN KÜNSTE AM HEUTIGEN TAGE EINE NEUE HOHE GNADE DURCH ERHEBUNG DER AKADEMIE ZUR HOCHSCHULE ANZUREIHEN GERUHT.

DIE STUDIERENDEN DER AKADEMIE DER BILDENDEN KÜNSTE BITTEN ALLERUNTERTHÄNIGST UM DIE ERLAUBNISS, EURER KÖNIGLICHEN HOHEIT HIEFÜR DIE GEFÜHLE IHRES EHRERBIETIGSTEN DANKES ZUM AUSDRUCK BRINGEN ZU DÜRFEN.

IN TIEFSTER EHRFURCHT
DIE STUDIERENDEN DER AKADEMIE DER BILDENDEN KÜNSTE
J. N. d. A.

MÜNCHEN DEN 13. MAI 1909.

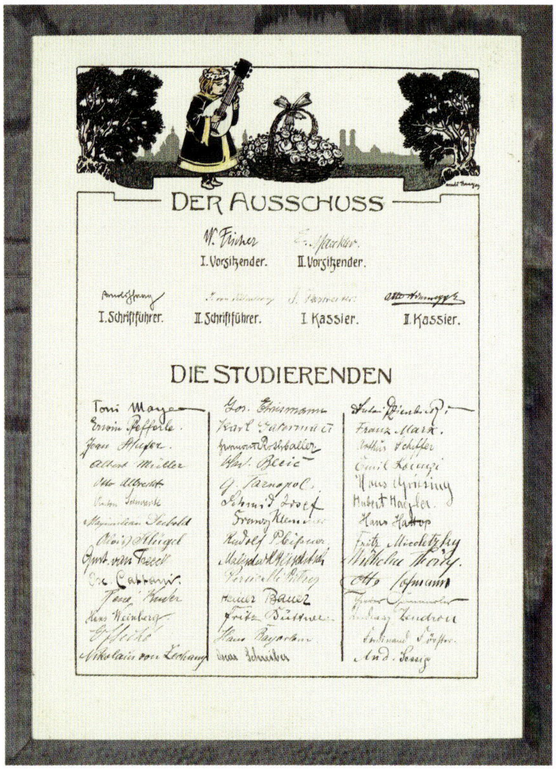
DER AUSSCHUSS

W. Fischer I. Vorsitzender. E. Mäckler II. Vorsitzender.

I. Schriftführer. II. Schriftführer. I. Kassier. II. Kassier.

DIE STUDIERENDEN

85 Gruß- und Dankadresse der Münchner Kunstakademie 1909

Wilhelm Goehring, Eugen Mäckler, Arnold Haag, München, 1909

Holz, Bronze, Pergament, Karton, H 43 B 32,3 T 2,8 cm

Wittelsbacher Ausgleichsfonds München, Familienbibliothek, Prinzregent Luitpold A.A. 521

Dankadresse der Studierenden der Münchner Kunstakademie, die im Mai 1909 ihr hundertjähriges Jubiläum feierten. Die hölzernen Buchdeckel sind mit Schweinsleder überzogen, die bronzenen Beschläge in den Buchecken mit stilisierten Siegerkränzen verziert. Am vorderen Buchdeckel zwei Reliefplatten: Die Göttin Athene steht zwischen ionischen Säulen, flankiert von zwei kandelaberartigen Feuerschalen. Athene bzw. Minerva war die Göttin des erfinderischen Handwerks, ein Sinnbild der Weisheit und Schutzgöttin der Wissenschaften und Künste. Das darunterliegende, querformatige Schriftrelief lautet: DEM PROTEKTOR / DER BAYERISHEN [sic] / AKADEMIE / DER BILDENDEN KÜNSTE.

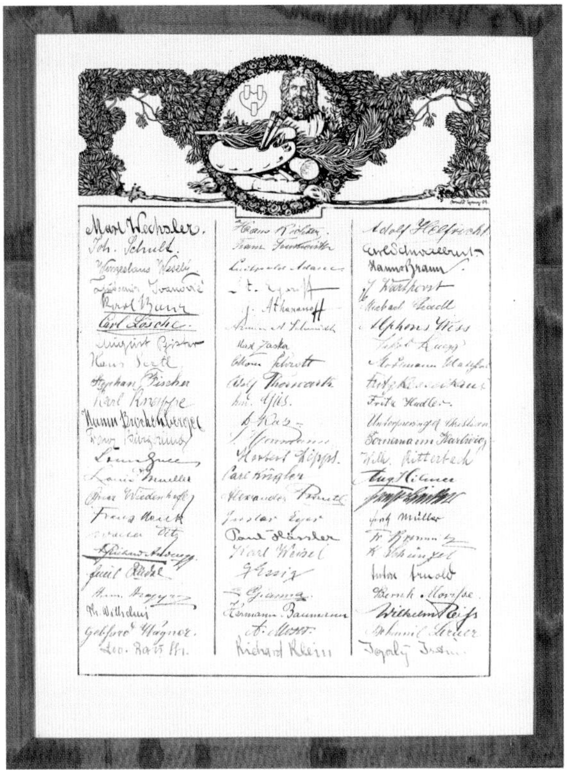

Die Metalldekoration stammt von Wilhelm Göhring (1876–1955), der von 1905 bis 1911 an der Kunstakademie bei Wilhelm von Rümann und Balthasar Schmidt studierte. Göhring war als Bildhauer tätig und schuf u.a. den Lenbach-Brunnen in Schrobenhausen und die »Todsünden« als Türschmuck des Polizeipräsidiums in München.

Das Vorsatzblatt gestaltete Eugen Mäckler (1872–1925), der 1902 in die Malklasse von Karl (von) Marr eingetreten war. Arnold Haag (1885–1949) zeichnete den graphischen Schmuck für die vier Blätter mit den insgesamt 250 Unterschriften der Studierenden. Haag war Meisterschüler bei Franz von Stuck.

In Form brachte das Ganze die Buchbinderei »Q. Distl, Nachf.«, München. Geprägte Bucheinbände von Quirin Distl, »Herzoglich Sachsen-Meinig scher Hoflieferant«, befinden sich heute auch in der Einbandsammlung der Russischen Staatsbibliothek in Moskau.

Nach der Zeichnungsschule von 1770 gilt als Gründungsjahr der »Königlichen Akademie der Künste« das Jahr 1808. In der zweiten Hälfte des 19. Jahrhunderts war die Münchner neben der Pariser die international wichtigste Akademie. Zur Prinzregentenzeit war der internationale Ruf der Münchner Akademie so bedeutend, dass der junge Picasso 1897 die Frage, an welche Akademie er einen Sohn schicken würde, mit München beantwortete. 1937 wurde die Akademie zur Hochschule erhoben und die Bezeichnung in »Akademie für angewandte Kunst« geändert, ihren heutigen Namen »Akademie der Bildenden Künste in München« erhielt sie 1953.
FRD

86 Miniaturgrundstein des Deutschen Museums

Gabriel von Seidl (Entwurf ?), München, 1911

Holz, Korallenperlen, Messing, Emaille, Marmor,
H 69 B 25,5 T 25,5 cm

Wittelsbacher Ausgleichsfonds München, S II a 162

Die mit stilisierten Buchsbäumchen und Girlanden von Messingblech dekorierte, dreidimensionale Ehrenpforte in Form eines Miniaturdachstuhls war ein Geschenk des Deutschen Museums zum 90. Geburtstag des Prinzregenten Luitpold 1911. Die Medaillondekorationen zeigen die auf einem halben Zahnrad sitzende Eule (als Symbol für Wissenschaft und Technik), das Porträt des Prinzregenten, das bayerische Wappen und den Reichsadler sowie das Luitpold-Monogramm »L«.

Die Holzarchitektur erhebt sich über einem grauen Steinblock mit der Beschriftung: »GRUNDSTEIN / DES / DEUTSCHEN MUSEUMS / WELCHES DEN BAHNBRECHERN / ZU DANK UND RUHM GEREICHEN / DEN NACHSTREBENDEN ABER VORBILD UND / ANEIFERUNG ZU NEUEM SEGENSREICHEM / SCHAFFEN AUF DEM GEBIETE DER / NATURWISSENSCHAFT UND TECHNIK / BIETEN MÖGE. / GEGEBEN ZU MÜNCHEN A. 13. NOV. 1906 / WILHELM J.R. / LUITPOLD P.R.V.B.« Auf dem Steinblock liegt ein Miniaturhammer im Renaissancestil, die oberste Steinplatte dient als Deckel für eine kleine Kammer, in der eine metallbeschlagene Truhe deponiert ist. Sie enthält in einer Ledermappe die Fotos von Kaiser Wilhelm II., Prinz Ludwig (später König Ludwig III.) als Protektor des Museums und Prinzregent Luitpold sowie Stiftungstext, Grundrisse und die Liste der Förderer.

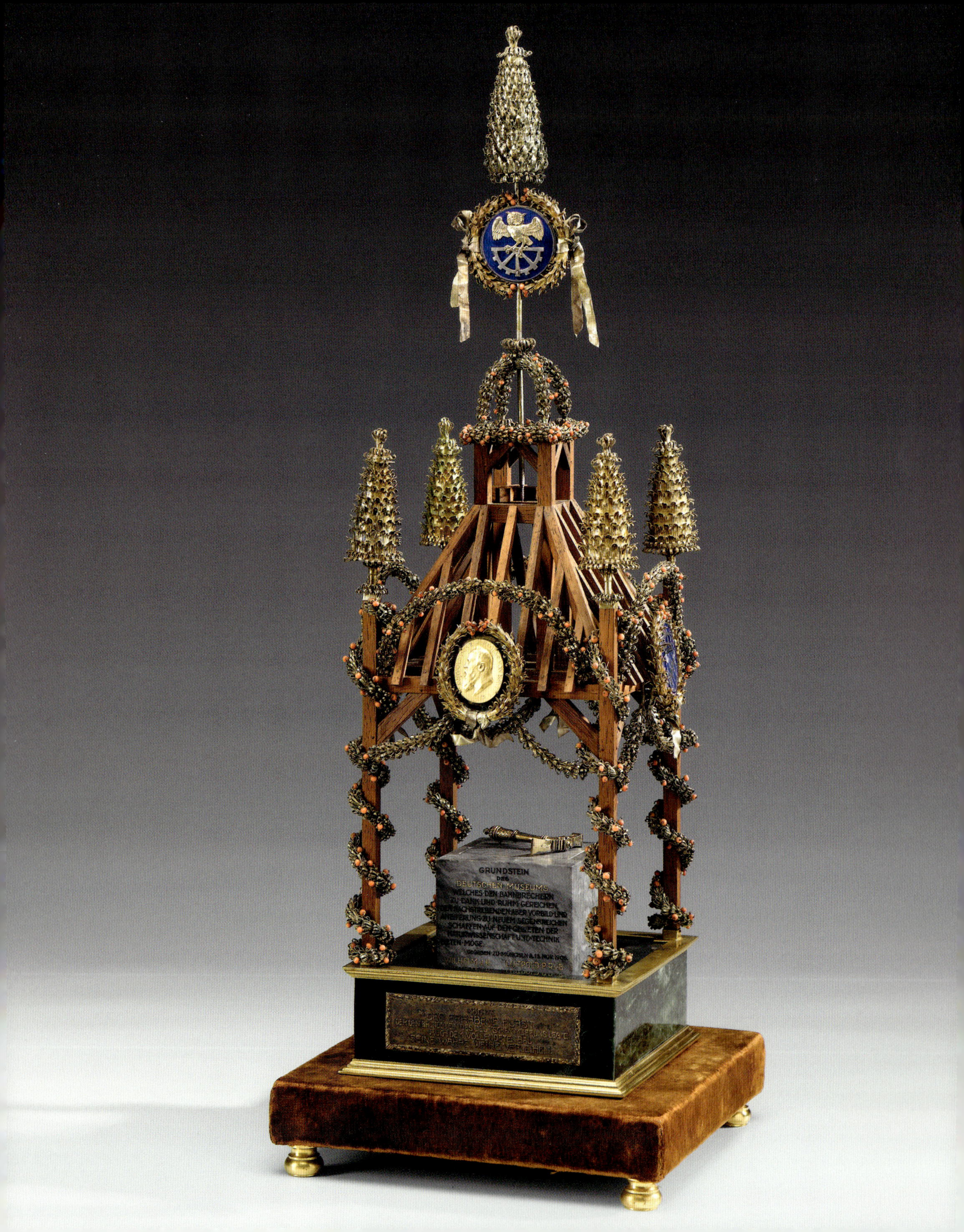
GRUNDSTEIN
DES
DEUTSCHEN MUSEUMS

Die Bronzetafeln am messinggefassten Marmorsockel der Ehrengabe erklären: »SEINER KGL. HOHEIT DEM PRINZREGENTEN / LUITPOLD V. BAYERN / ZUM 90. GEBURTSTAGE IN EHRFURCHT UND DANKBARKEIT / GEWIDMET VOM / DEUTSCHEN MUSEUM.« Durch die rückseitige Ergänzung wird auch der Grund für die Gestaltung mit dem für ein Richtfest geschmückten Kehlbalkendachstuhl sinnfällig erläutert: »MÖCHTE / DER ERHABENE FÜRST / DER DEN GRUNDSTEIN DES DEUTSCHEN MUSEUMS LEGTE / AUCH DEM VOLLENDETEN BAU SEINE WAHRE WEIHE VERLEIHEN«.

Der Bau des von Oskar von Miller initiierten Deutschen Museums, des größten naturwissenschaftlich-technischen Museums der Welt, wurde nach den Plänen Gabriel von Seidls (1848–1913) errichtet. Die Grundsteinlegung für das Haus auf der Isar-Insel erfolgte im November 1906, das Richtfest wurde wegen zahlreicher Änderungswünsche von Millers erst im Oktober 1911 gefeiert. Nach Seidls Tod wurde das Haus mit Erweiterungsbauten nach den Plänen seines Bruders Emanuel von Seidl schließlich 1936 durch German Bestelmeyer vorläufig fertig gestellt. FRD

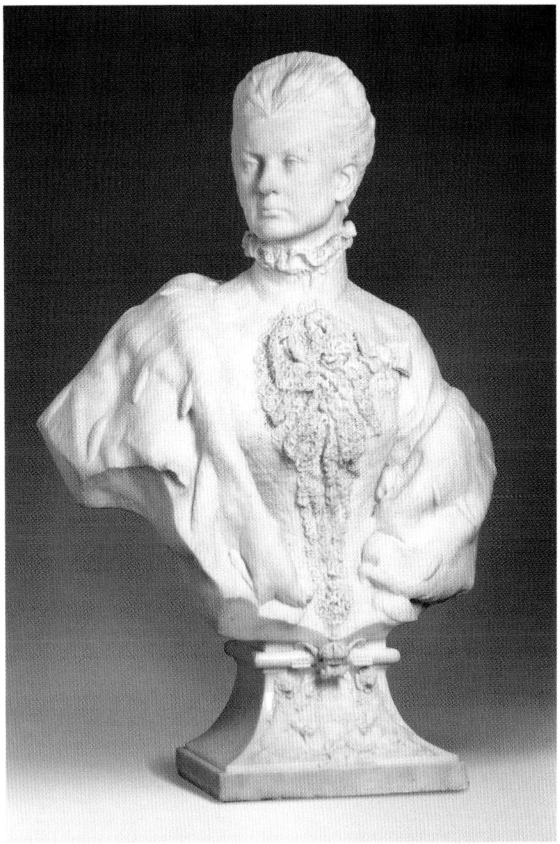

87 Büste der Prinzessin Therese von Bayern

Wilhelm von Rümann, München, 1887

Carrara-Marmor, H 100 B 69 cm

Wittelsbacher Ausgleichsfonds München, P I 8

Die Naturwissenschaftlerin und Forschungsreisende Prinzessin Therese (1850–1925) hatte ihr Leben der Forschung gewidmet. Ein Universitätsstudium war ihr nicht möglich, denn erst 1903 wurde den Frauen in Bayern das Studium gestattet. Da genoss sie bereits den Ruf einer versierten Wissenschaftlerin. Sie war die einzige Tochter und das jüngste Kind des späteren Prinzregenten Luitpold und seiner Gattin Auguste Ferdinande Erzherzogin von Österreich-Toskana. Mit ihren älteren Brüdern erzogen, lernte sie im Selbststudium weiter und beherrschte schließlich zwölf Sprachen. Der frühe Tod der Mutter 1864 traf das junge Mädchen sehr. Mit 15 verliebte sich Therese in ihren Vetter, Prinz Otto von Bayern, den Bruder König Ludwigs II. Trotz seiner Geisteskrankheit hielt sie ihr Leben lang an dieser großen Liebe fest und hat wohl aus diesem Grund nie geheiratet.

Für ihre zoologischen, botanischen und ethnografischen Forschungen unternahm sie große Expeditionen, sie publizierte und legte wissenschaftliche Sammlungen an.

1897 erhielt sie die Ehrendoktorwürde der Ludwig-Maximilians-Universität München – eine Ehrung, die zu jener Zeit ausschließlich Männern vorbehalten war.

Nach dem Tod ihres Vaters beendete sie ihre Reisen und engagierte sich in sozialen Fragen. Ihren wissenschaftlichen Nachlass vermachte sie den staatlichen Sammlungen und Museen Bayerns.

Die im Museum ausgestellte Büste aus Carrara-Marmor stammt von dem Bildhauer und Professor der Münchner Akademie der Bildenden Künste, Wilhelm von Rümann (1850–1906). Er fertigte sie 1887 anlässlich der Ehrenmitgliedschaft von Prinzessin Therese in der Bayerischen Akademie der Wissenschaften an. Eine kleinere Büste der Prinzessin befindet sich in der Münchner Ruhmeshalle. LL

MYTHOS KÖNIG LUDWIG II. VON BAYERN

König Ludwig II. ist der bekannteste Herrscher aus dem Haus Wittelsbach und der wohl populärste deutsche König des 19. Jahrhunderts. Viele Geschichten umranken sein Leben, Leiden und Sterben. Schon früh zieht er sich aus der Öffentlichkeit zurück und wird zu einem König, der vor allem in den Bildern des schönen 18-jähigen Herrschers gegenwärtig ist. Seine homoerotische Veranlagung, die er als sündhaft empfindet, gibt Anlass zu Gerüchten. Wegen seiner Bauleidenschaft und der dadurch verursachten persönlichen Schulden kommt es zu Diskussionen über seinen Geisteszustand. Ein von der Regierung (Ministerratsvorsitzender Johann von Lutz) veranlasstes Gutachten des Psychiaters Professor Bernhard von Gudden wird zur Grundlage seiner Entmündigung. Wenige Tage später stirbt der 40-jährige König am 13. Juni 1886 zusammen mit Gudden im Starnberger See. Die genauen Todesumstände geben bis heute Anlass zu Spekulationen.

Ludwig II. ist bereits zu Lebzeiten eine Kultfigur, was sich u. a. bei den Feierlichkeiten zum 700-jährigen Jubiläum der Dynastie der Wittelsbacher in Bayern 1880 zeigte. Zum Märchenkönig, zum Mythos wird er nach seinem Tod. An den Wänden bayerischer Wirtshäuser und Wohnstuben verkörpert er bayerische Identität, verlorene Eigenstaatlichkeit und trotziges Selbstbewusstsein gegen »die da oben«. In seinen Schlössern schuf Ludwig sich seine persönliche, allein ihm vorbehaltene ästhetische Kunstwelt. Millionen Besucher tragen seit Ludwigs Tod ihre eigenen Träume in diese Welt hinein. Im Medienzeitalter wird Ludwig II. zu einer Ikone der Moderne. EvH

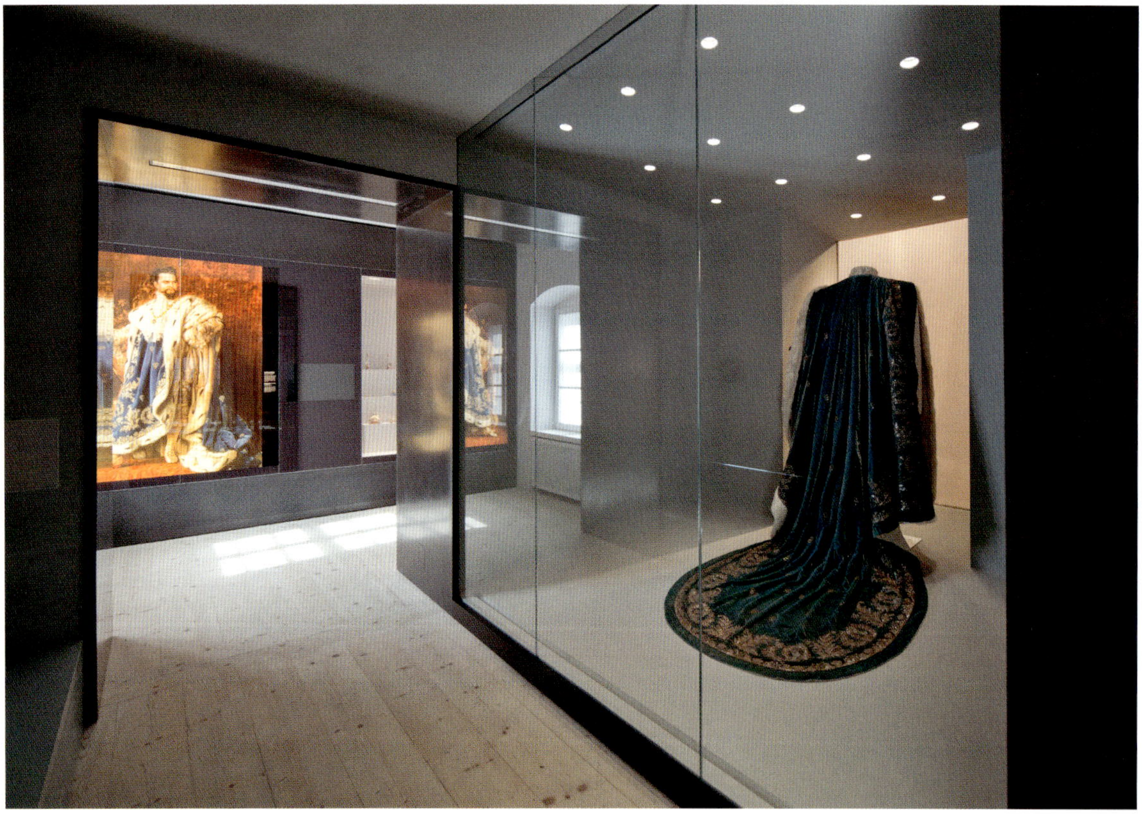

88 König Ludwig II. als Großmeister des Kgl. Bayer. Hausritterordens vom Hl. Georg

Gabriel Schachinger, München,1887

Öl auf Leinwand, H 258 B 194 cm

Bayerische Verwaltung der staatlichen Schlösser, Gärten und Seen München, König Ludwig II.-Museum 3186

Reproduktion

Das Ganzfigurenbildnis zeigt König Ludwig II. im prunkvollen Georgsornat, der sich in den dominierenden Farben Blau und Gold an die Ikonographie der französischen Bourbonenkönige anlehnt. In feiner Ausführung sind der Hermelinbesatz und vor allem die Goldstickerei auf dem Seidensamt wiedergegeben, der in schweren Falten über die Schulter des Königs bis zum Boden drapiert ist. Der bayerische König hat seine Linke in die Seite gestützt, mit der Rechten hält er das Zeremonialschwert des Georgsritterordens. Die herrschaftliche Pose lehnt sich an die Repräsentationsformen des französischen Absolutismus, die, von Ludwig XIV. im 17. Jahrhundert geprägt, von allen europäischen Herrschern kopiert wurde. Das Gemälde wurde erst posthum fertiggestellt, verbindet aber sinnfällig zwei historische Idealwelten, die der König den realen Gegebenheiten seiner Zeit vorzog: den Absolutismus Ludwigs XIV. mit den ritterlichen Idealen des Mittelalters. EvH

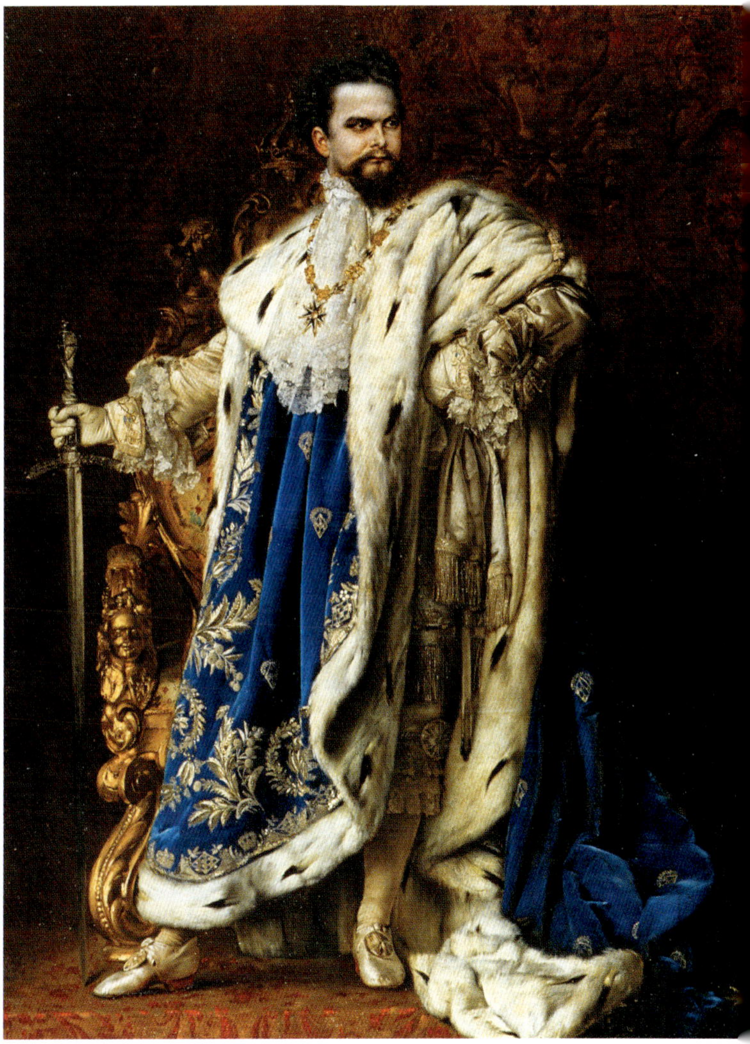

89 Mantel König Ludwigs II. von Bayern als Großmeister des Kgl. Bayer. Hausritterordens vom Hl. Georg

Heinrich Vogel und Heinrich Alckens, Hofgoldstickerei, München, 1880

Blauer Seidensamt mit Silberplattstickerei und Pailletten, Hermelinfutter, H 287 B 290 cm

Kgl. Bayer. Hausritterorden vom Hl. Georg, München

Dieser Mantel ist eine Neuanfertigung des Jahres 1880. Genauso wie der wohl nicht mehr vorhandene erste vom König getragene schlichtere Großmeistermantel aus den Jahren 1865/1866 wurde er von der Hofgoldstickereifirma Vogel und Alckens in München hergestellt.

Der mit rundem Halsausschnitt versehene Mantel aus blauem Seidensamt besitzt ein längeres schleppenartiges Rückenteil und ein kürzeres asymmetrisches Vorderteil, das auf der linken Schulter mithilfe einer silbernen Posamentenkordel umgeschlagen ist, sodass hier die Innenseite des Mantels mit dem Hermelinfutter sichtbar wird. Die Motive der Silberstickerei in Spreng- und Durchstechtechnik (mit Silberfäden, Kordeln, glatten und Krauskantillen, Pailletten und Silberdraht), entsprechen – bis auf geringfügige Abweichungen – dem Krönungsmantel der bayerischen Könige von 1806/1807 (von Blanchon Cortet, Lyon). Die Kronen am äußeren Rand, der mit Silberlamé (weißer Seidenlampas mit köperartig abgebundenen Silberfäden) besetzt ist, sind appliziert.

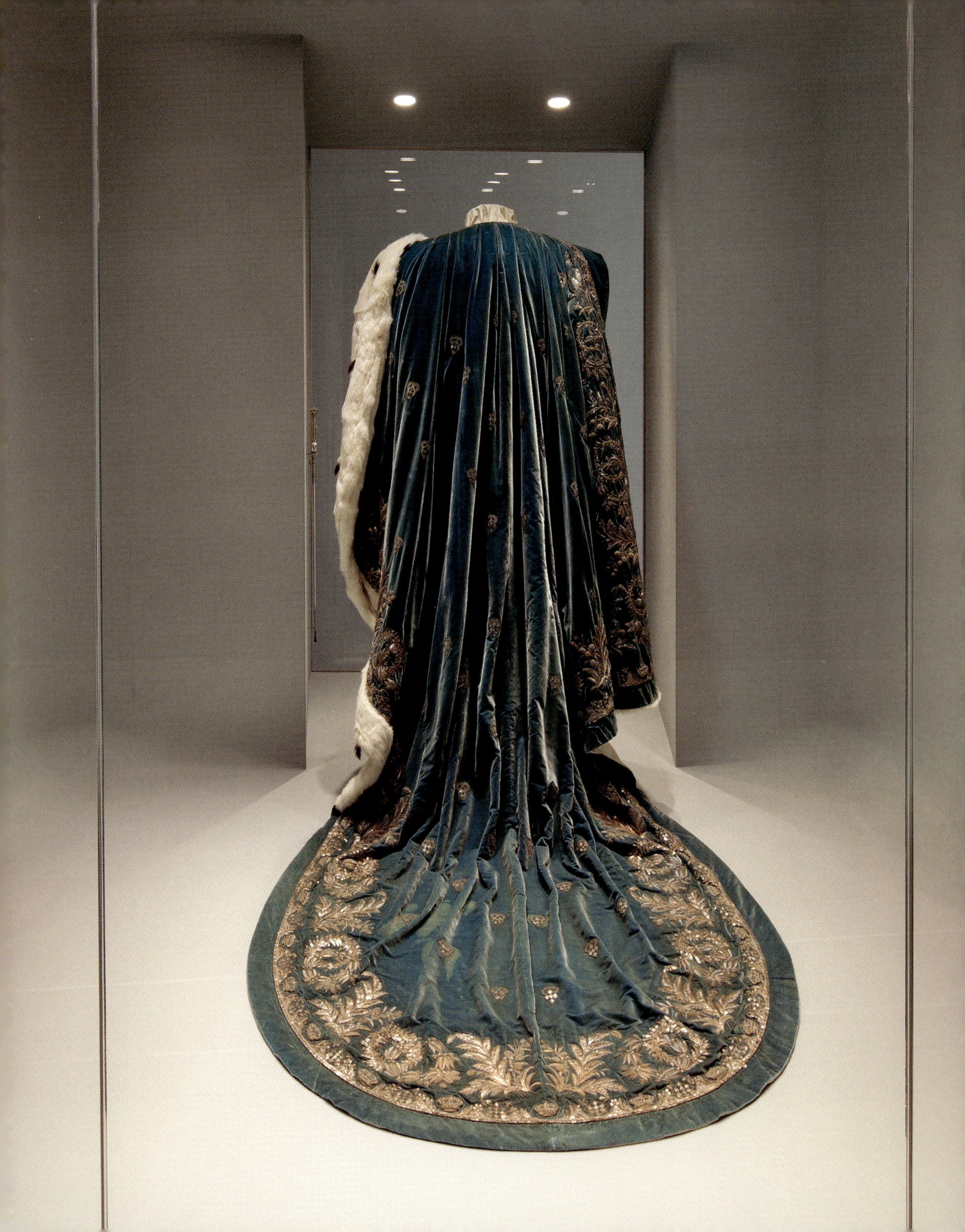

Die Trennungen der Rautenfelder sind aus Silberdraht. Das Futter besteht aus Hermelinpelz und weißer Atlasseide.

Der Mantel ist Bestandteil des Großmeisterornates, zu dem auch Rock, Schärpe, Kniehose, Strümpfe, Schuhe, Handschuhe, Hut und ein Hermelinkragen gehören. Der Ornat ist im König Ludwig II.-Museum in Schloss Herrenchiemsee zu sehen, mit Ausnahme des Mantels, der seit 2011 im Museum der bayerischen Könige präsentiert wird.

König Ludwig II., der nach dem Tod seines Vaters, König Maximilian II., 1864 Großmeister des Kgl. Bayer. Hausritterordens vom Hl. Georg wurde, war in seiner zweiundzwanzigjährigen Regierungszeit von 1864 bis 1886 nur bei sieben der jährlich um den Georgstag in der Residenz München veranstalteten Ordensfesten persönlich anwesend, erstmals im Jahr 1867. Seine Ordensfeste zeichneten sich durch besondere Feierlichkeit und Pracht aus. Zeitgenossen berichten von der imposanten Erscheinung des hochgewachsenen Großmeisters und seiner majestätischen Haltung bei Kapitelsitzung, Ritterschlag in der Alten Hofkapelle und anschließendem Bankett im Georgssaal. Eine in diesem Museum gezeigte Reproduktion des Porträts von Gabriel Schachinger aus dem Jahr 1887 (Katalognummer 88) zeigt den König in seinem Großmeistermantel mit dem Zeremonialschwert Herzog Christoph des Starken von Bayern (das Originalbildnis befindet sich im König Ludwig II.-Museum in Schloss Herrenchiemsee, das Schwert, mit dem der Ordensgroßmeister den Ritterschlag vornahm, in der Schatzkammer der Residenz München).

Der 1729 von Kurfürst Karl Albrecht von Bayern (ab 1742 Kaiser Karl VII.) neu begründete Hausritterorden vom Hl. Georg ist neben dem 1708 erneuerten pfälzischen Hausritterorden vom Hl. Hubertus der zweite Hausorden der Wittelsbacher.

König Ludwig II., der sich dem Hausritterorden vom Hl. Georg besonders verbunden fühlte, reformierte diesen durch eine stärkere soziale Ausrichtung. Angeregt wurde er dazu durch den Theologen Ignaz von Döllinger, der auf dem Ordensfest 1867 an die Geschichte der Ritterorden im Mittelalter und ihren Einsatz für Arme und Kranke erinnerte. So wurde die in den Ordensstatuten festgelegte Verehrung des Märtyrers St. Georg und der Jungfrau Maria 1871 vor allem um den karitativen Aspekt erweitert. In den neuen Statuten wurde der Zweck des Ordens folgendermaßen festgelegt: »Die Verteidigung des christkatholischen Glaubens und die Ausübung der Werke der Barmherzigkeit.« Aus dieser Verpflichtung heraus unterhielt der Orden in der Folgezeit auch Krankenhäuser.

Auch wenn der Kgl. Bayer. Hausritterorden vom Hl. Georg, der heute als gemeinnützig anerkannter Verein etwa 100 adelige Mitglieder katholischen Glaubens in den Rängen Ritter, Komtur, Großkomtur und Großprior zählt, keine Krankenhäuser mehr betreibt, besteht der soziale Ordenszweck in seiner Satzung fort. Der Großmeister des Ordens ist das jeweilige Oberhaupt des Hauses Wittelsbach, seit 1996 SKH Herzog Franz von Bayern. AvM

90 Zeremonialschwert König Ludwigs II. von Bayern als Großmeister des Kgl. Bayer. Hausritterordens vom Hl. Georg

Johann Stroblberger, München, 1867
Stahl, Silber gegossen und ziseliert, Ordenskreuz emailliert, Scheide mit weißem Lederbezug, L 82 cm
Kgl. Bayer. Hausritterorden vom Hl. Georg, München (WAF O II 27)

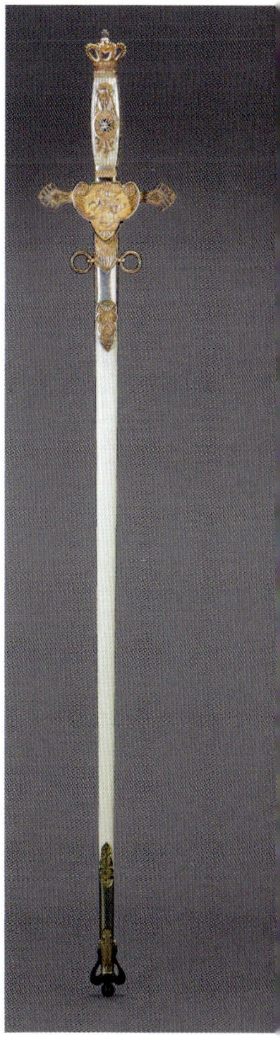

Das Zeremonialschwert König Ludwigs II. von Bayern zeigt auf dem schildförmigen Parierblatt St. Georg zu Pferde im Kampf mit dem Drachen, der Knauf ist in der Form der bayerischen Königskrone gestaltet und auf dem Griff ist der weiß-blau-rote Ordensstern zu sehen. Das im spätklassizistischen Stil gefertigte und auffallend zierliche Schwert gehört zum ersten vom König getragenen Ordensmantel von 1865/1866 und geht in seiner Form auf die Neugestaltung des Ordensornates unter dem Großmeister König Max I. Joseph von Bayern im Jahr 1820 zurück. Auf dem dazu gehörigen, mit rotem Leder bezogenen Etui (nicht ausgestellt) ist in Goldprägung zu lesen: »Sr. Majestät dem König Ludwig II. 1867.« AvM

91 Büste König Ludwigs II. von Bayern in Generalsuniform

Adolf Mark, nach Caspar von Zumbusch, München, 1876

Gipsguss, H 76,5 B 50 T 30 cm

Wittelsbacher Ausgleichsfonds München, P IV 53

Seit 1870 hatte sich König Ludwig II. immer mehr zurückgezogen; zu seinen Ministern hatte er kaum noch Kontakt, über alle Angelegenheiten, die er nach der Verfassung genehmigen musste, ließ er sich nur noch schriftlich berichten. Seine Abscheu vor Menschmassen stieg; er zeigte sich nicht mehr in der Öffentlichkeit, sondern widmete sich ausschließlich seinen Interessen, dem Schlossbau und dem Theater. Doch das Interesse der Öffentlichkeit zumindest an einem Bild des Königs war groß. So waren nicht nur Porträts Ludwigs als Postkarten im Umlauf, auch Gemälde und Büsten wurden auf einen zu erwartenden Bedarf hin hergestellt.

Die Porträtbüste, auf der Rückseite bezeichnet: ZUMBUSCH / Eigenthum / Adolf Mark / Kg. Hofgypsformator / MUNCHEN / 1876, zeigt den König in Generalsuniform mit dem großen Bruststern des Hausritterordens vom Hl. Hubertus, dem Komturkreuz des Militär-Max-Joseph-Ordens sowie dem Komturkreuz des Verdienstordens der Bayerischen Krone. EvH

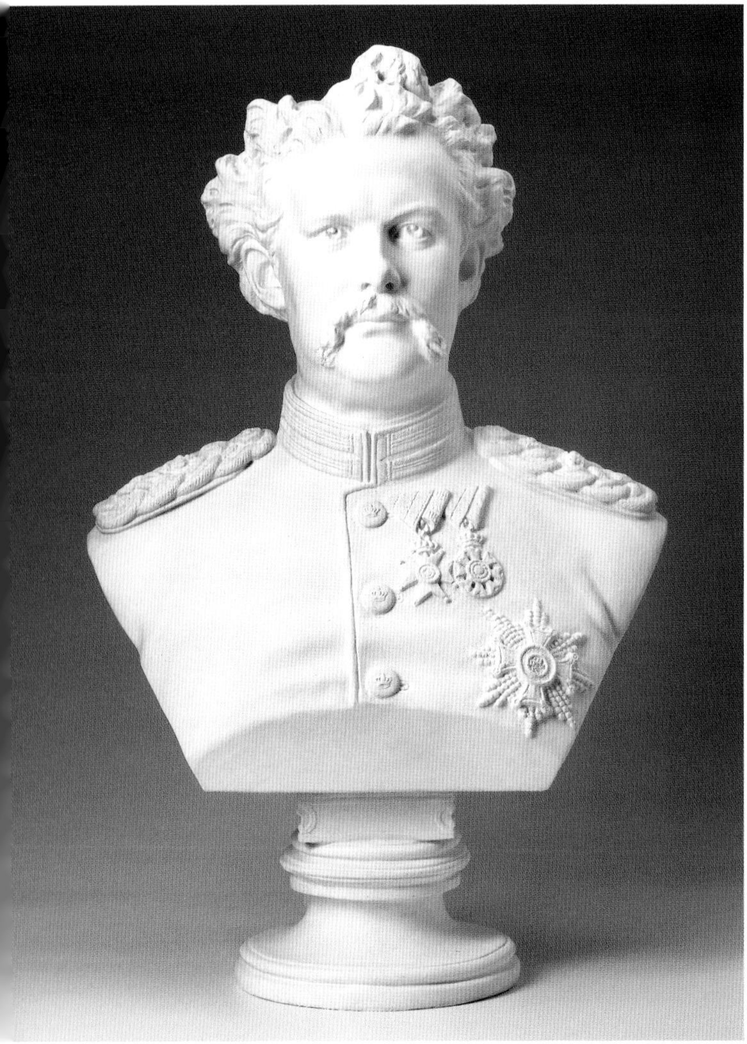

92 Bruststern des Kgl. Bayer. Hausritterordens vom Hl. Hubertus

München, 1851/1900

Silber, Gold, Emaille, brillantiert, H 8,5 B 8,5 cm

Wittelsbacher Ausgleichsfonds München, O I 61

Silberner, achtzackiger Stern (Brillantschliff) mit fünfteilig gefiederten Zacken, darauf ein goldbordiertes, weißes Zackenkreuz, rotes Rundmedaillon mit goldener Schrift »In Treu Vast« (In Treue fest).

Gestiftet wurde der Orden 1444 von Gerhard II., Herzog von Jülich-Berg und Ravensberg († 1475) in Erinnerung eines am Hubertustag bei Linnich erfochtenen Sieges. Nach Erlöschen der Linie ging er 1609 an das Haus Pfalz-Neuburg, doch erst am 29. September 1708 erneuerte Kurfürst Johann Wilhelm II. von Pfalz-Neuburg, Herzog von Jülich-Berg, den Orden feierlich in Düsseldorf. Mit Erweiterung der Statuten durch den Kurfürsten Karl Theodor wurde er 1744 zu einem kurpfälzischen Orden.

König Max I. Joseph erhob ihn am 18. Mai 1808 zum ersten und höchsten Orden Bayerns. Seit seiner Stiftung bestand er aus einer Klasse. Zwölf Grafen und Freiherren sollten zu seinen Mitgliedern zählen. Souveräne, Mitglieder fürstlicher Familien und Ausländer konnten in unbeschränkter Zahl nach Belieben des Großmeisters zusätzlich aufgenommen werden. In der Zeit des bayerischen Königreichs gab es insgesamt 547 Ordensverleihungen. König Ludwig II. verlieh diesen Orden an 66 Ritter. Das Ordensgewand war schwarz und in spanischem Stil geschnitten. Prinzregent Luitpold wurde in

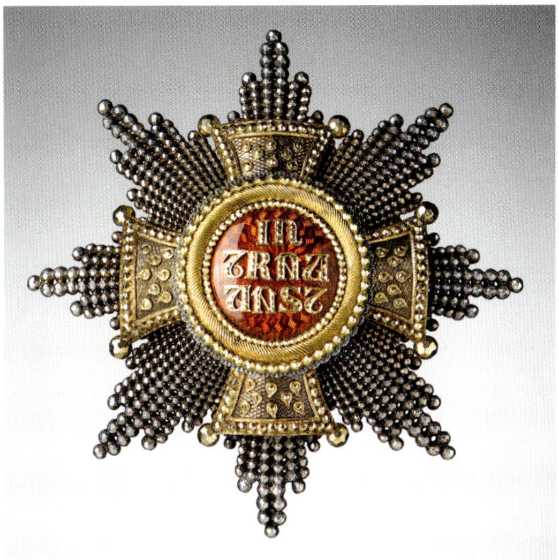

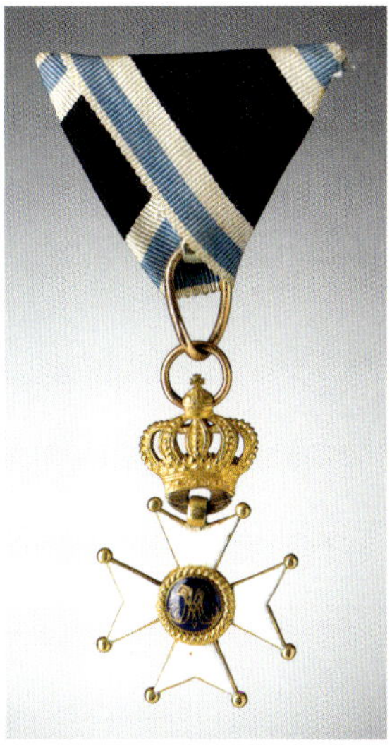

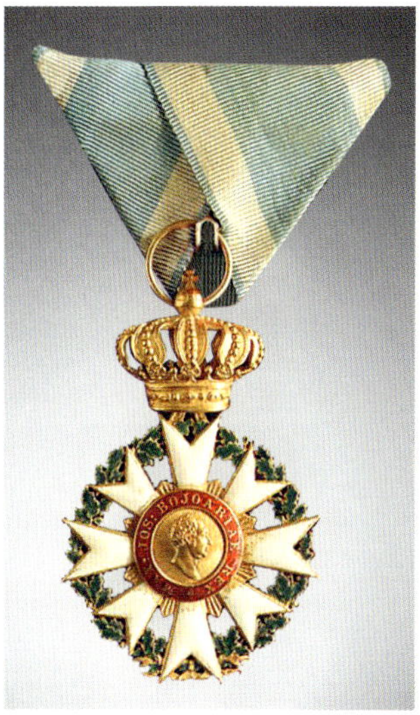

einem solchen Ordensgewand mehrfach porträtiert und auch in einem solchen aufgebahrt und bestattet.
Ausführungen in Brillantschliff sollten brillantbesetzte Ordenssterne, wie ein 1868 von Hofjuwelier Gottfried Merk im Auftrag König Ludwigs II. gefertigtes Exemplar, imitieren. FRD

93 Ritterkreuz des Militär-Max-Joseph-Ordens
München, 1806/1918
Gold, Emaille, H 4,7 B 2,9 cm
Wittelsbacher Ausgleichsfonds München, O II 23

Weiß emailliertes Zackenkreuz mit goldenem Rand und Kugeln, im Zentrum dunkelblaues Medaillon mit Flechtkranz. Auf der Vorderseite die ligierten Initialen »MJK« (Maximilian Joseph König), auf der Rückseite »VIRTUTI / PRO / PATRIA« (»Der Tapferkeit für das Vaterland«). Zwischen den Kreuzarmen die goldenen Zacken eines vierteiligen, gefiederten Sterns. Aufhängung in Form einer bayerischen Königskrone.
Gestiftet wurde dieser höchste Militär-Verdienstorden des Königreichs Bayern mit drei Klassen (Großkreuz, Kommandeurkreuz und Ritterkreuz) von König Max I. Joseph mit Armee-Befehl vom 1. März 1806 »zur Belohnung für Kriegstaten, die mit Einsicht, Geistesgegenwart und Tapferkeit, aus freiem Antriebe und unter Lebensgefahr ausgeführt, zum Nutzen und Ruhme des Königlichen Dienstes geführt haben«. Dieser Orden wurde an Offiziere verliehen; für bayerische Offiziere war die Ehrung mit der Erhebung in den persönlichen Adel verbunden. Falls der Träger direkter Nachkomme zweier Ordensritter war, hatte er Anspruch auf den erblichen Adelstitel.
Bis zum Ende der Monarchie 1918 wurden insgesamt 13 Großkreuze, 29 Kommandeur- und 429 Ritterkreuze an bayerische Offiziere verliehen, Offiziere anderer Länder bzw. Staaten wurden mit 58 Großkreuzen, 64 Kommandeur- und 323 Ritterkreuzen ausgezeichnet.
Für eine begrenzte Anzahl von Ordensträgern war mit der Verleihung ein monatlicher Ehrensold (»Pension«) verbunden, den die Bundesrepublik Deutschland als die Nachfolgerin der militärischen Staatsgewalt bis zum Tod des letzten Ordensritters 1985 in nominalem Wert ausbezahlt hatte (ursprünglich 25 Gulden als 25 D-Mark). FRD

94 Komturkreuz des Verdienstordens der Bayerischen Krone
1808/1918
Gold, Emaille, H 5,8 B 4 cm
Wittelsbacher Ausgleichsfonds München, O II 25

Ein weiteres Exemplar dieses Komturkreuzes ist bereits unter der Katalognummer 76 ausführlich beschrieben. FRD

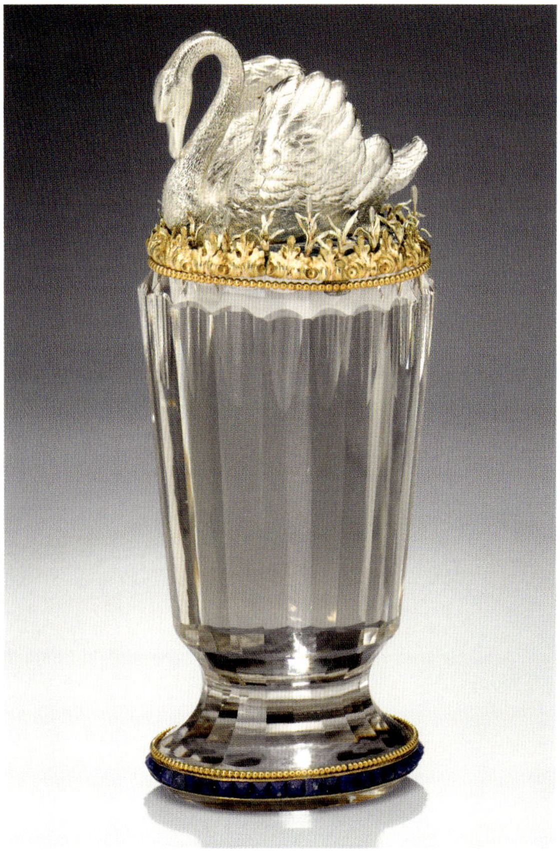

95 Tischsiegel
Theodor II. Heiden (?), München, 1880/1886
Bergkristall, Silber, Emaille, geschliffen, gegossen, teilweise vergoldet, H 14 B 6 cm, L 5,5 B 4,5 cm (Fuß)
Wittelsbacher Ausgleichsfonds München, E I 12

Zum kultivierten Briefaustausch gehörte neben einem Tintenfass kunstvoll gearbeitetes Schreibgerät. Diesem ist auch das sorgfältig gearbeitete Tischsiegel zuzurechnen. Es besteht aus einem 20-fach facettierten Bergkristall in Form eines gedrungenen Becherpokals. Obenauf ist ein silberner Schwan angebracht, der im Schilf schwimmt; das Wasser ist aus hellblauer Emaille. Der Fuß ist mit einem Dekorband aus Lapislazuli versehen.

König Ludwig II. pflegte wertvolle Geschenke zu machen. Davon zeugen eigens in Auftrag gegebene Schmuckstücke an Familienmitglieder, aber auch großzügige Geschenke an die Dienerschaft, an Sänger und Schauspieler.

Das Tischsiegel stammt vermutlich von Theodor II. Heiden, dem Sohn des 1864 verstorbenen Modelleurs, Graveurs und Ziseleurs Theodor Heiden. Nach seiner Ausbildung und einem Aufenthalt in Wien kehrte Theodor II. Heiden 1880 nach München zurück. Ludwig II. war ein Bewunderer der Goldschmiedekunst und ließ von Heiden mehrere Geschenke anfertigen. LL

96 Sechsteiliges Schreibservice König Ludwigs II.
1880/1886
Messing, versilbert
Wittelsbacher Ausgleichsfonds München, S II a 176–180

Der Schwan war für die königliche Familie, insbesondere aber für König Ludwig II. von besonderer Bedeutung. Zahlreiche Geschenke an seine Mutter oder an Günstlinge tragen das Schwanenmotiv.

Als Wappenvogel war er mit den Rittern von Schwangau verbunden und erinnerte zugleich an den Schwanenritter Lohengrin, den Sohn des Gralsritters Parzival, der der dauernden Liebe entsagen muss. In romantisch verklärter Absicht setzte König Ludwig II. sich mit Lohengrin gleich.

Nicht nur Schmuckstücke, sondern auch Schreibservice, Vasen, Wasserbehälter zur Luftbefeuchtung auf den Öfen und das Dekor der Ausstattung von Neuschwanstein belegen dies. So eng war die Verbindung des Schwanenmotivs mit diesem König, dass es nach dem Tod König Ludwigs II. nicht mehr eingesetzt wurde.

Alle Teile dieses Schreibservice spielen mit den dekorativen Möglichkeiten, die der Schwan mit seinen weiten Schwingen und seinem langen Hals bietet. Die Versilberung und der blaue Lapislazuli des Briefbeschwerers entsprechen den Lieblingsfarben des Königs, da sie an das Bourbonenwappen erinnern. EvH

96 a Tintenfass zwischen den Flügeln eines Schwans auf Teller
H 12,5 D 19,5 cm

96 b Zwei Kerzenhalter mit Schwan
H 11 cm

96 c Federschale mit zwei plastisch gegossenen Schwänen
L 22,5 cm

96 d Brieföffner mit plastischem Schwanenkopf am Griff
L 22,5 cm

96 e Briefbeschwerer
Messing vergoldet (Löwe), Lapislazuli (Sockel), geschliffen und bemalt, H 7,5 cm

97 Schwan mit zwei Jungen
um 1864/1889
Porzellan bemalt, H 13 cm
Wittelsbacher Ausgleichsfonds München, K I a 91

98 Ziervase mit Schwanenmotiv
um 1864/1889
Porzellan, farbig bemalt, mit Golddekor
H 13 B 7,2 T 6,5 cm
Wittelsbacher Ausgleichsfonds München, K I b 61

Vermutlich sind beide Porzellanfiguren aus dem Besitz der Königin Marie, die den königlichen Wasservogel wie ihr Sohn

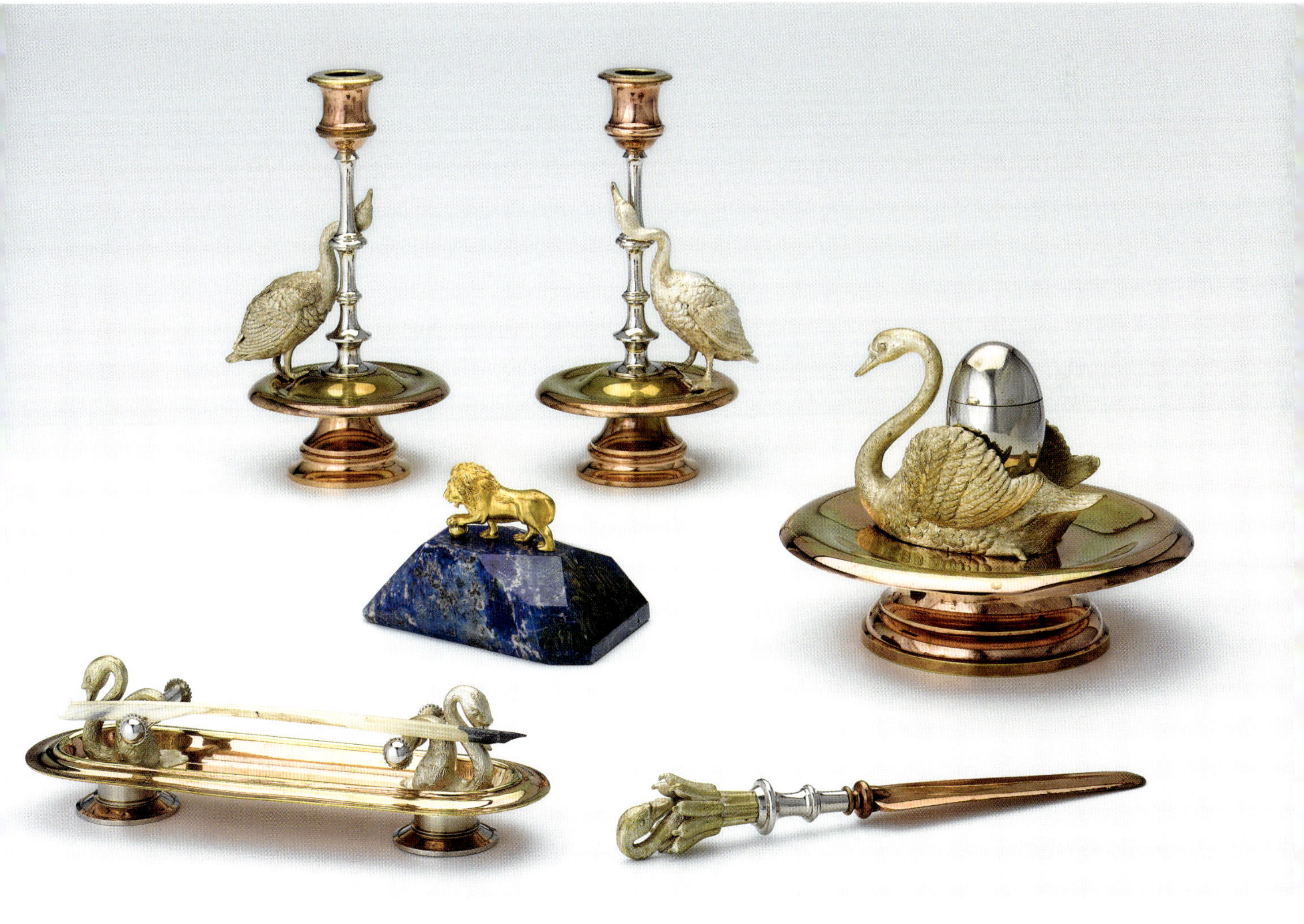

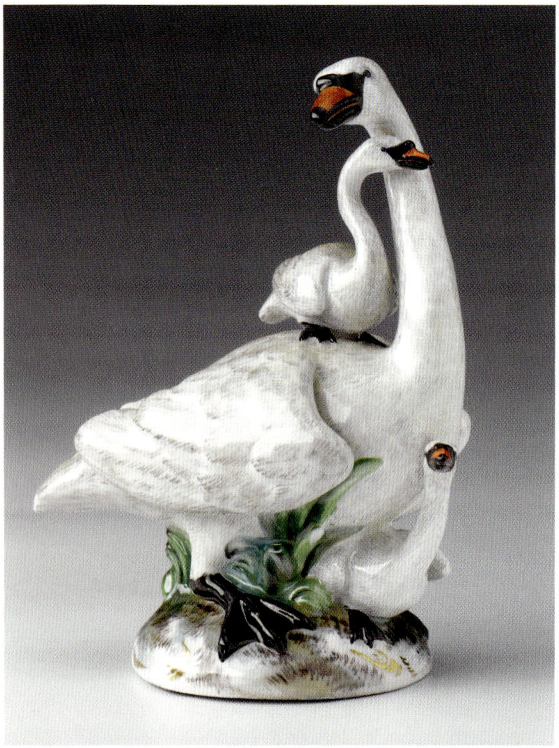

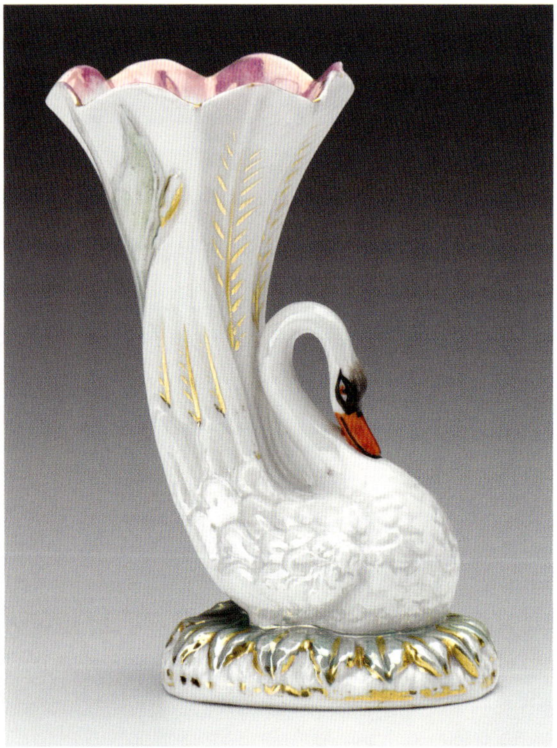

Ludwig nicht nur wegen des Bezugs zum Wappen der Ritter von Schwangau in vielen Varianten in ihrer Umgebung aufgestellt hatte. Heute lässt sich nur sagen, dass beide Figuren im Besitz der königlichen Familie auf Schloss Hohenschwangau waren. Aufgrund der Qualität und der Ausführung kann man davon ausgehen, dass sie eher dem »Nippes« zuzuordnen sind. EvH

99 Medaillon mit Foto König Ludwigs II. von Bayern

Gottfried II. Merk, Franz Hanfstaengl (Foto), München, um 1875

Gold, Diamanten, Glas, Emaille, H 7 B 3,7 cm

Wittelsbacher Ausgleichsfonds München, Sch I 65

Längsovales Medaillon mit diamantbesetztem Aufhänger in Form der bayerischen Königskrone. Transluzides Emaille, darauf ligiertes »LL« mit in Gold gefassten Diamanten. Aufklappbar, innen Porträtfotografie von König Ludwig II. um 1875.

Weiß und blau, umgesetzt mit Brillanten und Diamanten, Lapislazuli und blauem Emaille, spielten eine große Rolle für den König. Hier gibt das transluzide Emaille den Blick frei auf einen sechsteiligen Stern, über welchem das Doppel-L für König Ludwig II. aufsitzt. Das Medaillon ist mit einem verglasten Porträt des Königs versehen, die goldene Innenseite des Klappdeckels bietet Raum für eine Widmung. Das Porträt, ein Ausschnitt aus einer Fotografie von Franz Hanfstaengl (1804–1877), zeigt König Ludwig II. in Chevauxlegers-Uniform als Oberkommandierenden der bayerischen Armee im Rang eines Generalfeldmarschalls. Die Diamanten auf blauem Grund zeigen die von König Ludwig II. favorisierte Farbkombination Gold-Weiß-Blau in Anlehnung an die Präsentationsformen der Bourbonenkönige.

Sechs Angehörige der Familie Merk arbeiteten im 19. Jahrhundert in München als Juweliere und Goldarbeiter, zwei von ihnen waren als Hofjuweliere tätig. Der 1826 gestorbene Gottfried I. Merk war 1824 zum Hofjuwelier und Hofgoldarbeiter ernannt worden. Gottfried II. Merk (*1817[?]) war seit 1847 Juwelier und Goldarbeiter in München und wurde im Revolutionsjahr 1848 als »Urwähler« für die Landtagswahl

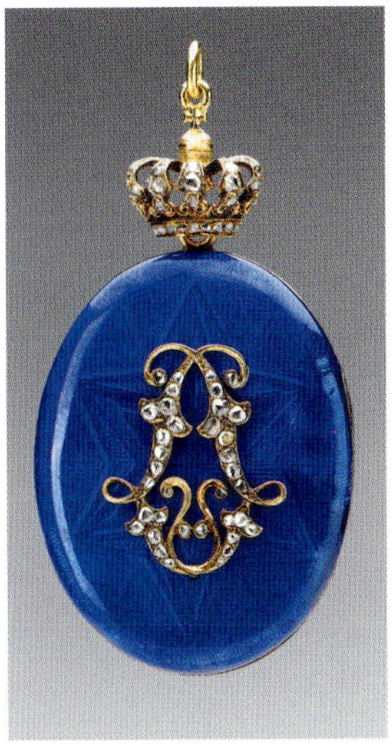 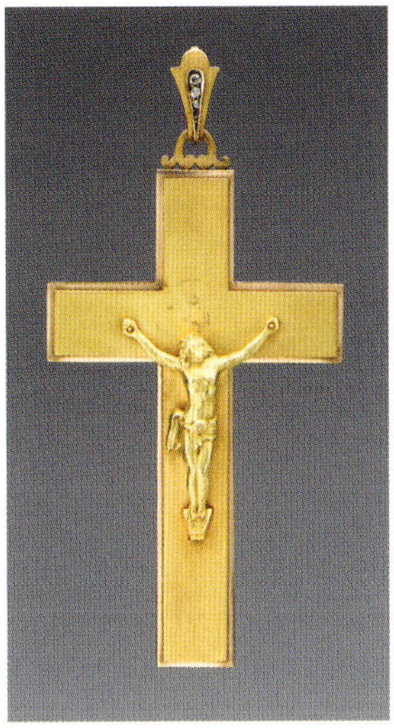

aufgestellt. 1854 wurde seine besondere »Schicklichkeit und Sorgfalt im Steinfaßen« bei der Allgemeinen Deutschen Industrieausstellung in München mit einer Ehrenmünze gewürdigt. Seit 1866 als Hofjuwelier tätig, erhielt er 1867 den Auftrag, die bayerische Königinnenkrone für die geplante Hochzeit König Ludwigs II. mit Sophie Charlotte, Herzogin in Bayern, umzuarbeiten. Seine Werkstatt hatte er seit 1874 nahe der Königlichen Residenz in München am Odeonsplatz 13. Im Jahr 1890 übernahm sein Sohn Paul Merk den Betrieb.

Gottfried II. Merk schuf im Auftrag Ludwigs II. zahlreiche Pretiosen wie Schmuckstücke, Ordenskreuze, besetzte Bandschleifen und Hutagraffen. Durch die bedeutenden Aufträge des Königs wurde München neben Wien und Paris zu einem Zentrum des europäischen Kunsthandwerks.

Das aus Wittelsbacher Familienbesitz stammende Medaillon war ein zeittypischer Damen-Halsschmuck. König Ludwig II. machte schon als Kind sehr gerne Geschenke. Von seinem ersten Taschengeld kaufte er ein Medaillon für seine Mutter, Königin Marie. FRD

100 Kreuzanhänger, sogenanntes Friedenskreuz
München, 1871
Gold, Diamanten, H 8,7 B 4,3 T 0,9 cm
Wittelsbacher Ausgleichsfonds München, Sch I 66

Diamantenbesetzter Kreuzanhänger in originaler Samtschatulle, »INRI«-Schrift und Rückwand fehlen, innenseitige Gravur: »10.11.12. März 1871 Friede«, wohl als Erinnerung das erste Friedens-Wochenende. Nach dem beiliegendem Zettel ein Geschenk König Ludwigs II. an seine Mutter, Königin Marie.

Am 3. März 1871 war als Ende des Deutsch-Französischen Krieges der Vorfrieden von Versailles ratifiziert worden. Bereits jetzt und nicht erst beim Frieden von Frankfurt (10. Mai 1871) verzichtete Frankreich zugunsten des mittlerweile bestehenden Deutschen Reiches auf alle Ansprüche auf den östlich der künftigen deutsch-französischen Grenzlinie zu Lothringen (mit Metz) und dem Elsass (ohne Belfort) gelegenen Gebieten. Das Deutsche Reich sollte danach Elsass-Lothringen für immer mit vollem »Souverainetäts- und Eigenthumsrechte« besitzen. Zudem hatte Frankreich fünf Milliarden Francs Kriegsentschädigungen an das Deutsche Reich zu zahlen und würde bis zur endgültigen Zahlung in seinen nördlichen und östlichen Departements von deutschen Truppen besetzt bleiben.

An dem darauffolgenden Wochenende, vom 10. bis 12. März 1871, kam es in ganz Bayern zu Gottesdiensten für Gefallene und Siegesfeiern. Am 11. März 1871 wurde im ehemaligen deutschen Hauptquartier bei der Schlacht um Paris, im Schloss Ferrières-en-Brie (Besitz der Familie Rothschild) eine Übereinkunft über den Abbau der Besatzungstruppen und die Rückführung der Kriegsgefangenen getroffen. Am gleichen Tag stiftete Herzog Ernst I. von Sachsen-Altenburg die Erinnerungsmedaille an den Krieg 1870/71.

Es ist kein Mythos, dass König Ludwig II. ein Friedensfreund war. Am 24. März 1871 schreibt er an seine ehemalige Kinderfrau Sybilla von Leonrod, geb. Meilhaus (1814–1881): »Das rauhe Kriegshandwerk, lange geübt, verwildert die Sitten der Menschen, macht sie unfähig, große, erhabene Ideen zu fassen, stumpft sie ab für geistige Genüsse, denn diese allein sind im Stande dauernd zu fesseln, diese allein gewähren wahre Wonne u. innere Befriedigung. Viel fürchte ich von dem Einflusse der nun bald zurückkehrenden Truppen, die jene verdammten preußenfreundlichen, deutschschwindlerischen Ideen (…) verbreiten werden«. FRD

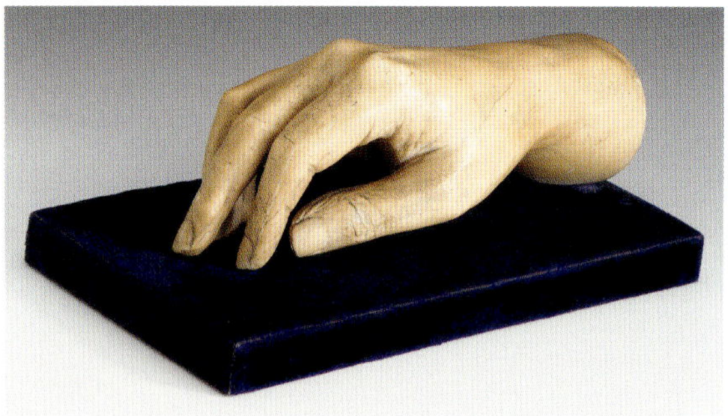

101 Abguss der rechten Hand König Ludwigs II.
Adolf Mark, München, 1886
Gips, Schellack, Sockelplatte mit Samtbezug,
H 11,3 B 27 T 14,2 cm
Wittelsbacher Ausgleichsfonds München, P IV 43 / 2

An der Sockelunterseite klebt ein bedrucker Zettel: »Abgeformt im Schloss Berg am 14. Juni 1886 vom Kgl. Hofgypsformator Adolf Mark, München«. Die Gipshand wurde mit Schellack überzogen. Der gelbliche Farbton des Überzuges versuchte dem natürlichen Inkarnat nahe zu kommen.

Adolf Mark hatte schon zu Lebzeiten König Ludwigs II. verschiedene Büsten in Gips kopiert und konnte wohl wegen seiner residenznahen Wohnung in der Münchner Maximilianstraße schnell verständigt werden, um die Abformung von Hand und Gesicht des am 13. Juni 1886 verstorbenen Königs in Schloss Berg vorzunehmen. Durch Ausgießen dieser Negativformen entstanden die Totenhand und die Totenmaske, die als letztes Abbild von König Ludwig II. in Bronze oder Gips besonders von Ludwigverehrern in großer Zahl nachgefragt wurden.

Abdrücke des Gesichts oder der Hände von berühmten Zeitgenossen zu nehmen ist seit der Antike bis heute insbesondere bei Herrschern Brauch. Berühmt sind die beiden goldenen Totenmasken des ägyptischen Pharao Tutanchamun oder die Goldmaske des sagenhaften Agamemnon, einer der Helden des Trojanischen Krieges. Im 16. Jahrhundert wird berichtet, dass sich der Handabdruck Albrecht Dürers nach seinem Tod 1528 großer Verehrung bei den Zeitgenossen erfreute. Von dem Komponisten und Pianisten Frédéric Chopin wurden ebenfalls Totenmaske und Handabguss angefertigt. Die Totenmasken dienten häufig als Vorlage posthumer Bildnisse. Von den Abgüssen der Künstlerhände schien man sich noch einen taktilen Abglanz der genialen Fertigkeiten zu erhoffen. EvH, FRD

102 Fotografie »Leichenzug Sr. Maj. des Königs Ludwig II. von Bayern«
Valentin Bieganowski, München, 19. Juni 1886
H 32 B 24 cm
Stadtarchiv München, C 1886 - 101
Reproduktion

Erst als toter König kommt Ludwig II. wieder in seine Residenzstadt.

Diese Momentaufnahme wie auch zahlreiche andere Fotos des Beerdigungszuges für König Ludwig II. durch die Innenstadt Münchens auf dem Weg zur Michaelskirche zeugen von der großen Anteilnahme in der Bevölkerung, die ihren König zu seinen Lebzeiten kaum gesehen hatte. Die Straßen waren schwarz von Menschen, die sich von ihrem König verabschieden und ihm das letzte Geleit geben wollten. Sein für Zeitgenossen schwer zu verstehendes Leben abseits der Residenzstadt und dem politischen Tagesgeschehen legte den Grundstein für den Mythos um seine Person. EvH

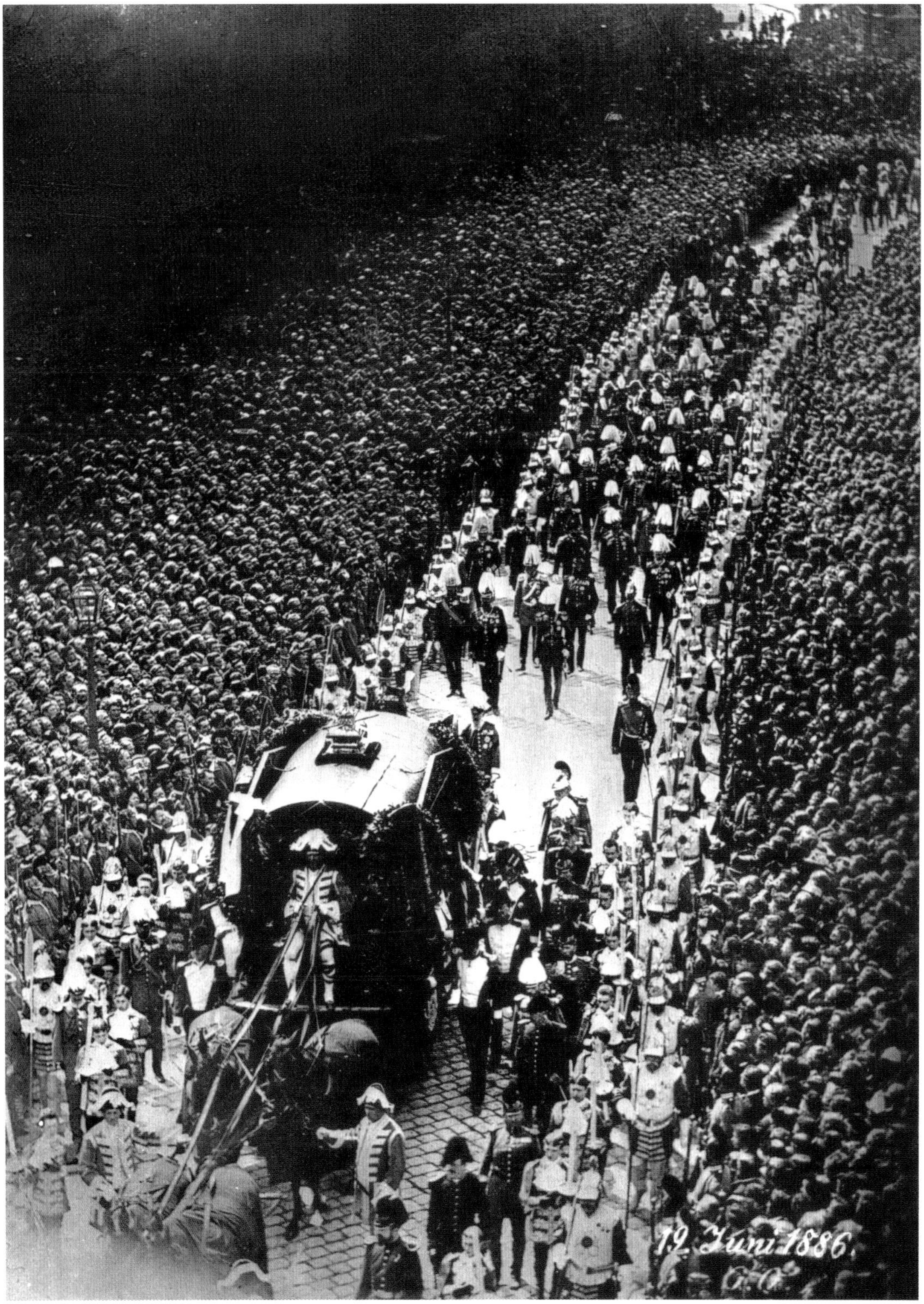
19. Juni 1886.

ERSTER WELTKRIEG UND ENDE DER MONARCHIE

In der Folge des Ersten Weltkriegs (1914–1918) kam es zu grundlegenden gesellschaftlichen Veränderungen und die politische Landkarte Europas musste neu gezeichnet werden. Kaiser- und Königreiche waren zusammengebrochen, die Herrschaft der Wittelsbacher in Bayern war beendet. In einem Aufruf »An die Bevölkerung Münchens« erklärte »Der Rat der Arbeiter, Soldaten und Bauern« in der Nacht vom 7. auf den 8. November 1918 Bayern zum Freistaat und wählte Kurt Eisner zum ersten Ministerpräsidenten der Republik.

Am 13. November 1918 entband König Ludwig III. seine Beamten und Offiziere vom Treueeid, verzichtete jedoch nicht auf den Thron. Kronprinz Rupprecht betrachtete sich daher nach dem Tod seines Vaters 1921 als rechtmäßigen Thronerben.

In einer beispiellosen, bis heute gültigen Vereinbarung einigten sich der Freistaat Bayern und das Haus Wittelsbach 1923 über die Versorgungsansprüche der Familie und die Verwaltung des dynastischen Erbes.

In langen Verhandlungen wurde das Staatsvermögen und das Vermögen des Hauses Wittelsbach entflochten und eine von allen Partnern akzeptierte Kompromisslösung unterzeichnet. Hierzu wurde ein Übereinkommen geschlossen, das die Einbringung von Vermögenswerten des früheren »Hausvermögens« in eine Stiftung vorsah. Freiwillig verpflichtete sich die Familie, weiteres Privatvermögen, vor allem Kunstschätze, in den Fonds einzubringen, wobei bestimmt wurde, dass diese unentgeltlich dauerhaft der Öffentlichkeit zugänglich blieben.

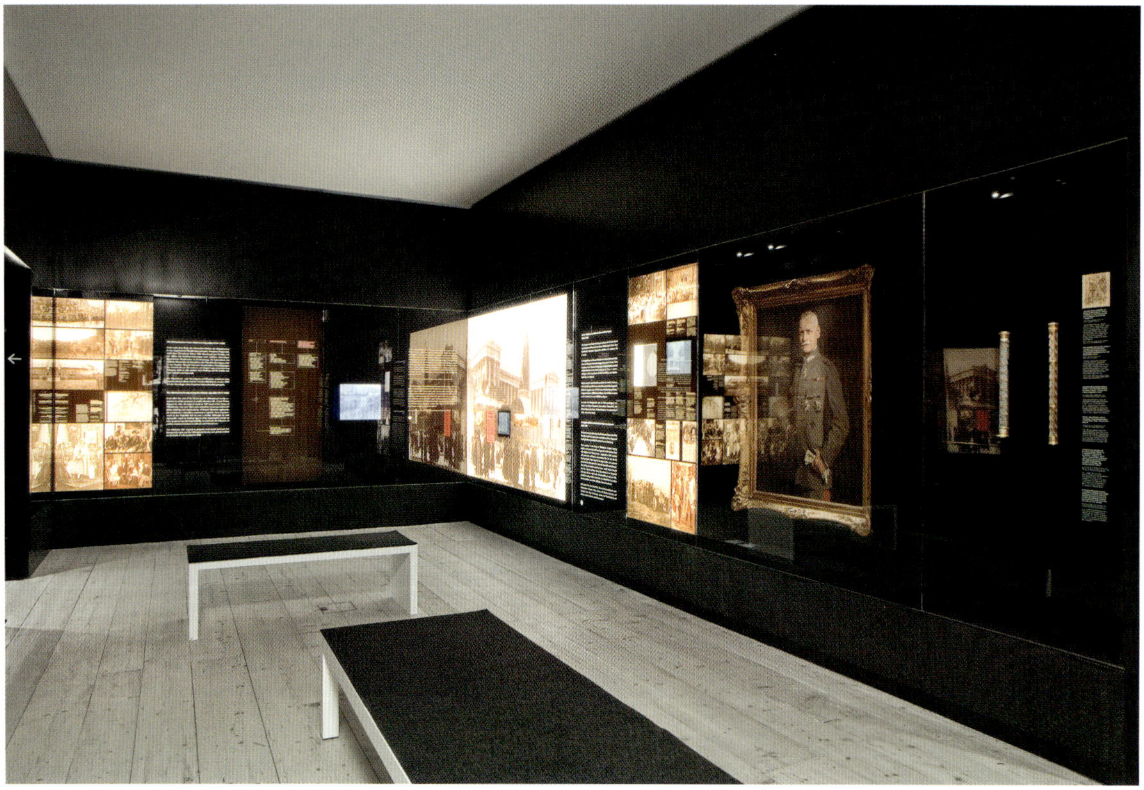

Umgesetzt wurde diese Vereinbarung durch das sogenannte WAF-Gesetz, das den Wittelsbacher Ausgleichsfonds als Stiftung des öffentlichen Rechts begründete. Auf der Grundlage dieses Gesetzes verzichtete das Haus Wittelsbach auf alle weiteren Ansprüche gegen den Staat.

Im Ergebnis erhielt der bayerische Staat große Teile des früheren Wittelsbacher Vermögens, unter anderem zahlreiche Liegenschaften, so die Residenz München mit dem Hofgarten, die Schlösser Nymphenburg, Schleißheim, Neuschwanstein, Herrenchiemsee und Linderhof.

Im Gegenzug erhielt der Wittelsbacher Ausgleichsfonds Geldmittel, Immobilien sowie land- und forstwirtschaftlichen Grundbesitz wie beispielsweise die Schlösser Hohenschwangau, Berchtesgaden, Grünau und den Köschinger Forst. Seitens des Hauses Wittelsbach wurde umfangreiches privates Kunstvermögen in den Fonds eingelegt. EvH

103 König Ludwig III. von Bayern
Walther Firle, München, 1914
Öl auf Leinwand, H 86,5 B 72,5 cm
Wittelsbacher Ausgleichsfonds München, B I a 312

Ludwig III. (1845–1921) folgte seinem Vater Luitpold 1912 als Regent nach. Obwohl der regierungsunfähige König Otto noch lebte, ließ er sich im November 1913 zum König proklamieren. Als König Ludwig III. blieb ihm nur eine kurze Regierungszeit. Von den fünf Regierungsjahren fielen vier in die Zeit des Ersten Weltkrieges, im November 1918 erklärte ein revolutionärer Arbeiter- und Soldatenrat die regierende Dynastie der Wittelsbacher für abgesetzt. Ludwig starb 1921 auf dem ungarischen Erbgut Sárvár, das seiner bereits 1919 verstorbenen Frau Marie Therese gehört hatte.

Ludwig hatte viele Jahre Zeit, sich auf seine Rolle vorzubereiten. Tradition und Kirche waren ihm wichtig, Pomp und Zeremoniell hingegen eher lästig. Sein Interesse galt der modernen Landwirtschaft, der Rationalisierung des Ackerbaus und der verbesserten Tierhaltung. Er setzte sich für die Gründung landwirtschaftlicher Genossenschaften ein und förderte den bayerischen Landwirtschaftsverein.

Das Gemälde zeigt Bayerns letzten Monarchen in der Generalsuniform mit umgehängtem Pelzmantel, der Ordenskette des Hubertusordens und dem von Ludwig II. 1866 gestifteten Großkreuz des Militärverdienstordens.

Walther Firle (1859–1929) war ein gefragter Genre- und Porträtmaler. 1879 begann er an der Münchner Akademie und wurde Schüler von Alois Gabl, Ludwig von Löfftz und Gabriel von Hackl. 1882 brach er sein Studium aus finanziellen Gründen ab. Erste Erfolge ermöglichten ihm Reisen nach Italien und in die Niederlande. Dort beeindruckte ihn insbesondere die Landschafts- und Historienmalerei von Jozef Israëls. Nach seiner Rückkehr ließ er sich in München nieder. Die Einflüsse Israëls bewogen ihn zu dem 1886 in Berlin mit der 2. Goldenen Medaille ausgezeichneten Gemälde »Morgenandacht in einem holländischen Waisenhaus«, das ihm zum Durchbruch verhalf. 1890 erhielt er die Titularprofessur und später eine Reihe weiterer, hoher Auszeichnungen.

Mit seinen religiösen Bildthemen wurde Firle ein erfolgreicher und gefragter Maler. Die helle Farbigkeit seiner Palette und sein differenzierter Kolorismus weisen ihn als einen der fortschrittlichsten Maler der Münchner Schule um Wilhelm von Diez aus. LL

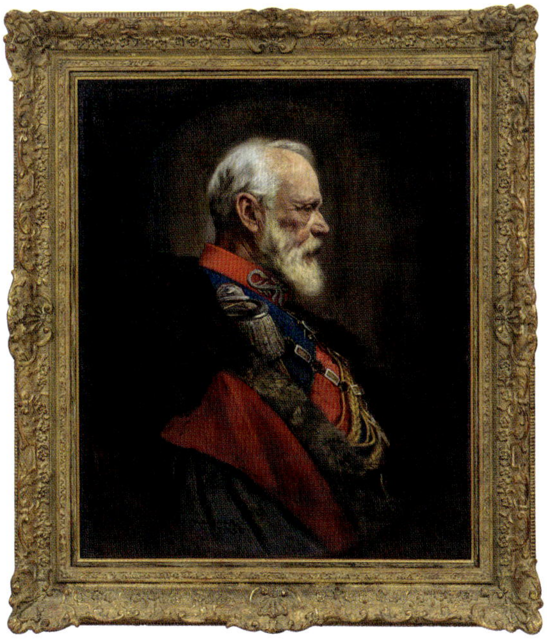

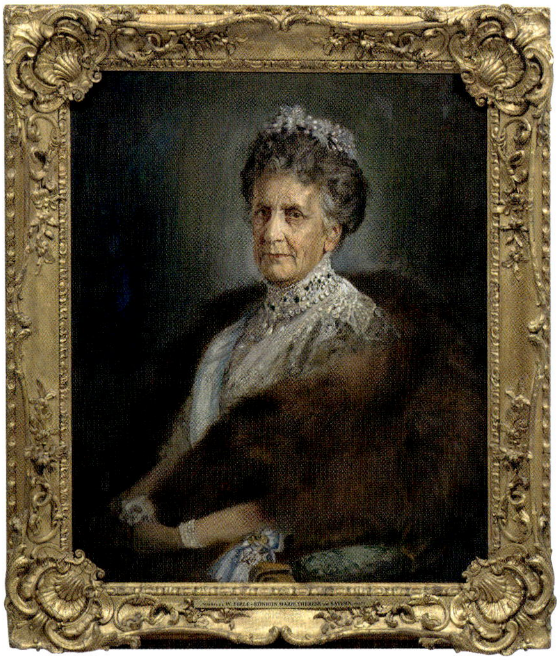

104 Königin Marie Therese von Bayern

Walther Firle, München, 1914 (?)
Öl auf Leinwand, H 87 B 73 cm
Wittelsbacher Ausgleichsfonds München, B I a 315

Bayerns letzte Königin wurde als Marie Therese Henriette Dorothea Erzherzogin von Österreich-Este und Prinzessin von Modena in Brünn geboren. 1867 traf sie auf einer Trauerfeier in Wien den 22-jährigen Prinz Ludwig, Sohn des späteren Prinzregenten Luitpold. Noch im gleichen Jahr fand die Verlobung statt, ein Jahr später die Hochzeit. Den bayerischen Thron bestieg sie an der Seite ihres Gemahls mit 64 Jahren. Soweit es ihre Pflichten als Mutter von 13 Kindern zuließen, engagierte sie sich als Protektorin im Bayerischen Roten Kreuz und vielen wohltätigen Vereinen, die sich um Frauen und Kinder kümmerten. Nach Ausbruch des Ersten Weltkrieges 1914 richtete sie in den Nibelungensälen der Residenz eine »Kriegsnähstube« ein, um die Soldaten an der Front mit Kleidung und kleinen Päckchen zu versorgen. Anlässlich ihrer goldenen Hochzeit im Februar 1918 spendeten sie und ihr Gemahl fast zehn Millionen Mark für soziale Zwecke. Schwer krank flüchtete sie mit dem König im November 1918 aus München und starb im Februar 1919 auf Schloss Wildenwart. Die Königin ist mit Pelzstola, Diadem und Collier dargestellt. Sie trägt den Theresien-Orden, der von Königin Therese, der Gemahlin König Ludwigs I., für die Damen des bayerischen Adels 1827 gestiftet wurde. LL

105 Bayerisches Königsservice

Porzellanmanufaktur Nymphenburg, Form »Perl«, München, 1918
Porzellan, gedreht und in Form gegossen, mit Blau und Gold staffiert, Unterseite mit grüner Stempelmarke, Sonderformen mit Pressnummern versehen, 326 Teile
Wittelsbacher Ausgleichsfonds München, K I c 261 / 1–85

Das Porzellanservice für 36 Personen war ein Geschenk der Kinder zur Goldenen Hochzeit ihrer Eltern, König Ludwig III. und Königin Marie Therese am 20. Februar 1918. Auftraggeber im Namen seiner acht noch lebenden Geschwister war der drittgeborene Sohn des Königpaares, Prinz Franz von Bayern (1875–1957).

Bemalt mit Motiven, die für das Jubelpaar eine besondere Bedeutung hatten, führt es die Bezeichnung »Bayerisches Königsservice«. Neben den Schlössern Leutstetten, Wildenwart und Eywanowitz finden sich Ansichten vom Chiemsee, von Städten aus Bayern und der Pfalz sowie vom Gut Sárvár in Ungarn. Als Vorlagen dienten unter anderem Fotografien aus dem Besitz von Prinzessin Wiltrud.

Nach dem Tod von König Ludwig III. 1921 wurde das Service nach Gut Sárvár gebracht, das Prinz Franz als Erbe übernahm. Im Winter 1944/45, mit dem Heranrücken der sowjetischen Truppen, wurde es mit anderem Hausrat nach Leutstetten geschafft. Benutzt wurde es bis in die 1970er Jahre, allerdings nur bei besonderen Familienfesten; so hat das Service seinen ursprünglichen Glanz bewahrt.

Die historische Form »Service mit den Perlen« ist ein herausragendes Beispiel für Porzellankunst und Tafelkultur des 18. Jahrhunderts. Der Entwurf stammt von dem böhmischen Bildhauer Dominikus Auliczek (1734–1804) und datiert in die Jahre 1792 bis 1795. Auliczek konzipierte die Geschirrteile über ein Zwölfeck und wich damit vom üblichen Rund oder Oval der Grundform ab. Ihren Namen erhielt die klassizistische Geschirrform aufgrund des plastischen Perlstabs auf den flachen Kanten der leicht ausgebogenen Ränder. Die Hohlformen (Tassen, Schüsseln) sind zusätzlich mit reliefierten Akanthusblättern verziert und mit Gold umrahmt. Dem Perlrand, in Grau und Blau plastisch staffiert, folgen breite Linien in Blau und Gold sowie ein goldener Kammstreifen. Die Geschirrteile sind mit runden oder ovalen Ort- und Landschaftsdarstellungen in sogenanntem Graucamieu dekoriert, umrankt von Goldstreifen, breiten Bändern mit Goldkanten, die oben in einer Schleife enden, und feinem goldenem Blattwerk.

Das historische Perlservice war für 24 Personen angelegt und erlaubte eine symmetrisch eingedeckte Tafel im sogenannten »service à la française« nach dem Tafelzeremoniell des französischen Sonnenkönigs. Dabei wurden die Speisen streng symmetrisch in verschiedenen Serien aufgetragen, die jeweils aus mehreren Gerichten bestanden. Nach der Präsentation wurden die Gerichte vom Personal am Nebentisch tranchiert und anschließend vorgelegt; nur bei den einfacheren Speisen bedienten sich die Gäste selbst.

Das Perlservice, für die Tafel des Kurfürsten Karl Theodor von Bayern (1742–1799) entwickelt, war während des 19. Jahrhunderts ausschließlich für den königlichen Hof bestimmt. Deshalb ist es in den Nymphenburger Preiscourants von 1831 und 1850 nicht aufgeführt. Eine Ausnahme bildete das Kaffee- und Teeservice, das keiner Verkaufsbeschränkung unterlag. Prinzregent Luitpold gestattete schließlich die Ausstellung und den Verkauf einer Neuauflage des Perlservice auf den Weltausstellungen in Paris 1900 und in St. Louis 1904. Die Nymphenburger Porzellanmanufaktur präsentierte sich dort mit modernen Dekoren, historischen Formen sowie mit moderner Tafelkultur entsprechenden Ergänzungsteilen. Dadurch wurde das Perlservice mit seiner ansprechenden Form zu einem hochgeschätzten Tafelgeschirr. Die Dekore stammen von Vorlagen, die sich in der Sammlung der Manufaktur seit der Zeit um 1800 nachweisen lassen. LL

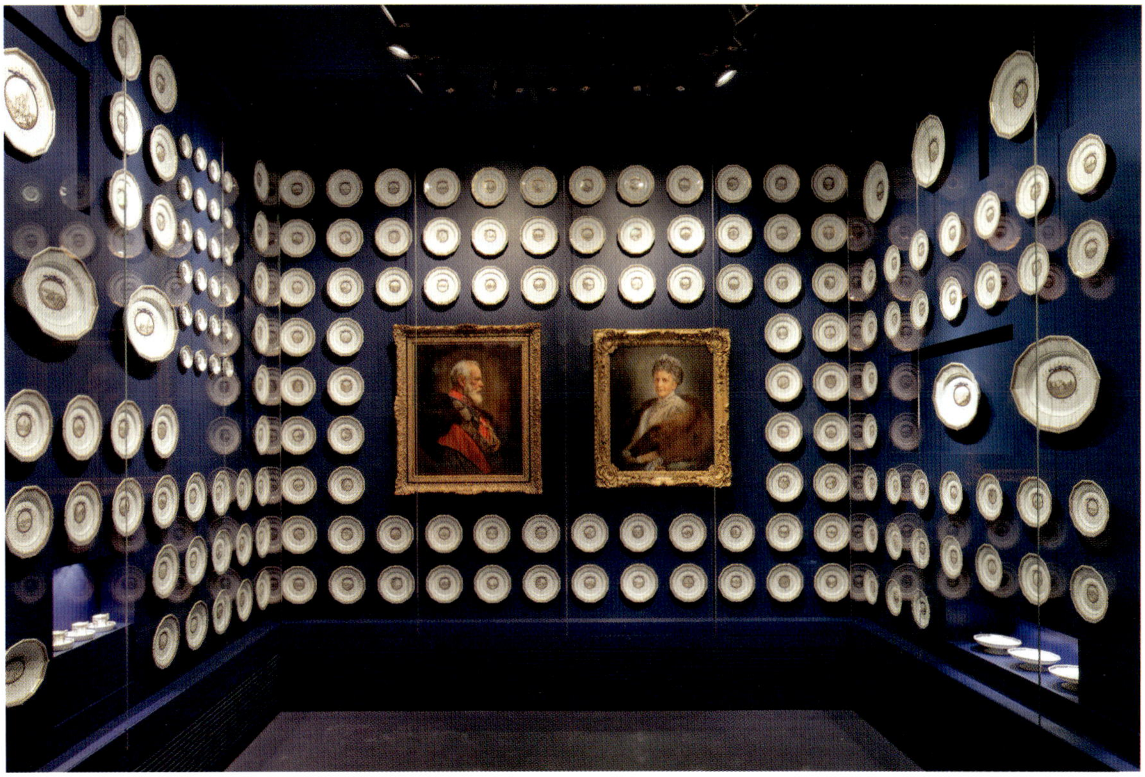

105 a
Geburtshaus der Königin Marie Therese in Brünn, Teller (Detail) aus der Gruppe »Wien und andere Orte«, signiert G. Unger
D 25 cm

105 b
Schloss Leutstetten, fünf Teller aus der Gruppe »Leutstetten« und Detail, signiert G. Unger
D 25 cm
Schloss und Gut wurden 1875 von Prinz Ludwig, dem späteren König Ludwig III. erworben und von ihm, dem sogenannten »Millibauer«, zu einer der größten landwirtschaftlichen Anlagen Bayerns und einem anerkannten Musterbetrieb ausgebaut.

105 c
»Bei Wildenwart«, zwölf Ansichten von Schloss Wildenwart und Umgebung, Terrine, Pressnummer 2
H 26 D 23 cm
Im Schloss Wildenwart fand die königliche Familie Zuflucht, nachdem sie unter dem Druck der politischen Ereignisse München im November 1918 verlassen hatte. Am 3. Februar 1919 starb Königin Marie Therese und wurde zunächst hier beigesetzt, bevor sie 1921 im Münchner Dom ihre letzte Ruhestätte fand.

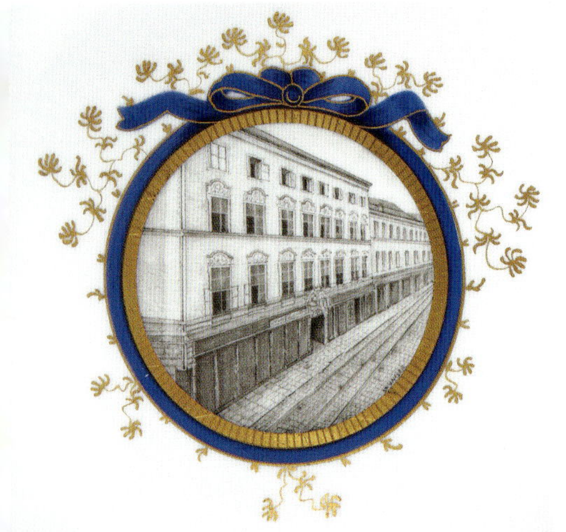

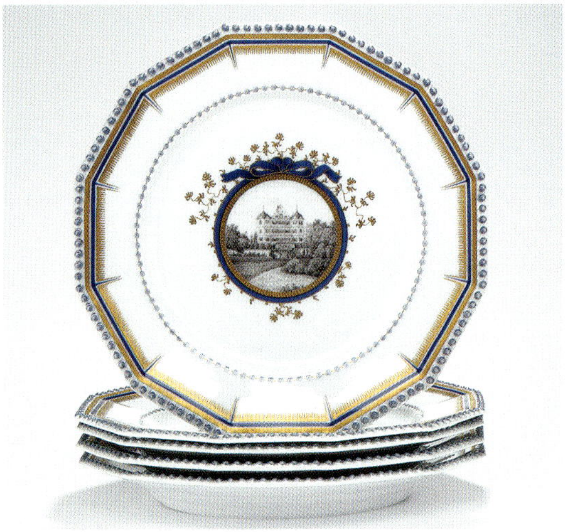

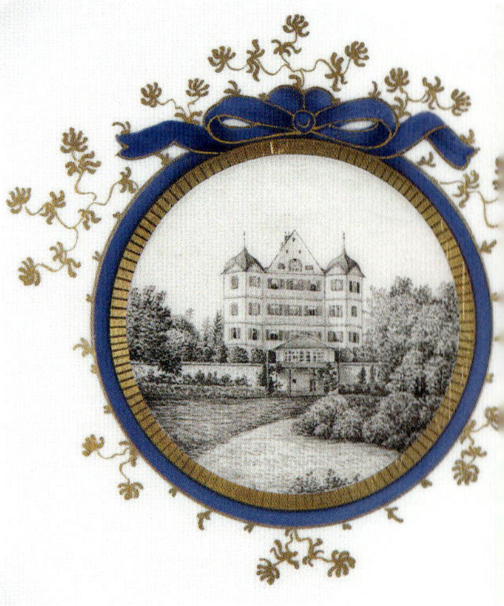

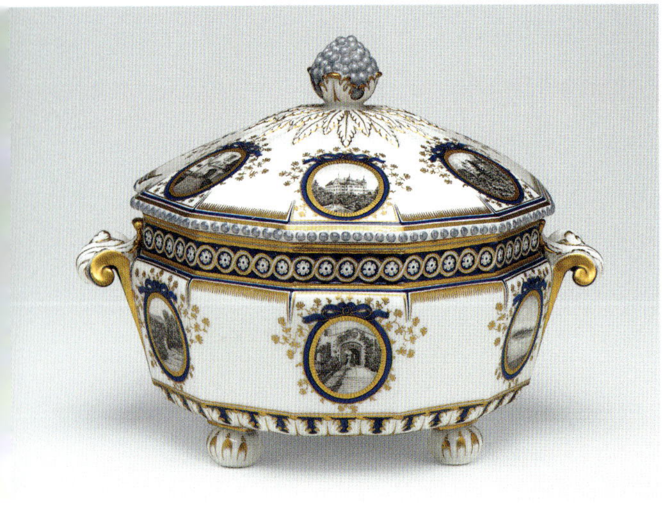

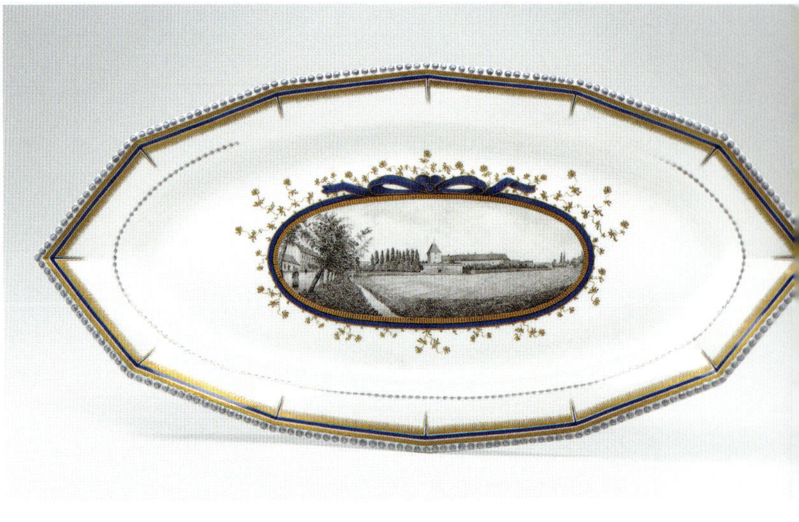

105 d

Schloss Sárvár in Ungarn, Fischplatte, Pressnummer 2

L 64,5 B 31 cm

Blick über die Wiesen auf die Schlossanlage, die als Mitgift der jungen Erzherzogin Marie Therese von Österreich-Este in den Besitz der Familie kam. Ludwig III. konnte hier seine landwirtschaftlichen Interessen verfolgen und die Pferdezucht im großen Stil umsetzen. Am 18. Oktober 1921 starb er in Sárvár. EvH

106 Bayerischer Marschallstab des Kronprinzen Rupprecht von Bayern

Theodor II. Heiden (?), München, 1916

Silber, vergoldet, Samt, L 53,5 D 3,3 cm

Wittelsbacher Ausgleichsfonds München, O V 3

Stabröhre in Längsrichtung in sechs Zügen mit Silber und blauem Samt gerautet. Zwei Goldringe als Schnürung, Endstücke in Annäherung an Blattkapitelle ausgeformt. Deckplatten graviert: »DEM SIEGREICHEN FÜHRER DER BAYERN«, unten »1914 MIT 1918«, ursprünglich »1916« bezeichnet.

1852 verlieh Preußen nach dem Vorbild englischer Marschallstäbe den beförderten Generalfeldmarschällen erstmals den Marschallstab. Bis 1905 war Preußen der einzige deutsche Bundesstaat, der diese Auszeichnung vergab. Am 1. Januar 1905 wurde mit der Beförderung des Prinzen Leopold von Bayern zum Generalfeldmarschall der Marschallstab und Interimsstab in der bayerischen Armee eingeführt. Anlässlich der (Selbst-)Verleihung an Prinzregent Ludwig wurde 1912 ein neuer Marschallstab in Anlehnung an den Kommandostab von Kurfürst Max Emanuel von Bayern (1662–1726) geschaffen, der am 23. Juli 1915 auch an den zum bayerischen Generalfeldmarschall beförderten Kaiser Wilhelm II. verliehen wurde und 1916 an Kronprinz Rupprecht.

Während der Kämpfe an der Westfront erhielt Kronprinz Rupprecht als Befehlshaber der 6. Armee am 23. Juli 1916 die Beförderung zum bayerischen Generalfeldmarschall. Dies war der 50. Jahrestag der Verwundung seines Vaters in der Schlacht von Helmstadt (Rossbrunn). Während die Ehrung im Hauptquartier begrüßt wurde, zeigte Rupprecht »keine rechte Freude«. Seit den Kontroversen und Auseinandersetzungen mit dem Generalstabschef Erich von Falkenhayn (1861–1922) über dessen »Ermattungsstrategie« zur Niederwerfung der französischen Armee hatte er zunehmend mit gesundheitlichen Problemen zu kämpfen.

Am 1. August 1916 wurde Kronprinz Rupprecht zum preußischen Generalfeldmarschall befördert. Bei der Überreichung des Marschallstabes durch den neuen Chef des Generalstabs des Feldheeres, Paul von Hindenburg (1847–1934) am 8. September 1916 vertrat Rupprecht erneut seine Meinung, dass man angesichts der hohen Verluste rasch zu einem Friedensschluss kommen sollte. FRD

107 Preußischer Marschallstab des Kronprinzen Rupprecht von Bayern

Sy & Wagner, Berlin, 1916

Silber, vergoldet, Emaille, Samt, L 49 D 3 cm

Wittelsbacher Ausgleichsfonds München, O V 1

Samtbezogenes Rohr mit Abschlussknäufen in der Art von Blattkapitellen. Am Kapitellschaft Emailleband: » WILHELM II. UND KÖNIG VON PREUSSEN DEM FELDMARSCHALL KRONPRINZEN VON BAYERN«, unten: »FÜR DIE RUHMVOLLE VERTEIDIGUNG VON LOTHRINGEN UND DIE HERVORRAGENDE FÜHRUNG IN NORDFRANKREICH, SCHLACHT IN LOTHRINGEN; LILLE; SCHLACHT BEI ARRAS«. Deckkappen: oben: Erhabenes, ligiertes W-R-II und Umschrift: »SUUM CUIQUE« (Jedem das Seine), unten: Preußenadler. Der Rohrschaft ist alternierend mit rot unterlegten preußischen Königskronen und nach links blickenden Reichsadlern mit ausgebreiteten Schwingen in vier Reihen besetzt.

Der erbenlose Berliner Hofgoldschmied Johann George Hossauer übertrug 1859 seine Firma dem Hofgoldschmied Emil August Albert Wagner, der bei ihm von 1842 bis 1846 das Goldschmiedehandwerk gelernt hatte, und dem Kaufmann Francois Louis Jeremie Sy. Die Firma Hossauer firmierte daraufhin bis 1933 unter dem Namen Sy & Wagner (ab 1934 Vereinigte Juweliere GmbH). Seit 1871 fertigte diese Firma die preußischen Marschallstäbe.

Preußen verlieh während des Ersten Weltkrieges insgesamt vierzehn Marschallstäbe als »Zeichen der Ehre«. Am 1. August 1916 wurde Kronprinz Rupprecht von Bayern in einem

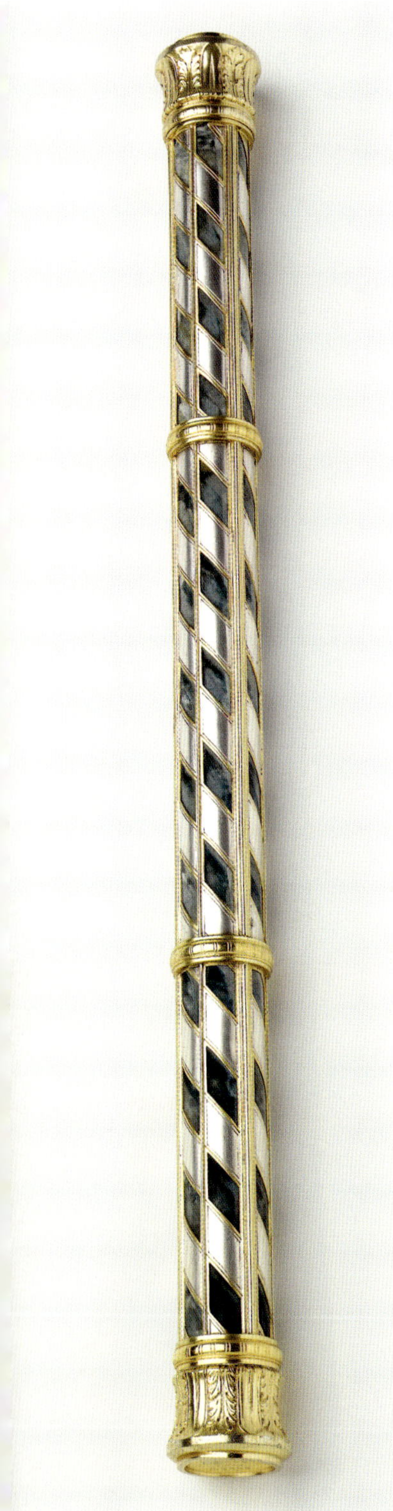

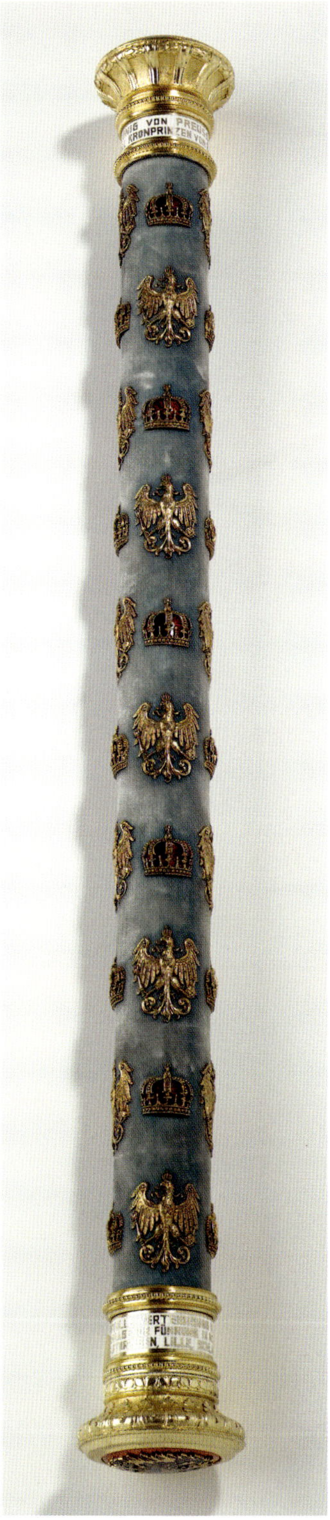

handschriftlichen Brief des deutschen Kaisers Wilhelm II. zum Generalfeldmarschall ernannt: »Durchlauchtigster Fürst, freundlichst lieber Vetter! In hervorragenden Waffentaten haben die königlich bayerischen Truppen in diesem nun schon zweijährigen Kampfe um Deutschlands Zukunft Tapferkeit, Ausdauer und Stärke in glänzender Weise bewiesen, insbesondere haben Eure königliche Hoheit an der Spitze der tapferen 6. Armee an den Erfolgen unserer Waffen ruhmreichsten Anteil. [...] In zäher Ausdauer und heldenhaftem Aushalten verteidigt die Armee nun seitdem ihre Front. [...] Ich aber habe heute den Wunsch, meine hohe Anerkennung und warmen Dank für solche Leistung erneut zu bestätigen und demselben, wie auch meiner Wertschätzung und freundlichen Gesinnung für Eure königliche Hoheit dadurch Ausdruck zu geben, daß ich Eure königliche Hoheit zum Generalfeldmarschall in der preußischen Armee ernenne.«
Seit 1914 war Kronprinz Rupprecht an der Westfront und Oberbefehlshaber der 6. Armee gewesen. Ende August 1916 kam es im nördlichen Teil der Westfront zur Formierung der »Heeresgruppe Kronprinz Rupprecht« unter seiner Führung. 1917 hatte die Heeresgruppe gegen das englische Expeditionsheer in der dritten Flandernschlacht sehr verlustreiche Kämpfe zu bestehen. Der letzte Versuch der Obersten Heeresleitung in der deutschen Frühjahrsoffensive 1918 die Kriegsentscheidung zu erzwingen, lag im Befehlsbereich der Heeresgruppe Kronprinz Rupprecht. FRD

108 Plakette König Ludwig III. von Bayern
Porzellanmanufaktur Nymphenburg, Bernhard Bleeker, München, 1917
Biskuit-Porzellan, H 18 B 13,5 cm
Wittelsbacher Ausgleichsfonds München, P VI 6

Hochovale Plakette aus weißem Biskuitporzellan mit Perlrand. König Ludwig III. im Kopfprofil nach links. Bezeichnet: »LUDWIG III / KOENIG VON BAYERN«, rückseitig: Rautenpressmarke, darüber eingeritzt: »Weihnachten / 1917«.
Bernhard Bleeker (1881–1968) war Assistent an der Akademie der Bildenden Künste in München bei Wilhelm von Rümann und Mitbegründer der Neuen Münchner Sezession, sein Vorbild war Adolf von Hildebrand. Bleeker begleitete sei-

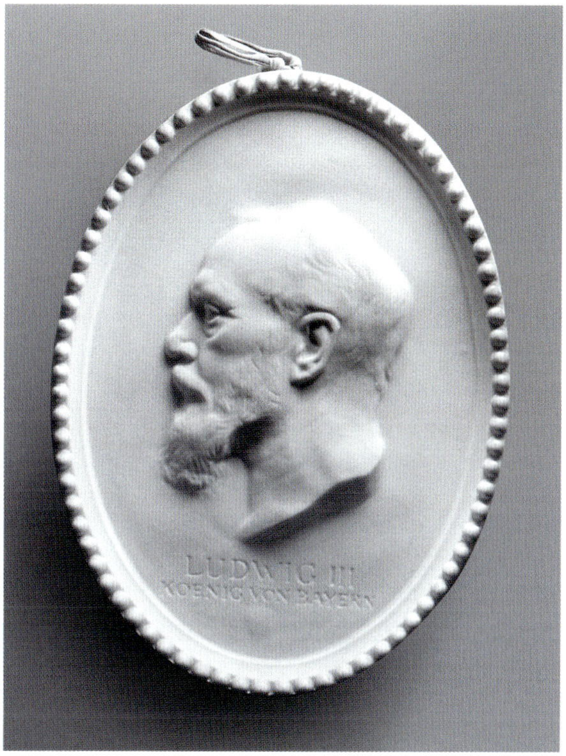

nen Freund Kronprinz Rupprecht häufig auf Reisen. Seit 1915 befand sich Bernhard Bleeker im Kriegsdienst beim Ersatz-Bataillon des Infanterie-Leib-Regiments, ab 1917 abgestellt zur Deutschen Kriegsgräberabteilung des k. u. k. Militärkommandos Przemyśl. Ihm wurde die Ausschmückung sämtlicher bayerischer Heldenfriedhöfe in Galizien überantwortet. 1917 Verleihung der durch König Ludwig II. 1872 gestifteten Medaille für Wissenschaft und Kunst in Gold.

Bereits 1913, 1914 und 1915 hatte Bleeker Reliefs von König Ludwig III. gefertigt. Der Auftrag für diese Plakette kam im September 1917 vom König selbst, gedacht war sie als Geschenk für die zur vierten Kriegsweihnacht im Feld stehenden bayerischen Soldaten, die Ausführung oblag der Porzellanmanufaktur Nymphenburg. Geliefert wurden insgesamt 29 021 Stück. Von Dezember 1915 bis Februar 1916 hatte die Porzellanmanufaktur Nymphenburg 30 021 Pfeifenköpfe mit dem Relief von König Ludwig III. »an die Front geschickt«. FRD

109 Königin Marie Therese von Bayern mit Damen vom Bayerischen Frauenverein des Roten Kreuzes bei Hand- und Näharbeiten für die Frontsoldaten in den Nibelungensälen der Residenz München

Fotografie, Wilhelm Hümmer, München, 1914

H 17 B 23 cm

Bayerisches Hauptstaatsarchiv München, Geheimes Hausarchiv, Wittelsbacher Bildersammlung Königin Marie Therese 23/23

Reproduktion

Mit Beginn des Krieges unterstützten Frauen in der vom Kriegsgeschehen nicht unmittelbar betroffenen Heimat die Soldaten. Zunächst noch in der Kriegseuphorie der ersten Monate, um den Angehörigen im Felde einen Gruß zukommen zu lassen, werden diese Pakete mit warmer Kleidung, Lebensmitteln und Zigaretten im Verlauf des Krieges immer wichtiger für die Truppenversorgung. Königin Marie Therese rief in Reaktion auf die Mobilmachung des Königs alle Frauen dazu auf, den Frontsoldaten beizustehen und machte aus den Nibelungensälen in der Residenz die »größte Nähstube Deutschlands«. Ab 1916 spricht man von der Heimatfront, an der Frauen nicht nur Näharbeiten, sondern zunehmend auch Arbeiten in der Schwerindustrie übernehmen mussten. EvH

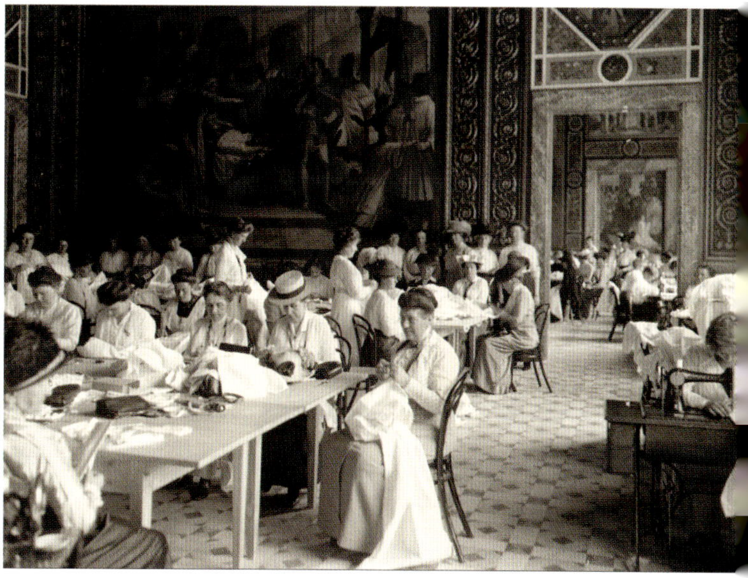

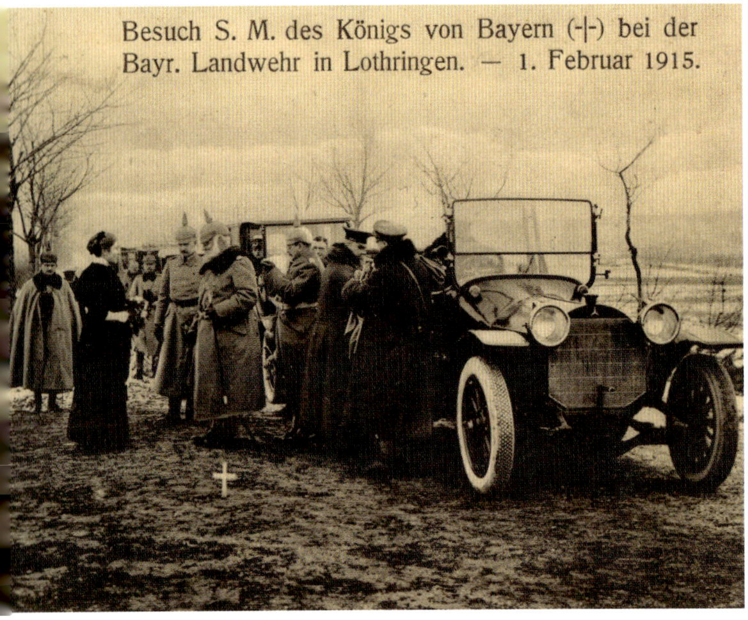

110 Truppenbesuch König Ludwigs III. von Bayern am 1. Februar 1915

Fotopostkarte, 1915

H 8,9 B 13,7 cm

Privatbesitz

Reproduktion

Truppenbesuche an der Front, wie der König Ludwigs III. bei der bayerischen Landwehr in Lothringen, gehörten im Krieg zu den Pflichten aller Könige; sie dienten der Stärkung der Moral und sollten die Unterstützung der Soldaten durch Volk und Fürsten deutlich machen.

Es waren protokollarisch repräsentative Ereignisse, über die zu Hause berichtet wurde; fotografisch festgehalten, wurden sie als Postkarten in Umlauf gebracht. EvH

111 Porträt Kronprinz Rupprecht von Bayern als Generalfeldmarschall

Carl Horn, München, 1929

Öl auf Leinwand, H 121 B 92 cm

Wittelsbacher Ausgleichsfonds München, B I a 257

Das Gemälde aus dem Jahr 1929 zeigt den Kronprinzen Rupprecht und damaligen Chef des Hauses Wittelsbach in der ab 1916 für bayerische Generäle üblichen Uniform mit den Abzeichen eines Generalfeldmarschalls, doch ohne Feldbinde. Neben der exakten Darstellung der militärischen Abzeichen und Orden hat der Künstler besonderes Augenmerk auf die Physiognomie des Dargestellten gelegt. Hell beleuchtet hebt sich der Kopf vom dunklen Hintergrund ab. Im Darstellungstypus lehnt sich das Porträt des Kronprinzen an Bildnisse von Feldherren des 17. und 18. Jahrhunderts an, die im Dreiviertelporträt mit Feldherrenbinde, Kommandostab und Schwert militärisches Können und Macht selbstbewusst präsentierten.

Vermutlich der Entstehungszeit – nach dem Ende der Monarchie – des ausgestellten Porträts geschuldet, fehlen solche Attribute und die imposante Attitude der Vorbilder. Der Kronprinz ließ sich so porträtieren, wie er sich selbst gerne sah: In Halbfigur wendet er sich durchaus selbstbewusst dem Betrachter zu. Seine Rechte in die Knopfleiste der Uniformjacke gesteckt, hält er in seiner kräftigen Linken weiße Lederhandschuhe. Um den Hals trägt er das Großkreuz des Militär-Max-Joseph-Ordens, unter der langen Ordensspange mit den Bändern der anderen verliehenen Orden und Ehrenzeichen den Bruststern mit Schwertern des von König Ludwig II. 1866 gestifteten Militärverdienstordens und das Eiserne Kreuz Erster Klasse von Preußen, die er beide für die Schlacht um Lothringen (20. bis 22. August 1914) verliehen bekommen hatte. Das Gemälde hing ehemals im »Casino der Gesellschaft der Offiziere des Beurlaubtenstandes« und kam 1954 nach Schloss Ludwigshöhe bei Edenkoben in der Pfalz, 10 Jahre später wieder zurück nach München in eine Kaserne: Die Bundeswehr übernahm 1963 im Münchner Stadtteil »Am Hart« das Gelände der »Alabama Storage Area« der US-Streitkräfte an der Schleißheimer Straße zur Unterbringung eines Panzerlehr- bzw. Panzergrenadierbataillons bis 1994. Die Kaserne wurde zur Erinnerung an den bayerischen Heerführer als »Kronprinz-Rupprecht-Kaserne« benannt. Aus der Bayern-Kaserne kam das Bild 2003 schließlich wieder zurück zum Wittelsbacher Ausgleichsfonds. EvH, FRD

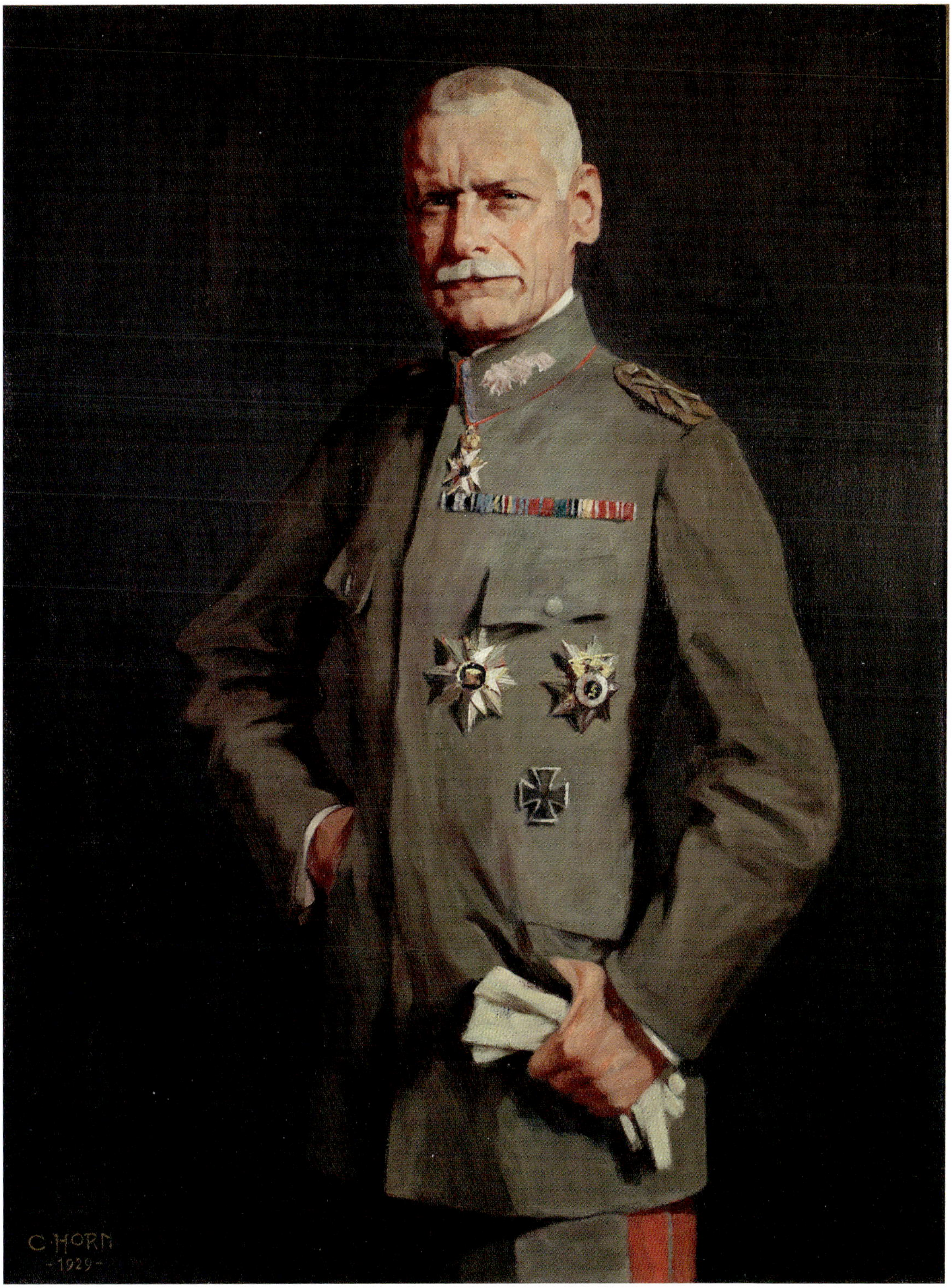
C HORN
-1929-

DAS HAUS WITTELSBACH IN DER NS-ZEIT UND IM ZWEITEN WELTKRIEG

Nach den gewonnenen Reichstagswahlen usurpierten die Nationalsozialisten am 9. März 1933 auch in Bayern die Macht. Ein knappes Jahr später wurden die Länderparlamente entmachtet; die föderale Ordnung, für die auch Kronprinz Rupprecht eintrat, war damit beendet.

Die Mitglieder der Familie Wittelsbach waren aus innerster Überzeugung Gegner der Nationalsozialisten und gerieten so in deren Visier, auch wenn sie in keiner Widerstandsgruppe aktiv waren. Schon zu Anfang der NS-Diktatur wurde das einst für Kronprinz Maximilian, dem späteren König Maximilian II., zwischen 1843 und 1845 erbaute und bei der Vermögensauseinandersetzung von 1923 dem Staat zugefallene Wittelsbacherpalais in München als Hauptquartier der Gestapo eingerichtet. Der Münchner Wohnsitz des Kronprinzen Rupprecht, das Leuchtenbergpalais, wurde überwacht. Als dann mit Kriegsbeginn 1939 sein Rückzugsort – das Schloss in Leutstetten – konfisziert wurde, gingen der Kronprinz und seine Familie nach Italien ins Exil.

Nach dem gescheiterten Attentat des Oberst Graf von Stauffenberg wurden auch Mitglieder der Familie Wittelsbach Ende Juli 1944 in Sippenhaft genommen. Kronprinz Rupprecht und sein Sohn Heinrich tauchten in Florenz unter, seine

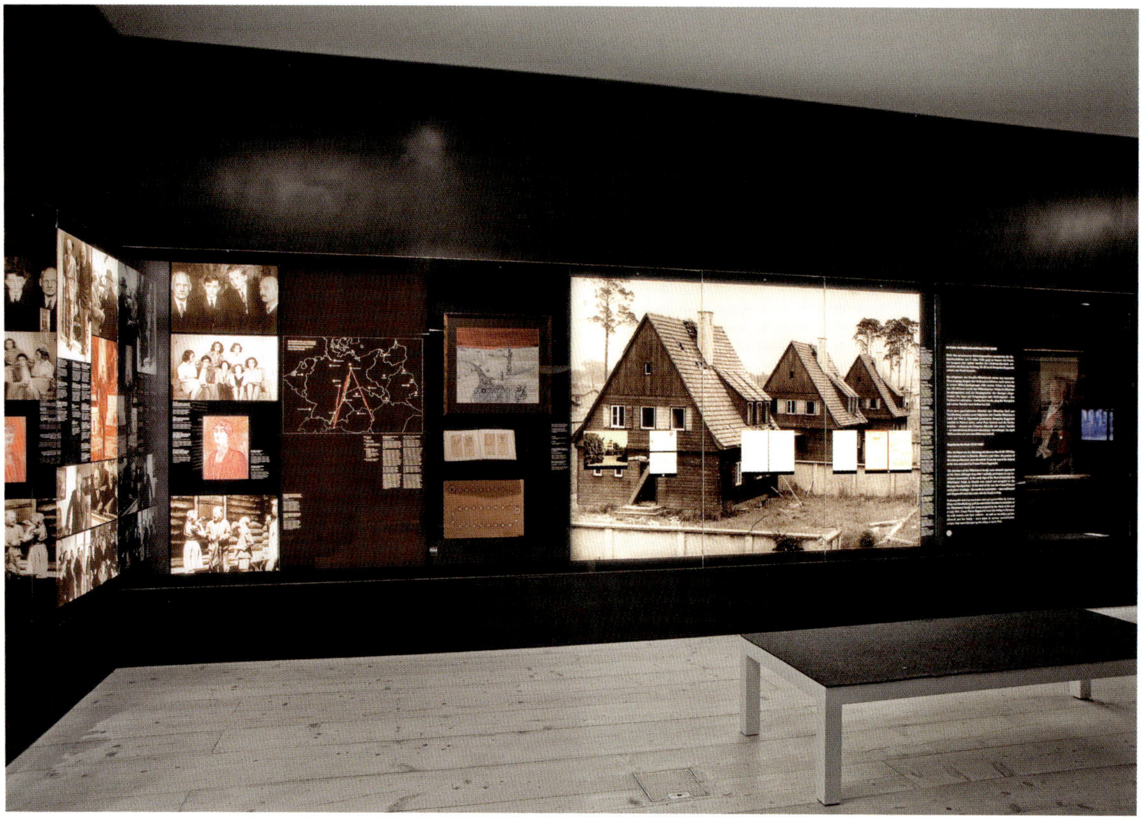

Frau Antonia und die anderen Kinder wurden in verschiedene Konzentrationslager verschleppt und 1945 von den Alliierten befreit.

Prinzessin Irmingard (1923–2010) verarbeitete diese traumatischen Erfahrungen nach Kriegsende in Zeichnungen und Gemälden. EvH

112 Porträt Kronprinz Rupprecht von Bayern

Max Rimboeck, München, 1933

Öl auf Leinwand, H 90,5 B 75 cm

Wittelsbacher Ausgleichsfonds München, B I a 288

Das Bildnis von Max Rimboeck aus dem Jahr 1933 zeigt den Kronprinzen in Halbfigur, in entspannter Haltung auf einem Sessel sitzend: Gekleidet in einen Frack, hat er das Ordensband und den Stern des Hubertusordens umgelegt. Die Hände ineinander verschlungen, blickt der Kronprinz den Betrachter aufmerksam an. Besondere Sorgfalt hat der Künstler in der Ausführung auf die Physiognomie und Mimik des Kronprinzen gelegt.

Kronprinz Rupprecht, der nach dem Tod seines Vaters 1921 offiziell in dessen Rechte eingetreten war, hielt nach dem Ende des Ersten Weltkriegs Distanz zur Politik und insbesondere zu den Nationalsozialisten. Die Kriegsjahre 1939 bis 1945 verbrachte er in Florenz, um sich dem Zugriff der Nationalsozialisten zu entziehen. Bis zu seinem Tod 1955 hatte er sich als Privatmann vor allem nach Schloss Berchtesgaden und Schloss Leutstetten zurückgezogen, das politische Geschehen und kulturelle Leben mit Anteilnahme verfolgend. Seine zweite Frau, Prinzessin Antonia von Luxemburg, die mit den Kindern nach dem Attentat auf Hitler in Sippenhaft genommen und in verschiedene Konzentrationslager verbracht wurde, kehrte aufgrund dieser traumatischen Erlebnisse nie wieder in die Heimat ihres Mannes zurück.

Max Rimboeck war Bildnis-, Stillleben- und Landschaftsmaler in München und hat 1950 ein weiteres Porträt des Kronprinzen angefertigt. EvH

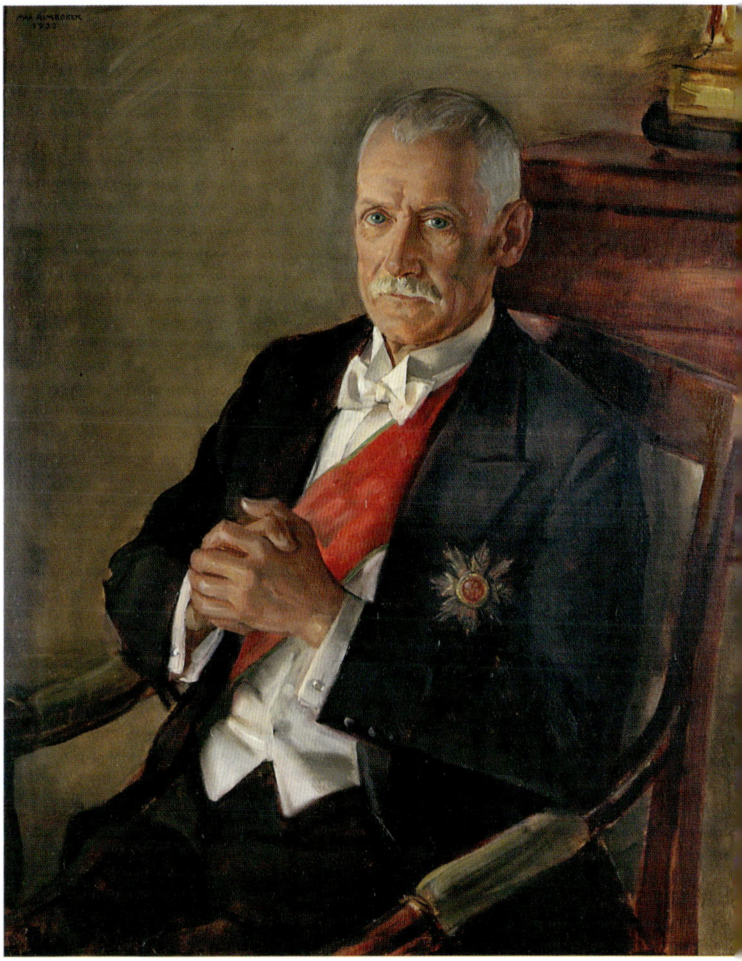

113 Tafelaufsatz mit Hl. Georg als Drachentöter

Anton Seitz, München, 1939

Silber, Edelmetalle (Kupfer, Bronze: Ritter; Messing, versilbert: Pferd; vergoldet: Drache), Holz, H 89 B 59 T 35 cm

Wittelsbacher Ausgleichsfonds München, S II a 112

Dieser Tafelaufsatz, ein Geschenk zum 70. Geburtstag des Kronprinzen von den Offizieren seines ehemaligen Infanterie-Leib-Regiments, knüpft möglicherweise an den Georgsritterorden, einen von zwei Hausorden der Wittelsbacher, an. Er erinnert mit der Wahl des heiligen Georg aber auch an den Ersten Weltkrieg. Schon seit dem Mittelalter wird dieser Heilige in seinem Kampf gegen den Drachen von Fürsten eingesetzt, um sich wie der heilige Ritter als Kämpfer für die gerechte Sache darzustellen.

Im Ersten Weltkrieg wird mit dem heiligen Georg der Krieg zu einem Kampf gegen das Böse stilisiert und in der Bild-

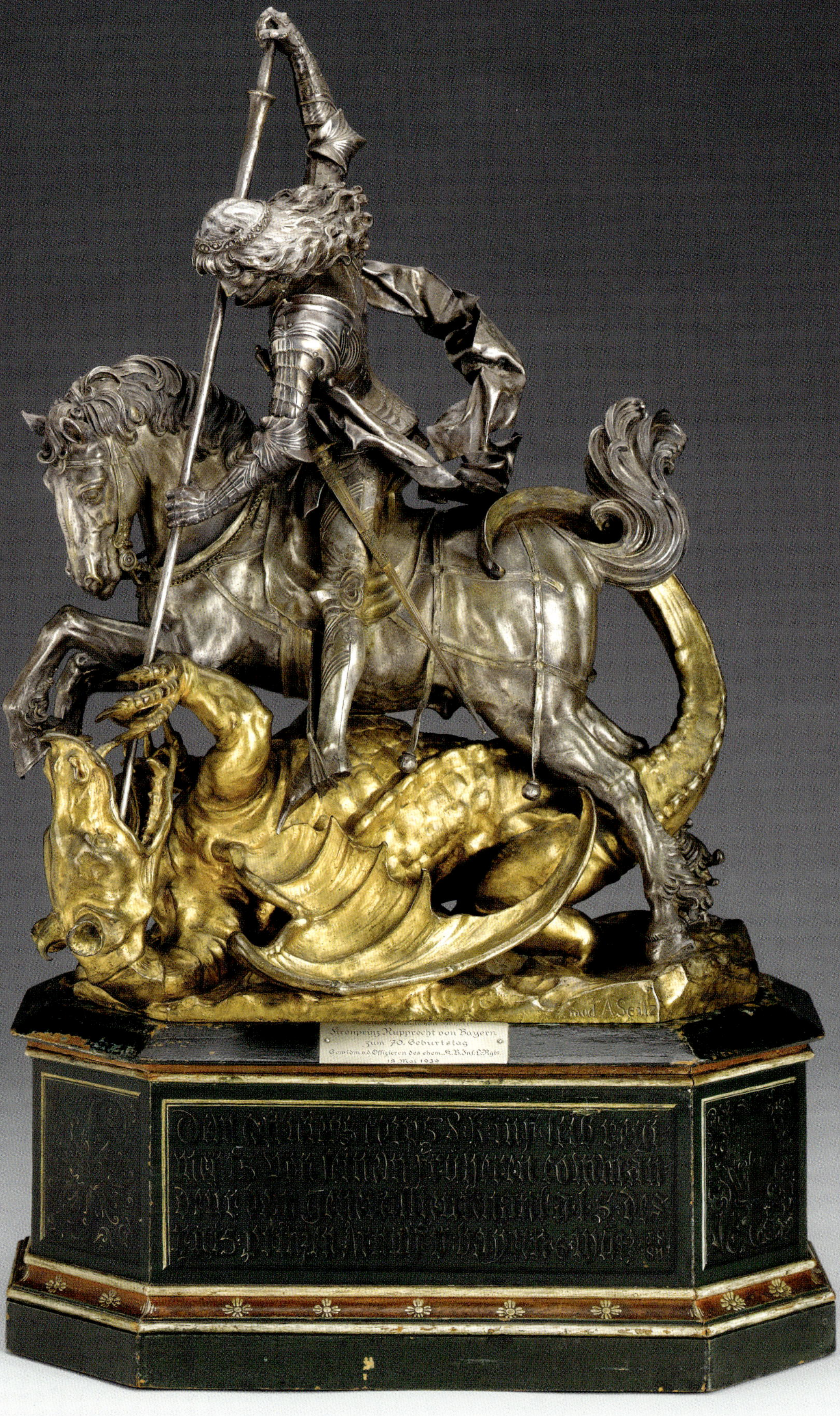
Kronprinz Rupprecht von Bayern
zum 70. Geburtstag
Gewidm. v. d. Offizieren des ehem. K. B. Inf. L. Rgts.
18. Mai 1939

propaganda der Zeit – vor allem bei den ersten Plakaten und Postkarten für die Kriegsanleihen – eingesetzt, um den eigenen Einsatz als Kampf zum Wohl des Volkes zu rechtfertigen und dem Gegner mit einer letzten Anstrengung den Todesstoß zu versetzen.
In typischer historisierender Pose sitzt der Heilige hoch zu Pferde und führt den letzten Stoß gegen den sich heftig wehrenden Drachen. EvH

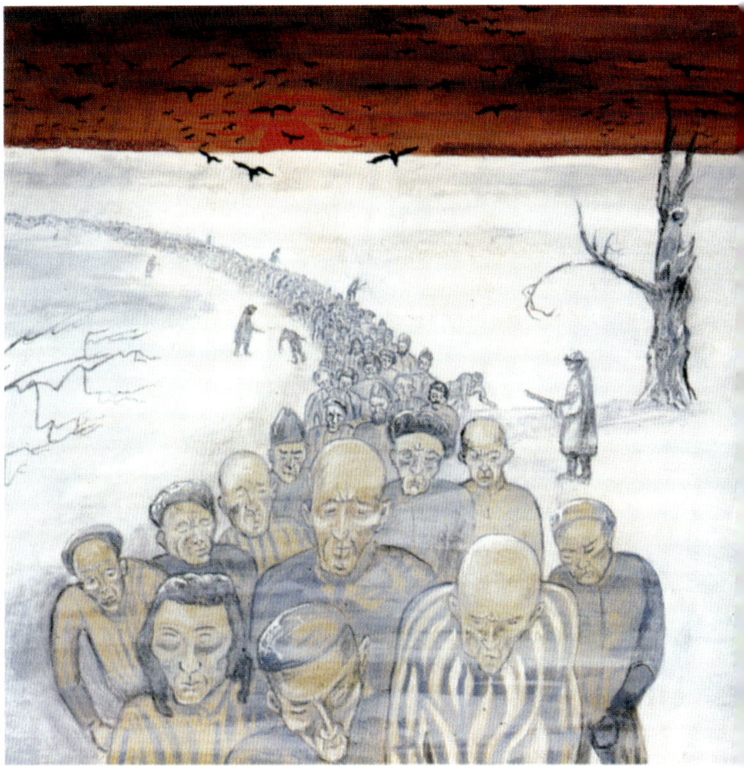

114 Gemälde »Zug der Häftlinge«
Prinzessin Irmingard von Bayern, nach 1945
Tempera auf Karton, H 55 B 48 cm
Privatbesitz

Das Temperagemälde schildert die Torturen der Gefangenentransporte zwischen den Konzentrationslagern im Frühjahr 1945. Eindrucksvoll beschrieb sie die Lage in ihren Erinnerungen an diese Jahre: »Immer mehr Transporte, meistens zu Fuß, kamen von Norden und Westen. Wachsoldaten mit Gewehren begleiteten sie. Es waren große Kolonnen von Sträflingen und Gefangenen, die daher wankten, teils in blauweiß gestreiften Sträflingsanzügen, teils in russischen und polnischen Uniformen: zerlumpt, müde und hoffnungslos.«
Irmingard war das zweite Kind und die älteste Tochter von Kronprinz Rupprecht und seiner zweiten Frau Antonia von Luxemburg. 1939 gelang der Familie die Ausreise aus Deutschland in das italienische Exil. Während der Kronprinz mit seinem zweitältesten Sohn Heinrich in Florenz unterkam, lebte die Kronprinzessin überwiegend in Südtirol, um sich und die Kinder nicht zu gefährden.
Nur wenige Tage nach dem Attentat des 20. Juli 1944 wurden Kronprinzessin Antonia und drei ihrer Töchter verhaftet. Im Oktober 1944 wurden die Mädchen als Sippenhäftlinge ins Konzentrationslager Sachsenhausen gebracht. Prinzessin Irmingard, die in Innsbruck an Typhus erkrankt war, folgte im Januar 1945 dorthin. Zuvor sollte sie über den Verbleib ihres Vaters im Reichssicherheitshauptamt in Berlin aussagen. Im KZ Sachsenhausen waren bereits mehrere Mitglieder der Familie des bayerischen Kronprinzen in einem der vier Sonderhäuser interniert, in denen noch weitere prominente Häftlinge untergebracht waren.
Ende Februar 1945 transportierte man die zwölf Familienmitglieder in das Konzentrationslager Flossenbürg, wo sie zunächst in einer Holzbaracke, dann jedoch im Flossenbürger Forsthaus einquartiert wurden. Wenige Wochen später wurden sie mit anderen Sippenhäftlingen auf Lastwagen nach Dachau gebracht. Nach einem Plan Hitlers hätten die inhaftierten Wittelsbacher als Geiseln in die »Alpenfestung« auf den Obersalzberg gebracht und hingerichtet werden sollen, doch dieser Befehl traf nicht mehr ein. Stattdessen ging die Fahrt nach Reutte und von dort weiter zu Fuß nach Ammerwald, zwischen dem Plansee und Schloss Linderhof. Am 29. April 1945 wurden sie mit fünfzig weiteren Sonder- und Sippenhäftlingen befreit durch Soldaten der 44. US-Infanteriedivision, die von Pfronten über Vils nach Reutte und Richtung Garmisch-Partenkirchen vorrückten. LL

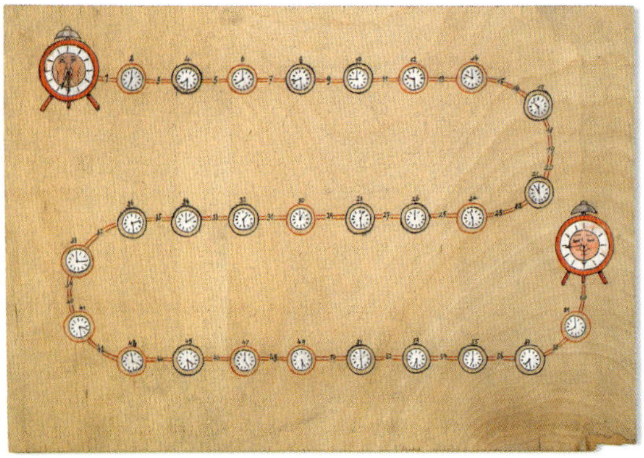

115 Kinder-Brettspiel mit Karten

Erbprinzessin Maria von Bayern, KZ Sachsenhausen, 1944/45
Holz, Papier bemalt, H 37 B 53,8 cm
Privatbesitz

In der Gruppe der inhaftierten Wittelsbacher befanden sich auch die vier Kinder der Erbprinzessin Maria von Bayern. Um sie vom Lageralltag abzulenken und ihnen Unterricht zu erteilen, bastelte Erbprinzessin Maria ein Brettspiel mit Karten. Der Spielplan, aufgemalt auf einem Brett, zeigt den Tagesablauf der Kinder. Zwischen Start und Endpunkt, markiert durch Uhren mit den Zeigern auf halb sechs und halb neun, reihen sich 60 Spielfelder aneinander. Davon sind 20 als Wecker mit Uhrzeiten gestaltet, die wohl als Ereignisfelder dienten. Hier hatte man eine der Papierkarten zu ziehen, auf der jeweils farbig illustriert eine Uhrzeit und mit Schreibmaschine eine Bildunterschrift angegeben war, die das jeweilige Geschehen beschreibt, etwa das Eintreffen der Bewacher mit dem Frühstück. Darunter ist handschriftlich die entsprechende Auswirkung auf den Spielverlauf angegeben.

Erbprinz Albrecht (1905–1996), Sohn von Kronprinz Rupprecht aus seiner ersten Ehe mit Herzogin Marie Gabriele in Bayern (1878 -1912), war wie sein Vater ein Gegner des NS-Regimes. Seit 1930 verheiratet mit Maria Gräfin Draskovich von Trakostjan (1904–1969), lebte er mit seiner Familie in Bad Kreuth. Nach dem Röhm-Putsch 1934 flüchtete die Familie für ein Jahr nach Böhmen und Ungarn, bevor sie 1937 nach Kroatien und schließlich nach Ungarn ins Exil ging. Dort wurden sie 1944 von der Gestapo verhaftet und als Sippenhäftlinge in die Konzentrationslager Sachsenhausen, Flossenbürg und Dachau verschleppt. Mit Erbprinz Albrecht waren die Kinder Franz (geb. 1933), heute Herzog Franz von Bayern und Chef des Hauses Wittelsbach, Max Emanuel (geb. 1937), heute Herzog Max in Bayern, sowie die 1931 geborenen Zwillinge Marie Gabrielle, heute Fürstin von Waldburg zu Zeil und Trauchburg, und Marie Charlotte, heute Fürstin von Quadt zu Wykradt und Isny, interniert. Letzte Station vor der Befreiung durch die Amerikaner war das Hotel Ammerwald zwischen dem Plansee und Schloss Linderhof. LL

116 Gemälde »Der zerbrochene Spiegel«

Prinzessin Irmingard von Bayern, nach 1945
Tempera auf Karton
Privatbesitz
Reproduktion

Irmingards Temperabild »Der zerbrochene Spiegel« zeigt ihre von den schweren Strapazen gezeichnete Mutter. Die

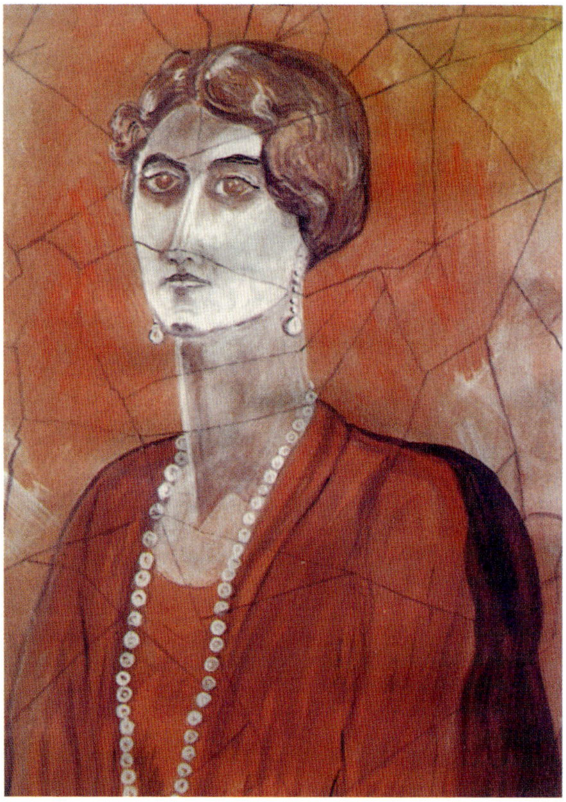

schwerkranke Kronprinzessin Antonia war nach der Verhaftung in Südtirol von ihren Töchtern getrennt und bei Kriegsende von einem Luxemburger Offizier in Jena, einem Außenlager des Konzentrationslagers Buchenwald, entdeckt worden.

Prinzessin Irmingard berichtet über sie: »Sie erholte sich nie mehr völlig von all dem, was sie durchgemacht hatte, und kam nie mehr heim nach Bayern. 1954 starb sie in der Schweiz nach langem, schwerem Leiden.« LL

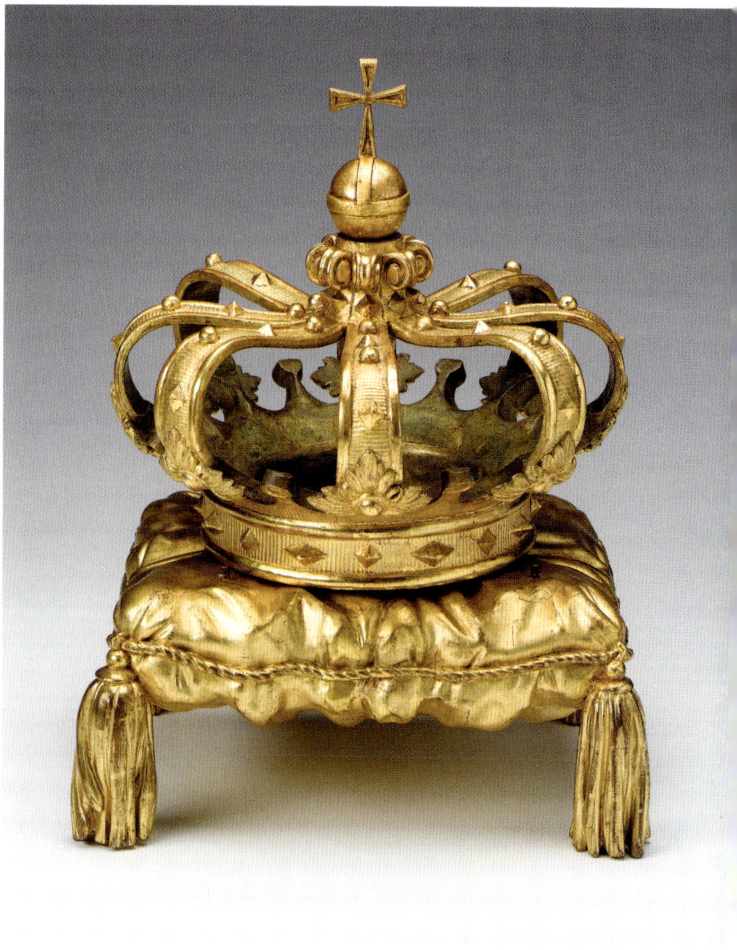

117 Funeralkrone Kronprinz Rupprechts von Bayern auf Kissen

1955

Holz, ursprünglich polimentvergoldet, mit Goldfarbe nachgearbeitet, H 51 B 42 T 36 cm

Wittelsbacher Ausgleichsfonds München, P III 130

Auch die geschnitzte Nachbildung der bayerischen Königskrone zeigte die Würde und Macht, die herrschaftliche und gesellschaftliche Stellung des Verstorbenen an.

Bei dem feierlichen Begräbnis des Kronprinzen wurde diese Funeralkrone auf seinen Sarg gelegt, nachdem der sozialdemokratische Ministerpräsident Bayerns, Dr. Wilhelm Hoegner, veranlasst hatte, dass der Kronprinz wie ein König zu Grabe getragen wurde.

Nach dem Ende des Zweiten Weltkriegs wurde Bayern größtenteils amerikanische Besatzungszone. Kronprinz Rupprecht, der sich der Verhaftung durch die Nazis durch seine Flucht nach Florenz entzogen hatte, kehrte erst im November 1945 aus Italien zurück. Seine Denkschriften über Bayern als Erbmonarchie in einem Staatenverbund blieben ohne sichtbaren Einfluss. In seinen letzten Lebensjahren widmete er sich als Sammler und Mäzen vor allem seiner Kunstsammlung. Er starb am 2. August 1955 und wurde in der Fürstengruft der Theatinerkirche in München beigesetzt. EvH

BAYERN UND DAS HAUS WITTELSBACH IN DER GEGENWART

Mit der Revolution 1918 endete die seit 1180 ununterbrochene Regierungszeit der Wittelsbacher als Herzöge, Kurfürsten und Könige in Bayern. Im historischen Gedächtnis des heutigen Freistaates ist die einstige Herrscherfamilie, die formal nie auf den Thron verzichtet hat, jedoch nach wie vor fest verankert. Das Haus Wittelsbach nimmt heute als Teil unserer demokratischen Gesellschaft eine Vielfalt von Aufgaben in den unterschiedlichsten Bereichen wahr.

Kronprinz Rupprecht von Bayern (1869–1955) setzte sich nach dem Ende des Zweiten Weltkrieges besonders für die Berücksichtigung des föderalistischen Gedankens bei der Neugestaltung Deutschlands ein. Der promovierte Historiker Prinz Adalbert von Bayern (1886–1970) war als erster Botschafter der Bundesrepublik Deutschland von 1952 bis 1956 in Madrid tätig, sein Sohn Prinz Konstantin (1920–1969) war seit 1961 Mitglied des Bayerischen Landtags, bevor er 1965 in den Deutschen Bundestag gewählt wurde.

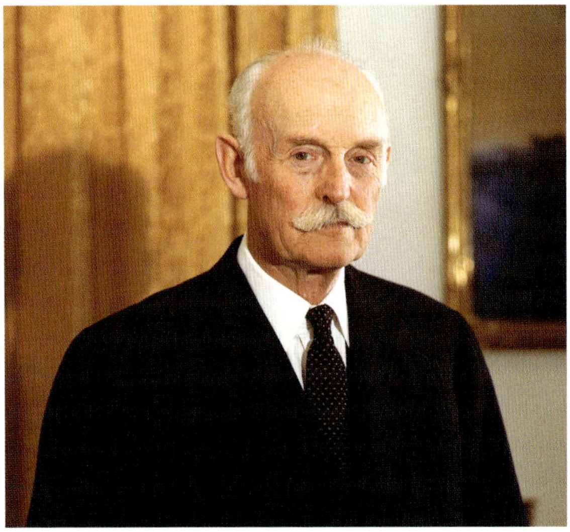

Abb. 20 Herzog Albrecht von Bayern (Oberhaupt des Hauses Wittelsbach von 1955 bis 1996). Albert Rastl, Fotografie, um 1975

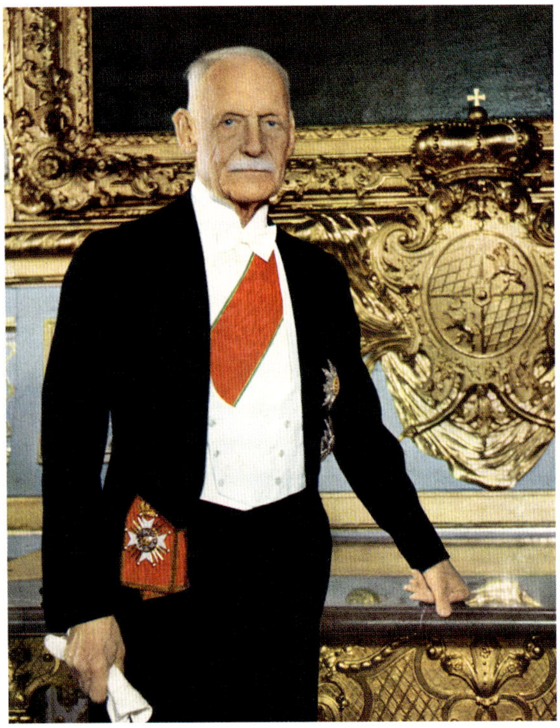

Abb. 19 Kronprinz Rupprecht von Bayern (Oberhaupt des Hauses Wittelsbach von 1921 bis 1955) im Frack mit Stern und Band des Hubertusordens. Meta Köhler, Fotografie, 1954

Herzog Albrecht von Bayern (1905–1996) hat sich wissenschaftlich mit der Wildbiologie beschäftigt und hierzu auch publiziert. Sein Sohn Herzog Franz von Bayern (geb. 1933), derzeitiges Oberhaupt des Hauses Wittelsbach, ist als bedeutender Sammler von moderner Kunst in nationalen und internationalen Kunstgremien vertreten.

Als Unternehmer haben sich Herzog Max in Bayern (geb. 1937) und Prinz Luitpold von Bayern (geb. 1951) profiliert. Prinz Manuel von Bayern (geb. 1972) sowie die beiden Schwestern Prinzessin Auguste zu Lippe-Weißenfeld (geb. 1979) und Prinzessin Alice von Auersperg (geb. 1981), geborene Prinzessinnen von Bayern, wirken als promovierte Biologen in der Forschung. Prinz Leopold von Bayern (geb. 1943) ist der Öffentlichkeit als professioneller Rennfahrer bekannt.

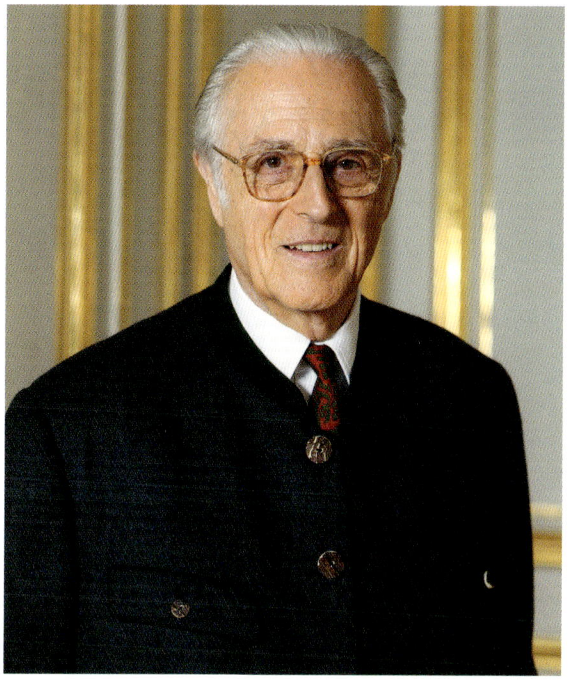

Abb. 21 Herzog Franz von Bayern (Oberhaupt des Hauses Wittelsbach seit 1996). Johannes Seyerlein, Fotografie, 2012

Etliche Familienmitglieder des Hauses Wittelsbach übernehmen auch karitative und repräsentative Aufgaben.

Seit 1996 ist Herzog Franz von Bayern das Oberhaupt des Hauses Wittelsbach. Sein Vater Herzog Albrecht, noch in der Monarchie zur Welt gekommen und als Sohn von Kronprinz Rupprecht der Erbprinz von Bayern, setzte nach dem Tod des Vaters ein klares Zeichen: Er änderte den Titel »Erbprinz von Bayern« in »Herzog von Bayern«. Weder Herzog Albrecht noch Herzog Franz haben je einen Herrschaftsanspruch erhoben.

Die enge Verzahnung von ehemaliger Dynastie und Land drückt sich auch im Titel der vom Freistaat Bayern organisierten Jubiläumsausstellung von 1980 aus: »Wittelsbach und Bayern«. Das Haus Wittelsbach ist mehr als Bayern – und Bayern ist mehr als das Haus Wittelsbach. Dennoch ist unübersehbar: So wie das Haus Wittelsbach von Bayern, dem Land und seinen Menschen geprägt worden ist, so haben über 700 Jahre lang Herrscher aus dieser Dynastie die Geschichte, die Kultur, das Erscheinungsbild und die Identität Bayerns wesentlich gestaltet. Mit Wirkungen, die weit über das Ende der Monarchie 1918 hinausgehen und die bis in unsere Tage reichen. Bayern hat viele Gesichter: Eines davon ist wittelsbachisch. AvM

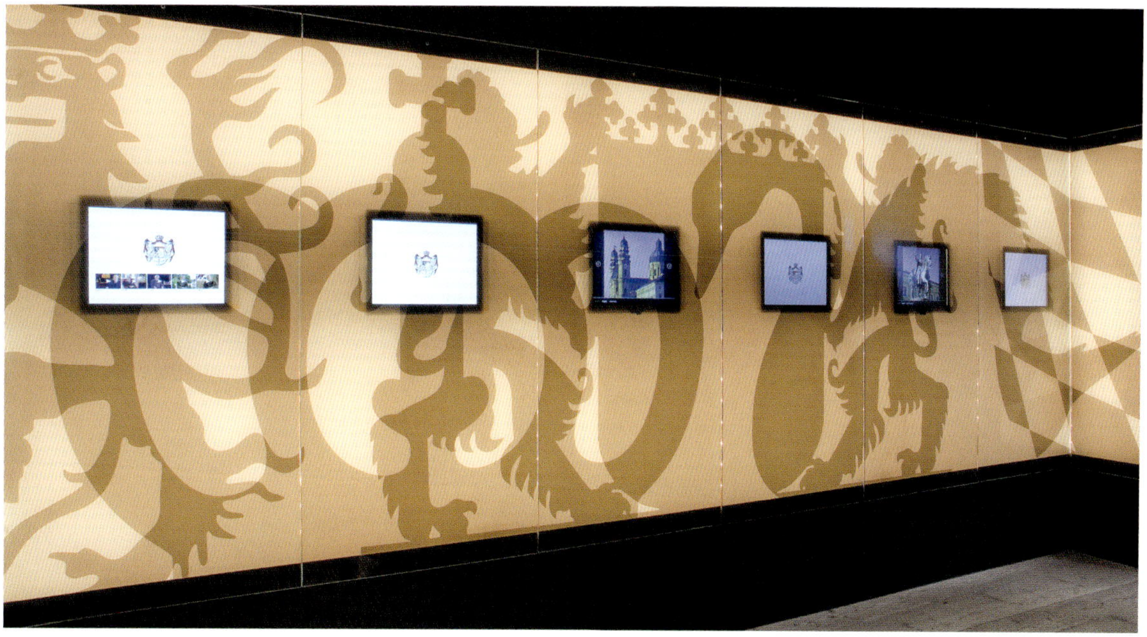

LITERATUR

Zum Beitrag »Geschichte des Hauses Wittelsbach. Wittelsbacher Herrscher in Bayern und Europa« von Gerhard Immler

Genealogien

Häutle, Christian: Genealogie des Erlauchten Stammhauses Wittelsbach von dessen Wiedereinsetzung in das Herzogtum Bayern (11. Sept. 1180) bis herab auf unsere Tage, München 1870

Huberty, Michel [u.a.]: L'Allemagne dynastique IV: Wittelsbach, Le-Perreux-sur-Marne 1985

Schwennicke, Detlef: Europäische Stammtafeln NF Band I.1: Die fränkischen Könige und die Könige und Kaiser, Stammesherzöge, Kurfürsten, Markgrafen und Herzöge des Heiligen Römischen Reiches Deutscher Nation, Frankfurt am Main 1998

Überblicksdarstellungen

Bayern, Adalbert Prinz von: Die Wittelsbacher. Geschichte unserer Familie, 3. Aufl., München [u.a.] 2005

Fischer, Ernst und Hans Kratzer (Hrsg.): Unter der Krone. Das Königreich Bayern und sein Erbe, München 2006

Fried, Pankraz (Hrsg.): Die Chronik des Abtes Konrad von Scheyern (1206–1225) über die Gründung des Klosters Scheyern und die Anfänge des Hauses Wittelsbach, Weißenhorn 1980

Handbuch der bayerischen Geschichte, Band I: Das alte Bayern. Das Stammesherzogtum bis zum Ausgang des 12. Jahrhunderts, hrsg. v. Max Spindler, 2. Aufl., München 1981

Handbuch der bayerischen Geschichte, Band II: Das alte Bayern. Der Territorialstaat vom Ausgang des 12. Jahrhunderts bis zum Ausgang des 18. Jahrhunderts, begr. v. Max Spindler, hrsg. v. Andreas Kraus, 2. Aufl., München 1988

Handbuch der bayerischen Geschichte, Band III, 3: Geschichte der Oberpfalz und des bayerischen Reichskreises bis zum Ausgang des 18. Jahrhunderts, begr. v. Max Spindler, hrsg. v. Andreas Kraus, 3. Aufl., München 1995

Handbuch der bayerischen Geschichte, Band IV, 1: Das neue Bayern von 1800 bis zur Gegenwart. Staat und Politik, begr. v. Max Spindler, neu hrsg. v. Alois Schmid, 2. Aufl., München 2003

Holzfurtner, Ludwig: Die Wittelsbacher. Staat und Dynastie in acht Jahrhunderten, Stuttgart 2005

Immler, Gerhard: Die Wittelsbacher, Darmstadt 2013

Körner, Hans-Michael: Die Wittelsbacher. Vom Mittelalter bis zur Gegenwart, München 2009

Kraus, Andreas: Geschichte Bayerns. Von den Anfängen bis zur Gegenwart, 4. Aufl., München 2013

Rall, Hans: Wittelsbacher Lebensbilder von Kaiser Ludwig bis zur Gegenwart. Führer durch die Münchner Fürstengrüfte, neu bearb. v. Gerhard Immler, 7. Aufl., München 2011

Rall, Hans und Marga: Die Wittelsbacher in Lebensbildern, München/Zürich 2005

Schaab, Meinrad: Geschichte der Kurpfalz, 2 Bände, Stuttgart 1988/1992

Schad, Martha: Bayerns Königinnen, 2. Aufl., Regensburg 1993

Schmid, Alois und Katharina Weigand (Hrsg.): Die Herrscher Bayerns. 25 historische Porträts von Tassilo III. bis Ludwig III., 2. Aufl., München 2006

Biographien von Wittelsbachern

(Auswahl nach Herrschern in chronologischer Reihenfolge)

Thomas, Heinz: Ludwig der Bayer (1282–1347). Kaiser und Ketzer, Regensburg 1993

Albrecht, Dieter: Maximilian I. von Bayern 1573-1651, München 1998

Hüttl, Ludwig: Max Emanuel, der Blaue Kurfürst. Eine politische Biographie, München 1976

Hartmann, Peter Claus: Karl Albrecht – Karl VII. Glücklicher Kurfürst – Unglücklicher Kaiser, München 1996

Bayern, Adalbert Prinz von: Max I. Joseph von Bayern. Pfalzgraf, Kurfürst, König, München 1957

Gollwitzer, Heinz: Ludwig I. von Bayern. Königtum im Vormärz. Eine politische Biographie, München 1986

Dirrigl, Michael: Maximilian II. König von Bayern 1848–1864, 2 Bde., München 1984

Rumschöttel, Hermann: Ludwig II. von Bayern, München 2011

Spangenberg, Marcus: Ludwig II. Der andere König, Regensburg 2011

Schrott, Ludwig: Der Prinzregent. Ein Lebensbild aus Stimmen seiner Zeit, München 1962

Beckenbauer, Alfons: Ludwig III. von Bayern. Ein König auf der Suche nach seinem Volk, Regensburg 1987

Weiß, Dieter J.: Kronprinz Rupprecht von Bayern. Eine politische Biographie, Regensburg 2007

Zum Katalog der ausgestellten Werke

Allgemeines Lexikon der bildenden Künstler von der Antike bis zur Gegenwart, hrsg. v. Ulrich Thieme und Felix Becker, Leipzig o. J.

in ebd.: Band 15, S. 496ff. (Johann von Halbig), Band 30, S. 237 (Franziska Schöpfer), Band 31, S. 325 (Giacomo Spalla)

Babel, Rainer, Guido Braun und Thomas Nicklas (Hrsg.): Bourbon und Wittelsbach. Neuere Forschungen zur Dynastiengeschichte, Münster 2010

Baranow, Sonja von: Franz von Lenbach. Leben und Werk, Köln 1986

Bauer, Juliana: Eugen Napoleon Neureuther. Sein Schaffen in der Königlich Bayerischen Porzellanmanufaktur Nymphenburg (1848–1856). Nymphenburger Porzellan im Stilpluralismus von Historismus und Industriekunst, Freiburg i. Br. 2006

Baumgartner, Georg: Schloss Hohenschwangau. Eine Untersuchung zum Schlossbau der Romantik, in: Beiträge zur Kunstwissenschaft, Band 15, München 1987

Bayern, Irmingard Prinzessin von: Jugend-Erinnerungen 1923–1950, St. Ottilien 2010

Brunn, Heinrich: Beschreibung der Glyptothek König Ludwigs I. zu München, München 1870

Brunner, Herbert: Die Kunstschätze der Münchner Residenz, München 1977

Dotzauer, Gerhart: Das Schützenwesen in Bayern, Landshut 1984

Eikelmann, Renate und Ingolf Bauer (Hrsg.): Das Bayerische Nationalmuseum 1855–2005. 150 Jahre Sammeln, Forschen, Ausstellen, München 2006

in ebd.: Karl Borromäus Murr: Dem »Volk zu Ehr und Vorbild« – Wittelsbachische Traditionsstiftung in den Anfängen des Bayerischen Nationalmuseums, S. 13–30

in ebd.: Lorenz Seelig, Kunstwerke aus den Wittelsbacher Sammlungen im Bayerischen Nationalmuseum, S. 31–49

Ernst, Marcus D.: Der bayerische Adel und das moderne Bayern. Die Gesetzgebung und Debatte über die persönlichen Privilegien des in Bayern immatrikulierten Adels (1808–1818), Passau 2001

Ewald, Wilhelm: Wir Schützen, Duisburg 1938

Gebhardt, Heinz: Königlich Bayerische Photographie 1838–1918, München 1978

Gebhardt, Heinz: König Ludwig II. und seine verbrannte Braut. Unveröffentlichte Liebesbriefe von Prinzessin Sophie an Edgar Hanfstaengl, Pfaffenhofen a. d. Ilm 1986

Haasen, Gisela: Ludwig II. Briefe an seine Erzieherin, München 1995

Haasen, Gisela: Schloss Hohenschwangau, München 2013

Hagenow, Elisabeth von: Museum der bayerischen Könige. Museumsführer, hrsg. v. Wittelsbacher Ausgleichsfonds, München 2012

Heinzle, Joachim, Klaus Klein und Ute Obhof (Hrsg.): Die Nibelungen. Sage – Epos – Mythos, Wiesbaden 2003

Holland, Hyacinth: Bernhardt, Joseph, in: Allgemeine Deutsche Biographie, Band XLVI, Leipzig 1902, S. 430ff.

Holland, Hyacinth: Halbig, Johann, in: Allgemeine Deutsche Biographie, Band XLIX, Leipzig 1904, S. 780–785

Hummel, Karl-Joseph: München in der Revolution von 1848/49, Göttingen 1987

Karnapp, Birgit-Verena: Hohenschwangau. Zur Geschichte und Ideenwelt eines romantischen Schlosses, in: Oberbayerisches Archiv 109, München 1984, S.133–145

Kasten, Eberhard: Halbig, Johann von, in: Allgemeines Künstlerlexikon. Die bildenden Künstler aller Zeiten und Völker, Band 68, hrsg. v. Günter Meißner, Berlin/New York 2011, S. 142f.

Klenau, Arnhard Graf von: Orden in Deutschland und Österreich, Offenbach am Main 2008

Kobell, Luise von: König Ludwig II. von Bayern und die Kunst, München 1900

König Ludwig II. – Museum Herrenchiemsee, Katalog, hrsg. v. Gerhard Hojer, München 1986

in ebd.: Lorenz Seelig: Ornat König Ludwigs II. als Großmeister des St. Georgs-Ritterordens, S. 264ff., [Kat.-Nr.] 165

Koop, Volker: In Hitlers Hand. Sonder- und Ehrenhäftlinge der SS, Köln [u.a.] 2010

Krafft, Barbara: 250 Jahre Porzellan-Manufaktur Nymphenburg 1747–1997, München 1997

Langenholt, Thomas: Das Wittelsbacher Album. Das Interieur als kunsthistorisches Dokument am Beispiel der Münchner Residenz im ersten Drittel des 19. Jahrhunderts, Norderstedt 2001

Leutheusser, Ulrike und Heinrich Nöth (Hrsg.): München leuchtet für die Wissenschaft. Berühmte Forscher und Gelehrte, München 2007

Leutheusser, Ulrike und Hermann Rumschöttel (Hrsg.): Prinzregent Luitpold von Bayern. Ein Wittelsbacher zwischen Tradition und Moderne, München 2012

Liebhart, Wilhelm: Schwangau. Dorf der Königsschlösser, Sigmaringen 1996
Löwe, Regina: Die Augsburger Goldschmiedewerkstatt des Matthias Walbaum, München/Berlin 1975
März, Stefan: Das Haus Wittelsbach im Ersten Weltkrieg. Chance und Zusammenbruch monarchischer Herrschaft, Regensburg 2013
Meier, Eva: Ein Gelehrter auf dem Königsthron. Zum 200. Geburtstag von Maximilian II., in: Unser Bayern. Beilage zur Bayerischen Staatszeitung vom 25.11.2011, www.bayerische-staatszeitung.de
Meis, Reinhard: A. Lange & Söhne. Eine Uhrmacherdynastie aus Dresden, Bd. II, München 2011
The Metropolitan Museum of Art, Guide, New York 1983
Mignot, Claude: Architektur des 19. Jahrhunderts, Köln 1994
Mösslein, Longin: Vom armen Bauernbuben zum geadelten Bildhauer. Der märchenhafte Aufstieg des Bildhauers Johann von Halbig aus Donnersdorf, in: Schönere Heimat, Heft 2, 2007, S. 101–106
Neumeister (Hrsg.): Das Bayerische Königsservice, Katalog zur Sonderauktion, München 28. Juni 2006
in ebd.: Alfred Ziffer: Das Bayerische Königsservice, S. 63–88
in ebd.: Alfred Ziffer: Das historische »Service mit Perlen« für den Kurfürsten von Bayern, S.43–52
Niggl, Reto: Biedermeiers Hoftheater. Kostüme von Christoph Fries 1788–1857, München 1988
Nimmergut, Jörg: Deutsche Orden und Ehrenzeichen 1800–1945, Regenstauf 2008
Otten, Frank: Ludwig Michael Schwanthaler 1802–1848, München 1970
Ottomeyer, Hans: Das Wittelsbacher Album. Interieurs königlicher Wohn- und Festräume 1799–1848, München 1979
Rall, Hans: König Ludwig II. und Bismarcks Ringen um Bayern 1870/71, München 1973
Rall, Hans: Wittelsbacher Lebensbilder von Kaiser Ludwig bis zur Gegenwart. Führer durch die Münchner Fürstengrüfte, neu bearb. v. Gerhard Immler, München 2011
Rank, Gertrud: Handzeichnungen des Bildhauers Ludwig Schwanthaler. Die erzählenden Darstellungen im Zeichen von Philhellenismus und romantischem Geist, München 2002
Rumschöttel, Hermann: Ludwig II. von Bayern, München 2011
Schatzkammer der Residenz München. Amtlicher Führer, hrsg. v. d. Bayerischen Verwaltung der staatlichen Schlösser, Gärten und Seen, München 1992
Schlim, Jean Louis: Ludwig II. Traum und Technik, München 2010
Schmid, Alois und Katharina Weigand (Hrsg.): Die Herrscher Bayerns. 25 historische Portraits von Tassilo III. bis Ludwig III., München 2006
Schulze, Dietmar: Ludwig II. Denkmäler eines Märchenkönigs. Inhalte – Projekte – Dokumentationen, München 2011
Schwarz, Andrea: Das Königlich Bayerische Reichsheroldenamt und die Adelsmatrikel, in: Herold-Jahrbuch, NF, Band 3, 1998, S. 159–182
Seling, Helmut: Die Kunst der Augsburger Goldschmiede 1529–1868. Meister – Marken – Werke. 3 Bände, München 1980
Sotheby & Co. (Hrsg.): Sehr bedeutende Juwelen, Auktionskatalog Nr. 114, Zürich 15. November 1973
Trier, Dankmar: Bernhardt, Josef, in: Allgemeines Künstlerlexikon. Die bildenden Künstler aller Zeiten und Völker, Band 9, hrsg. v. Günter Meißner, München/Leipzig 1994, S. 594f.
Volk, Peter: Kleinbronzen aus der Königlichen Erzgießerei in München, in: Münchener Jahrbuch der bildenden Kunst, III. Folge, Band L, 1999, S. 217–247
Weigand, Katharina, Jörg Zedler und Florian Schuller (Hrsg.): Die Prinzregentenzeit. Abenddämmerung der bayerischen Monarchie?, Regensburg 2013
Wiercinski, Thomas: »Bayern und Pfalz – Gott erhalt's«. Der Turm bei Kaub – ein Ehrengeschenk an Prinzregent Luitpold von Bayern, in: Kaiserslauterer Jahrbuch für pfälzische Geschichte und Volkskunde, Bd. 10, 2010, S. 227–236
Wünsche, Raimund: Glyptothek München. Meisterwerke griechischer und römischer Skulptur, München 2005
Ziffer, Alfred: Nymphenburger Moderne. Die Porzellanmanufaktur im 20. Jahrhundert, München 1997
Ziffer, Alfred: Nymphenburger Porzellan. Sammlung Bäuml, Katalog, Stuttgart 1997

Ausstellungskataloge

Biedermeiers Glück und Ende. ...die gestörte Idylle 1815–1848, hrsg. v. Hans Ottomeyer und Ulrike Laufer, München 1987
Braun, Rainer: Bayern und seine Armee, hrsg. v. d. Generaldirektion der Staatlichen Archive Bayerns, München 1987

Franz von Lenbach 1836–1904, [hrsg. v. d.] Städtische[n] Galerie im Lenbachhaus München, München 1987

Glaser, Hubert: Ludwig III. König von Bayern. Skizzen aus seiner Lebensgeschichte, hrsg. v. Max Oppel, Prien am Chiemsee 1995

Glyptothek München 1830–1980, hrsg. v. Klaus Vierneisel und Gottlieb Leinz, München 1980

Götterdämmerung. König Ludwig II. und seine Zeit, Ausstellungskatalog, hrsg. v. Peter Wolf, Richard Loibl und Evamaria Brockhoff, und Aufsatzband, hrsg. v. Peter Wolf, Margot Hamm, Barbara Kink und Evamaria Brockhoff, Augsburg 2011

Helle Köpfe. Die Geschichte der Bayerischen Akademie der Wissenschaften 1759–2009, hrsg. v. d. Generaldirektion der Staatlichen Archive Bayerns, München/Regensburg 2009

125 Jahre Bayerischer Kunstgewerbeverein, hrsg. v. Bayerischen Kunstgewerbeverein, München 1976

Der [Königlich-] Bayerische Hausritterorden vom Heiligen Georg 1729–1979, hrsg. v. d. Bayerischen Verwaltung der staatlichen Schlösser, Gärten und Seen, München 1979

König Ludwig II. und die Kunst, [hrsg. v. d.] Bayerische[n] Verwaltung der staatlichen Schlösser, Gärten und Seen und dem Studienprogramm des Bayerischen Rundfunks, München 1968

Korn, Hans-Enno: Otto Hupp. Meister der Wappenkunst 1859–1949, hrsg. v. d. Generaldirektion der Staatlichen Archive Bayerns, München 1984

Die letzte Reise. Sterben, Tod und Trauersitten in Oberbayern, hrsg. v. Sigrid Metken, München 1984

Mythos Bayern, hrsg. v. Helmut Bauer, München 2004

Pillepich, Alain: Eugène de Beauharnais. Honneur & Fidélité, hrsg. v. Réunion des Musées Nationaux, Paris 1999

Pracht und Zeremoniell. Die Möbel der Residenz München, hrsg. v. Brigitte Langer, München 2002

in ebd.: Petra Hölscher: König Maximilian II. von Bayern, S. 274, [Kat.-Nr.] 115

Die Prinzregentenzeit, hrsg. v. Norbert Götz und Clementine Schack-Simitzis, München 1988

Sanct Georg. Der Ritter mit dem Drachen, hrsg. v. Diözesanmuseum Freising, Lindenberg 2001

Silber und Gold. Augsburger Goldschmiedekunst für die Höfe Europas, 2 Bände, hrsg. v. Reinhold Baumstark und Helmut Seling, München 1994

Theodor Heiden – Königlich Bayerischer Hofgoldschmied, hrsg. v. Michael Koch und Peter Weidisch, Würzburg 1997

Der Traum vom Glück. Die Kunst des Historismus in Europa, hrsg. v. Hermann Fillitz, Wien 1996

»Vorwärts, vorwärts sollst Du schauen…« Geschichte, Politik und Kunst unter Ludwig I., hrsg. v. Johannes Erichsen und Michael Henker, München 1986

Wagners Welten, hrsg. v. Jürgen Kolbe, München 2003

Die Wiege der Könige. 600 Jahre Herzogtum Pfalz-Zweibrücken, hrsg. v. Charlotte Glück-Christmann, Zweibrücken 2010

Wittelsbach und Bayern, 6 Bände, hrsg. v. Hubert Glaser, München 1980

in ebd.: Band III/2: Krone und Verfassung. König Max I. Joseph und der neue Staat

Zwischen Glaspalast und Maximilianeum. Architektur in Bayern zur Zeit Maximilians II. 1848–1864, hrsg. v. Winfried Nerdinger, München 1997

BILDNACHWEIS

Abb. S. 2: Wittelsbacher Ausgleichsfonds München, Foto: Marcus Ebener

Abb. S. 6: Wittelsbacher Ausgleichsfonds München, Foto: Marcus Ebener

Abb. 1: Privatbesitz

Abb. 2: Wittelsbacher Ausgleichsfonds München, Foto: Marcus Ebener

Abb. 3: Bayerisches Hauptstaatsarchiv München, Geheimes Hausarchiv, Hausurkunden 2402/2

Abb. 4: Bayerisches Hauptstaatsarchiv München, Geheimes Hausarchiv, Wittelsbacher Bildersammlung Kfst. Friedrich V. von der Pfalz 32/32

Abb. 5: Bayerisches Hauptstaatsarchiv München, Geheimes Hausarchiv, Wittelsbacher Bildersammlung Kfst. Maximilian I. von Bayern 10/10

Abb. 6: Wittelsbacher Ausgleichsfonds München, Inv.-Nr. B I a 111

Abb. 7: Wittelsbacher Ausgleichsfonds München, Inv.-Nr. B I a 283

Abb. 8: Bayerische Staatsgemäldesammlungen München, WAF 406
Foto: Blauel/Gnamm – ARTOTHEK

Abb. 9: Wittelsbacher Ausgleichsfonds München, Inv.-Nr. B I a 221

Abb. 10: Wittelsbacher Ausgleichsfonds München, Inv.-Nr. B I a 304

Abb. 11: Wittelsbacher Ausgleichsfonds München, Inv.-Nr. B I a 218

Abb. 12: Wittelsbacher Ausgleichsfonds München, Inv.-Nr. B I a 217

Abb. 13: Wittelsbacher Ausgleichsfonds München, Inv.-Nr. B I a 215

Abb. 14: Verwaltung des Herzogs von Bayern, Foto: Ralf Lienert

Abbildungen Ausstellungsräume: Wittelsbacher Ausgleichsfonds München, Kapiteleinführende Fotos: Marcus Ebener (S. 28, 39, 68, 82, 92, 114) und Rainer Herrmann (S. 38, 100, 126, 136, 143)

Abb. 15: Bayerisches Hauptstaatsarchiv München, Bayer. Gesandtschaft Stuttgart 45

Abb. 16: Wittelsbacher Ausgleichsfonds München, Inv.-Nr. B I 426

Abb. 17: Bayerische Verwaltung der staatlichen Schlösser, Gärten und Seen, Inv. L.II.-Mus. 21. Herrenchiemsee
Foto: Marianne Schwenk/Marion von Plate

Abb. 18: Privatbesitz
Foto: Rainer Herrmann

Abb. 19: Wittelsbacher Ausgleichsfonds München, Sammlung Meta Köhler

Abb. 20: Verwaltung des Herzogs von Bayern in München, Inv.-Nr. A0006

Abb. 21: Verwaltung des Herzogs von Bayern in München

Abbildungen Ausgestellte Werke:

Bayerische Staatsgemäldesammlungen München: Kat. 63, Foto: Blauel / Gnamm – ARTOTHEK

Bayerische Verwaltung der staatlichen Schlösser, Gärten und Seen München: Kat. 42, 88

Bayerisches Hauptstaatsarchiv München, Geheimes Hausarchiv: Kat. 52, 53, 54, 56, 57, 58, 77, 109

Haus der bayerischen Geschichte Augsburg: Kat. 51, 68 a, 68 b

Kgl. Bayer. Hausritterorden vom Hl. Georg München: Kat. 89, Foto: Marcus Ebener

Porzellanmanufaktur Nymphenburg Kat. 64, Foto: Marianne Franke

Privatbesitz: Kat. 71, 115,
Fotos: Rainer Herrmann;
Kat. 68 c, 110, 114, 116

Richard-Wagner-Gedenkstätte Bayreuth: Kat. 39 a

Staatliche Antikensammlungen München: Kat. 60, Foto: Rainer Herrmann

Staatliche Münzsammlung München: Kat. 4 a, 4 b, 34 a, 34 b, Fotos: Nicolai Kästner

Siemens Corporate Archives München: Kat. 78

Stadtarchiv München: Kat. 102

Stiftung Maximilianeum München: Kat. 32

Wittelsbacher Ausgleichsfonds München: Alle ausgestellten Werke fotografiert von Rainer Herrmann, mit Ausnahme von Kat. 5 (Guido Burkhardt), 30 (Jörg Sattelberger), 105 (Marcus Ebener), 105 a–d (Christian Mitko) und 13, 19, 45, 65, 70, 75, 108, 112 (Fotograf nicht bekannt).

Herausgeber:
Elisabeth von Hagenow, Luitgard Löw und Andreas von Majewski im Auftrag des Wittelsbacher Ausgleichsfonds München

Projektleitung Katalog:
Andreas von Majewski,
Leiter der Inventarverwaltung des Wittelsbacher Ausgleichsfonds München

Autoren:
Fritz-Richard Demmel M. A. (FRD),
Wissenschaftlicher Mitarbeiter der Inventarverwaltung des Wittelsbacher Ausgleichsfonds München

Dr. Elisabeth von Hagenow (EvH),
Projektleiterin des Wittelsbacher Ausgleichsfonds München für den Um- und Ausbau der »Alpenrose« zum »Museum der bayerischen Könige«

Dr. Gerhard Immler,
Leitender Archivdirektor des Geheimen Hausarchivs im Bayerischen Hauptstaatsarchiv München

Dr. Luitgard Löw (LL),
Direktorin des Museums der bayerischen Könige Hohenschwangau

Andreas von Majewski (AvM),
Leiter der Inventarverwaltung des Wittelsbacher Ausgleichsfonds München

Susanne Sagner M. A. (SuSa),
Wissenschaftliche Mitarbeiterin des Museums der bayerischen Könige Hohenschwangau

Redaktion:
Brigitte Schuhbauer M. A.,
Inventarverwaltung des Wittelsbacher Ausgleichsfonds München

Lektorat:
Tina Schreck, München

Bibliografische Information der Deutschen Nationalbibliothek:
Die Deutsche Nationalbibliothek verzeichnet diese Publikation in der Deutschen Nationalbibliografie; detaillierte bibliografische Daten sind im Internet über http://www.dnb.de abrufbar.

Produktion:
Katja Durchholz
Lithografie: Repromayer Medienproduktion, Reutlingen
Papier: BVS matt, 150 g
Druck und Bindung: Printer Trento SRL, Trento

ISBN 978-3-7774-2108-7 (deutsch)
ISBN 978-3-7774-2348-7 (englisch)
Printed in Italy

www.hirmerverlag.de

Museum der bayerischen Könige
Hohenschwangau
www.museumderbayerischenkoenige.de

Café-Restaurant »Alpenrose am See«
Hohenschwangau
www.alpenrose-am-see.de

Wittelsbacher Ausgleichsfonds
München
www.waf-bayern.de

Umschlag
Vorderseite (Museumsausgabe):
Nibelungen-Tafelaufsatz (Detail aus Kat. 30)
Vorderseite (Verlagsausgabe):
Das große Königlich Bayerische Staatswappen von 1835 (Abb. 15)
Rückseite: Porträts von:
König Max I. Joseph (Kat. 47);
König Ludwig I. (Joseph Stieler, Öl auf Leinwand, um 1840, Wittelsbacher Ausgleichsfonds München, B I a 236);
König Maximilian II. (Kat. 31);
König Ludwig II. (Kat. 52);
Prinzregent Luitpold (Aquarelldruck nach einem Gemälde von Friedrich August von Kaulbach, 1911, Bayerisches Hauptstaatsarchiv München, Geheimes Hausarchiv, Wittelsbacher Bildersammlung Prinzregent Luitpold 52/72 a);
König Ludwig III. (Kat. 103)

Abb. S. 2:
Vitrine zur »Königlichen Kunst- und Baupolitik« mit dem Service »Empire Nr. 958« (Kat. 64)
Abb. S. 6:
Blick vom Museum der bayerischen Könige auf Alpsee und Tannheimer Alpen

Museumsplan - 1. Obergeschoss / *Plan of the Museum - First Floor*

1
Dynastie der Wittelsbacher -
Der Stammbaum
The Wittelsbach Dynasty - The family tree

2
Königliches Hohenschwangau -
Der Saal der Könige
Royal Hohenschwangau -
The Hall of the Kings

3
Könige im Verfassungsstaat
Kings in the Constitutional State

4
Königliche Kunst- und Baupolitik
Royal Art- and Building policy

5
Könige im technischen Zeitalter -
Maximilian II. und Ludwig II.
Kings in the Technological Age -
Maximilian II. and Ludwig II.

6
Monarchie und Gesellschaft
Monarchy and Society

7
Mythos König Ludwig II. von Bayern
The legendary King Ludwig II of Bavaria

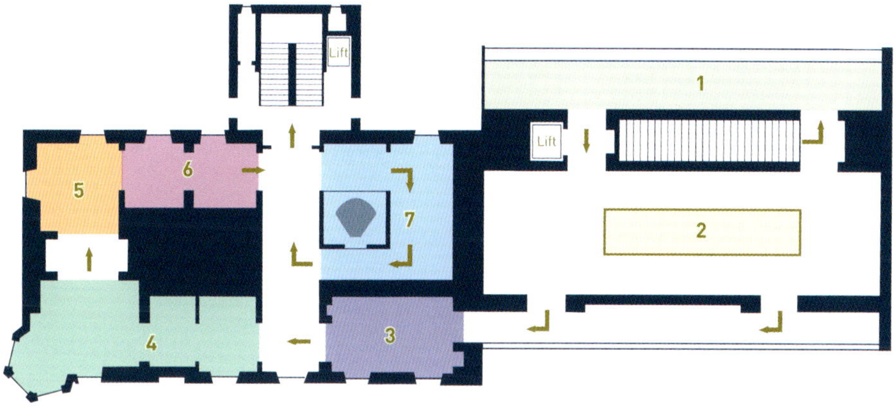

Museumsplan - Erdgeschoss / *Plan of the Museum - Groundfloor*

8
Erster Weltkrieg und Ende der
Monarchie
First World War and the end of the
monarchy

9
Das Haus Wittelsbach in der NS-Zeit
und im Zweiten Weltkrieg
The House of Wittelsbach during the
Nazi era and the Second World War

10
Bayern und das Haus Wittelsbach in
der Gegenwart
Bavaria and the House of Wittelsbach
in presence

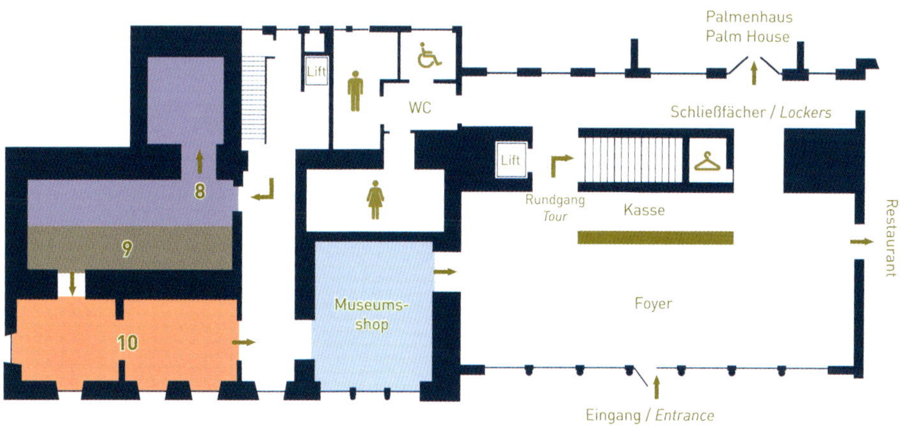